全国高等职业教育口腔医学/口腔医学技术专业新形态规划教材

供口腔医学、口腔医学技术等专业使用

口腔固定修复工艺技术

主　编　单长丽

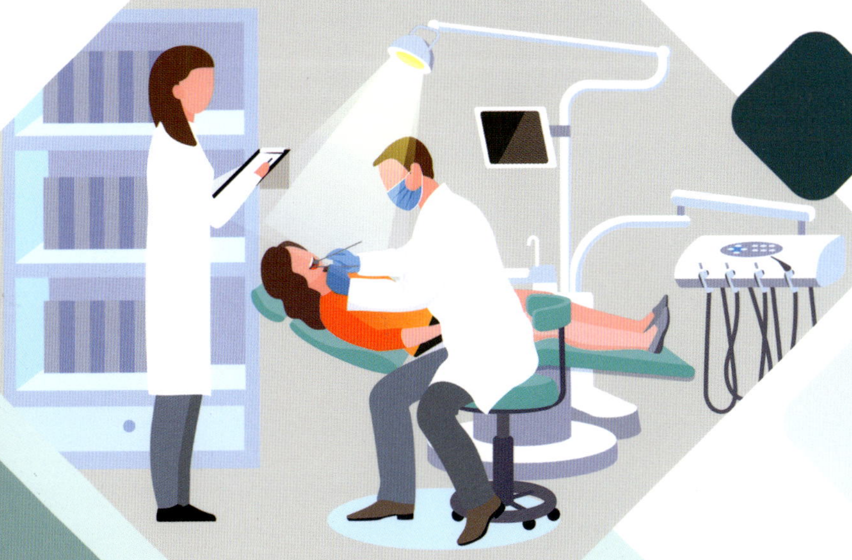

中国协和医科大学出版社

配套
数字教材

新形态教材简介

本套教材创新性融合现代信息技术，将纸质内容与数字资源深度融合，形成新形态教材体系。每本教材均配有数字资源和完整的数字教材，读者可通过扫描封底激活码便捷获取。

1. 数字资源涵盖教学视频、微课、课件、思维导图、岗位对标考试等知识点总结、能力测试等。

2. 数字教材完整复刻纸质教材内容与版式，支持多终端浏览，并内置目录导航、全文检索功能，方便与纸质教材配合使用，实现随时随地灵活学习。

数字教材激活方法

方法一（电脑端）

输入网址：https://yxjy.pumcp.com/，登录后在个人中心–激活商品页面，输入激活码，激活数字教材。

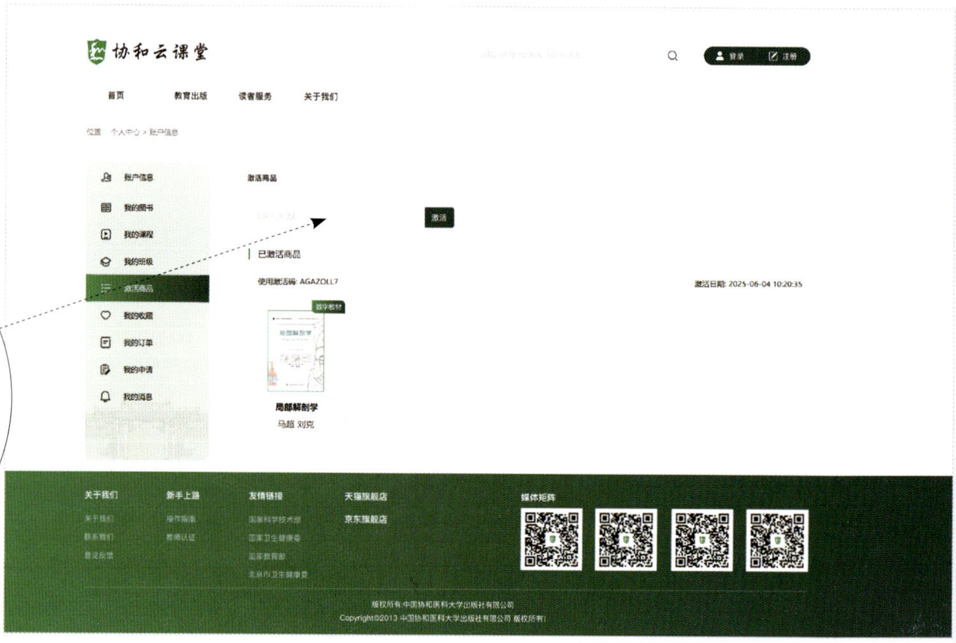

方法二（移动端）

进入“协和云课堂”小程序，在“我的”菜单，进入【激活】页面，输入激活码，激活数字教材。

— 全国高等职业教育口腔医学 / 口腔医学技术专业新形态规划教材 —

口腔固定修复工艺技术

（供口腔医学、口腔医学技术等专业使用）

主　编　单长丽

中国协和医科大学出版社
北　京

内容提要

本教材是“全国高等职业教育口腔医学 / 口腔医学技术专业新形态规划教材”之一，系根据本套教材的编写指导思想和原则要求，结合专业培养目标和本课程要求的教学目标编写而成，内容涵盖了口腔固定修复体的制作工艺全流程，涉及口腔印模处理技术、模型与代型技术、熔模技术、包埋与铸造技术、打磨与抛光技术等。此外，本教材还增加了丰富的数字资源，包括教学视频、微课、课件、思维导图、岗位对标考试等知识点总结、能力测试等，丰富了教材内容，增强了线上和线下教学的联动性，以提升学生学习的主动性和积极性。

本教材主要供口腔医学、口腔医学技术等专业使用，还可作为各级口腔医护人员的参考书。

图书在版编目（CIP）数据

口腔固定修复工艺技术 / 单长丽主编. -- 北京：中国协和医科大学出版社，2025. 7. --（全国高等职业教育口腔医学、口腔医学技术专业新形态规划教材）. -- ISBN 978-7-5679-2622-6

Ⅰ. R783

中国国家版本馆 CIP 数据核字第 2025J16U33 号

主　　编　单长丽
策划编辑　张秋艳
责任编辑　张秋艳
封面设计　邱晓俐
责任校对　张　麓
责任印制　黄艳霞
出版发行　**中国协和医科大学出版社**
（北京市东城区东单三条 9 号　邮编 100730　电话 010-65260431）
网　　址　www.pumcp.com
印　　刷　三河市龙大印装有限公司
开　　本　889mm×1194mm　1/16
印　　张　13
字　　数　320 千字
版　　次　2025 年 7 月第 1 版
印　　次　2025 年 7 月第 1 次印刷
定　　价　58.00 元

全国高等职业教育口腔医学/口腔医学技术专业新形态规划教材建设指导委员会

顾　　问　王　斌（厦门医学院）

主任委员　纪　晴（厦门医学院）

副主任委员（按姓氏笔画排序）

伊芃芃（山东医学高等专科学校）
杨　路（齐鲁医药学院）
张　彪（遵义医药高等专科学校）
张　慧（江苏医药职业学院）
黄长波（襄阳市口腔医院）
崔照忠（潍坊护理职业学院）

委　　员（按姓氏笔画排序）

于　浩　刘泽念　刘俊红　刘洪利　孙　蕾
李　泽　李少华　李文杰　李文娟　杨　静
宋红权　张秀景　张艳玲　张海洋　陈志红
周　晓　单长丽　徐佳音　陶　涛　黄冬冬
黄春静　曹长红　董　刚　雷东辉　蔡成莲
潘福勤

编者名单

主　　编　单长丽

副 主 编　郭　宏　王　熙

编　　者（按姓氏笔画排序）

王　熙（承德护理职业学院）

刘　爽（菏泽家政职业学院）

李松楠（红河卫生职业学院）

张　雪（泰山护理职业学院）

张明著（毕节医学高等专科学校）

张倩雯（安阳职业技术学院）

单长丽（菏泽家政职业学院）

郭　宏（黑龙江护理高等专科学校）

数字教材编者名单

主　　编 单长丽

编　　者（按姓氏笔画排序）

尹晓斌（安阳职业技术学院）

田梦妮（菏泽家政职业学院）

周　凤（山东华新义齿有限公司）

单长丽（菏泽家政职业学院）

黄　波（四川大学华西口腔医院）

出版说明

随着我国人口老龄化进程的加速和居民口腔健康意识的显著提升，口腔医疗行业正迎来前所未有的发展机遇与挑战。人工智能辅助诊断系统、口内扫描仪、3D 打印技术等创新工具的应用，正在重塑传统诊疗模式。然而，很多基层医疗机构虽配备了先进设备，却面临专业人才短缺的困境。在此背景下，系统化培养掌握数字化技术、熟悉新型材料与设备操作的专业人才，是填补供需缺口、提升医疗服务质量的核心路径。作为衔接前沿技术与临床实践的核心纽带，新型教材体系将成为破解“技术迭代快于人才培养”困局、实现“数字技术下沉”与“基层能力提升”双向奔赴的核心支撑。

本套教材以实践科学发展观为指导思想，以服务教学、指导教学、规范教学、适应我国医学教育改革为宗旨，立足高等职业教育教学实际，以胜任能力培养为目标，使课程设置与理论实践紧密衔接，突出教材内容的实用性、先进性、科学性和通用性。本套教材为新形态教材，具体体现为：体现教育改革精神与职业教育特色；注重产教融合，突出实践教学；以实际操作技能为导向，融入新技术、新方法；融合思政，强化价值引领；以学生为中心，丰富模块设计；纸质教材与数字教材融合；教材编写在贯彻职业教育理念的同时，亦充分体现现代化的教育思想和方法，以全面提升学生的创新精神、人文素养、胜任能力等综合素质，培养适应医疗卫生体制改革的复合型和应用型人才。

同时，本套教材的编写遵循教材编写的基本规律，秉持“三基、五性、三特定”的原则，注重基础理论、基本知识和基本技能的培养，内容深度和广度适应全国高等职业教育的需求。教材编写以口腔医学 / 口腔医学技术专业的培养目标为导向，着重培养学生的职业技能，满足职业岗位需求、学生学习需求和社会需求。教材内容涵盖了口腔医学 / 口腔医学技术领域工作岗位所需的知识、技能和素质，帮助学生全面理解工作岗位，培养学生科学的临床思维和学习方法，以满足社会对学生知识和技能的要求，强调培养学生的创新能力、信息获取技能和终身学习能力，确保教材的启发性。在编写过程中，我们充分考虑到高等职业教育的多样性，确保教材既能适应不同院校的需求，又能满足学生毕业时的知识和技能要求。

本套教材涵盖口腔内科学、口腔颌面外科学、全口义齿工艺技术、数字化口腔修复技术等 16 门课程，定位清晰、特色鲜明，具有以下特点。

一、构建高质量、互动性强的创新形态教材体系

本系列教材为创新形态教材，教材所有内容，均实现数字化呈现；同时，为纸质教材提供配套教学视频、微课、思维导图、教学课件、在线练习等丰富教学资源，学生可直接获取与教材内容相关联的课程资源；支持多媒体资源嵌入与实时更新；配套的数字教材平台，支持在线教学、资源共享、数据分析等功能，实现教学全流程数字化管理，满足多样化教学需求。这种创新的学习方式，不仅提高了教学效果，也丰富了学习体验，使学习更加便捷，提升了学生的学习积极性和主动性。

二、强化价值引领，助推专业教育与思政教育相融合

本套教材以专业知识为载体，以思政教育为引领，深度挖掘专业课程蕴含的思政资源，巧妙融入教材内容，全方位助推专业教育与思政教育深度交融，培育德技兼修人才。在教材编写中，我们注重以口腔案例为切入点，将社会主义核心价值观、医者仁心的职业精神、中华优秀传统文化等思政元素自然融入专业知识点。引导学生树立正确的职业价值观，具备社会责任感，在实践教学环节强化人文关怀培养，使学生在掌握专业技能的同时，自觉践行“健康所系，性命相托”的医者担当。

三、体现教育改革精神与职业教育特色

本套教材深入贯彻国家职业教育改革精神，坚持以人为本、能力为重，强调实践操作和技能培训，注重培养学生的职业素养和实际工作能力。内容贴近职业实践，力求使学生能够顺利进入职业领域，成为胜任基层医疗机构或口腔医学 / 口腔医学技术相关岗位的高级技术型专业人才。编写过程中，我们注重教材内容与实际工作岗位匹配，确保教材内容符合基层实际工作的需求。

四、注重产教融合，突出实践教学

高等职业教育强调产教深度融合，创新培养模式，这是职业教育的重要发展方向。本套教材的建设始终把提高人才培养质量放在首位，密切联系实际，突出实践教学，将专业内容设置与行业需求对接；推动教学与行业技术发展同步，使课程内容与职业标准对接；完善职业教育教学过程机制，使教学过程与实际工作过程对接。

五、贴合考试，对接行业需求

本教材严格遵循《国家职业教育改革实施方案》及职业教育规划教材建设要求，以口腔医疗及相关行业职业标准为核心，将岗位技能、职业技能竞赛、职业资格考试内容有机融入教材，实现“岗课赛证”融通，助力学生无缝对接行业需求。

六、以学生为中心，丰富模块设计

考虑到职业教育学生的年龄和学习特点，本套教材的模块设置丰富多样，包括案例导入、思维导图、考试知识点总结、习题等模块。这种结构不仅有助于学生理解和记忆知识点，还能提高学生的学习兴趣和学习效果。每个模块设计精细，既有理论讲解，又有实践应用，旨在全面提升学生的综合素质。

希望本套教材的出版，能够推动高质量口腔医学 / 口腔医学技术专业人才的培养，促进我国口腔医学 / 口腔医学技术专业领域的教材建设与教育发展，为促进我国口腔医疗事业的发展和保障人民健康作出积极贡献。

前　言

本教材是“全国高等职业教育口腔医学 / 口腔医学技术专业新形态规划教材”之一，系根据本套教材的编写指导思想和原则要求，由深耕口腔教学一线的教师、活跃于生产前沿的技师，携手优秀医务人员齐心编写而成。本教材紧密围绕专业培养目标、就业导向及职业能力要点，内容契合全国高等职业教育口腔医学技术专业的人才培养需求，是一本极具创新性的任务驱动式活页教材。

口腔固定修复工艺技术是口腔医学技术专业的核心课程，本教材的内容系统涵盖了固定修复体从传统到数字化的制作工艺全流程，涉及口腔印模处理技术、模型与代型技术、熔模技术、包埋与铸造技术、打磨与抛光技术等。鉴于口腔领域新材料、新技术发展的日新月异，本教材另辟蹊径，依循“任务案例—任务分析—任务评价—任务拓展”的逻辑脉络编排内容，紧贴行业趋势，创新融入数字拓展资源，将思维导图、课件、题库、微课、视频等数字化素材加入其中，构建网络化、数字化教材体系，打造多维度融合教材。每个章节都有二维码，扫码即览，确保知识的时效性与针对性。其活页式架构，以任务驱动学习进程，兼具灵活性与实用性；多元资源整合，融图文、实训工单、多媒体于一体，互动性十足；使用反馈便捷及时，为教学相长赋能。此外，本教材将人文关怀与工匠精神、诚实守规与创新精神、团队协作与集体精神融于课程教学，不仅能提升从业者的职业素养，更能引导其在技术工作中践行正确的价值观，实现技术与品德的协同发展。

本教材适用于全国高等职业院校口腔医学、口腔医学技术等专业的师生使用学习，是理论与实践的结晶、院校与行业的桥梁。在此谨向参与编写的所有编者致以深切的谢意，感谢他们在本书编写过程中的认真工作，同时也向各编者所在单位给予的大力支持表示诚挚的感谢！

虽编写团队倾心尽力，但编写过程中难免有疏漏，诚盼同行不吝赐教，共促专业教材臻于至善，为口腔医学技术人才培育添砖加瓦。

编　者

2025 年 4 月

目　录

绪　论

教学课件

学习目标

素质目标

树立职业使命感与伦理意识，通过对固定修改工艺发展历程及展望的学习，树立对口腔修复技术这个职业的使命感与荣誉感，深刻意识到口腔修复技术在保障患者口腔功能与健康中的重要性，坚守医学伦理，以患者为中心，在操作过程中践行责任担当。

知识目标

（1）掌握：口腔固定修复工艺的种类及制作工艺流程。
（2）熟悉：口腔固定修复工艺的课程特征。
（3）了解：口腔固定修复工艺的发展历程。

能力目标

能够准确阐述口腔固定修复工艺的种类及制作工艺流程。

一、固定修复工艺的发展历程及展望

很多人在佩戴义齿或加工义齿的过程中，从未想过几千年前人类是如何对待牙齿缺失的。他们是不是和我们一样也有牙齿缺失的困扰？他们又是如何处理的？当时的技术能不能满足人们的需求？历史是一种特定的社会记忆，是人类社会发展过程的记录，学习义齿制作技术进步的历史是认识修复世界的科学途径。

修复缺失牙的历史可以追溯到几千年以前，在出土的公元前 1000 年的古埃及人墓葬中发现其颌骨上有用两根金属丝结扎的牙。公元前 400 年人类已开始用义齿代替缺失牙。在古埃及人和古印第安人的墓穴中，甚至发现用种植方式来修复牙齿的证据。

1728 年，法国著名的牙医皮埃尔·福歇尔（Pierre Fauchard）把对口腔修复体的认识编进了医学书籍中。从此之后，口腔修复学开始不断地发展前行。1746 年，巴黎的穆顿（Mouton）提出了金冠的概念。1789 年，华盛顿牙医格林伍德（Greenwood）为美国开国元勋乔治·华盛顿总统制作了第一个金制基托。他曾经还使用过铅、金组成的牙托，上面有来自动物和人的牙齿。换用金制基托后，在牙托上打一个洞，再用金铆钉固定在剩余牙齿上面。这副假牙虽然不是很实用，但是在重要的场合里能够较好地维护总统的形象，完成日常的交流。18 世纪末，桩冠的雏形已经有相关报道，但因当时的根管治疗技术有限，所以技术推广存在很大的问题。1962 年，温斯坦（Weinstein）等成功研制出了陶瓷和金属冠的结合，这种金属烤瓷技术在近几十年得到了飞速的发展。到 1989 年年底，底特律牙医查尔斯·亨利·兰德（Charles·Herry·Land）制作出了一种修复体，被称为“壳冠”，自此低熔金属烧附烤瓷冠诞生了。

中国的近代口腔医学是从 1907 年开始的，林则博士在成都创建了“仁济牙科诊所”，1911 年该诊所扩建成立了牙症医院，1928 年医院迁址华西坝，更名为“华西协合大学口腔病院”。1912 年，牙症医院就开始创办了第一个修复技工的训练班。20 世纪 70 年代中期，我国开始重视修复工艺专业人员的教育，起初为师承的方式，但学习不系统，技术差异化较大。1987 年，运城市口腔卫生学校成立，这是全国第一所中等口腔卫生学校，其口腔修复工艺专业同年创办，提高了本专业人员的素质及专业能力。20 世纪 80 年代至 90 年代末，口腔修复材料的不断发展推动我国固定修复工艺技术进入了一个快速的发展时期。

失蜡技术是金属铸造的重要环节，在我国已经有 6000 多年的历史，但将其引入口腔领域的是一个美国人。1907 年，美国的塔格特（Taggart）将此技术应用在口腔领域，同时把铸造机也引入了口腔科。自此失蜡技术在口腔工艺学中大放异彩，在此基础上逐渐发展成为精密铸造技术，这也是口腔固定修复工艺的第一个大飞跃过程。金属烤瓷技术在 20 世纪 70 年代开始兴起，80 年代逐渐普及，但非贵金属的内冠有很多临床问题，如颜色不佳、崩瓷及颈缘变色等不能满足美学需求。口腔修复材料的发展，口腔修复技术的不断改进，以及贵金属、全瓷冠和钛合金的应用，大大改进了修复体的生物学性能及美学性能。20 世纪 80 年代，计算机辅助设计（computer aided design，CAD）和计算机辅助制造（computer aided manufacturing，CAM）的概念被引入口腔修复领域。90 年代，我国开始研究此技术，现在椅旁口腔科 CAD/CAM 系统的出现，减小了操作过程中的误差，同时减少了患者的就诊次数，提高了医师的工作效率。这种技术可以制作许多固定修复体种类，包括全瓷冠、嵌体、贴面、金属烤瓷冠桥的基底冠等，制作出的修复体仿真度高，密合性能好，能满足许多高端美学修复的患者需求。近年来，口腔扫描技术及 3D 打印技术逐渐在口腔领域崭露头角。口腔扫描技术正在逐渐替代传统的印模技术，它可以在几分钟内对口腔组织进行数据采集，并直接发送至工厂端，既提升了患者的舒适度，也提高了模型的周转速度。3D 打印技术的制作过程简化了很多流程，只需要对材料进行叠加和堆积，速度远远高于人工制作的速度，使用的材料耗能较少，可以较好地控制质量，整个制作过程精度高、误差小，并且污染小，大大优化了技工室的工作环境。此外，还有一种被称作激光熔附成形技术的三维“打印”技术，这种打印技术只要设计合理，即可加工出产品。数字化技术正逐渐成为口腔修复技术的主流技术。

随着各行各业的高速发展，修复体将会以全新的面貌出现，原始的修复体就是一个载体，逐渐发展到现在种植修复体，实现了与颌骨的骨性结合，生命科学正在改变着我们的生活，未来的修复体一定使用生命科学来解决问题。

▶知识拓展

最早的固定修复义齿

在远古时代固定修复义齿就已经出现在大家的生活中，但限于当时的技术及材料的原因，人们普遍使用竹、木柴、石子、象牙或者其他动物的牙齿制作人工牙，甚至有些贵族在黑市购买真人的牙齿，用金属丝或者丝线等结扎在缺系的两侧，方法虽然比较简单，但是已经具备了固定修复的基本概念，即通过固定装置将人工牙与邻牙连接在一起，以恢复咀嚼功能。

二、口腔固定修复工艺的课程特征

微课：口腔固定修复技术学的特性

初次接触口腔固定修复工艺技术这门课程，大家一定会想，这门课程是不是很难学？单独学好这一门课程，是不是就可以做一个称职的技师，可以制作出理想的修复体？通过下面的介绍，我们就给出了答案。

口腔固定修复工艺学是一门多学科交织的学科，它涉及口腔基础医学、口腔材料学、口腔生物力学、口腔医学美学等多学科内容，具有涉猎知识范围广、实践操作性强、强调多学科技术应用的特点。口腔固定修复工艺是口腔修复技术专业的核心课程，包含了嵌体的修复工艺技术、金属全冠修复工艺技术、烤瓷熔附金属全冠修复工艺技术、模型与代型技术、包埋与铸造技术等。

我们对口腔修复工艺技术专业课程的设置进行归纳、总结、提炼，发现所有修复体的加工与制作都依赖于三种元素的支撑，那就是理论知识、材料和技术。其中，扎实的理论知识是修复体能加工制作，并能在口腔行使功能的重要基础，没有理论知识支撑就会违背生物学原则，给患者带来不适感甚至创伤。材料是物质基础，而且这种物质基础随着时代的变革也在发生变化。过硬的技术是实现修复体制作的一个不可替代的因素，而且随着技术不断地创新，又推出新的修复体，以往不能实现操作的材料也变得可能。

（一）理论知识

知识是人们在生活实践和社会实践过程中获得的各种信息。初级形态的知识为经验性，在以往的修复体加工过程中，很多技师都依靠既往经验进行操作。逐渐地，这种经验性知识得到升华，就变成了现在的专业理论知识，形成了相关专业，这也是口腔修复技术的一种升华，是知识的高级表现形式，现在各大高校都开设了口腔修复技术专业，本门课程主要涉及以下理论知识。

1. 口腔修复学 是口腔固定修复工艺学的基础相关学科，而且扮演着重要的角色。口腔技师要和临床医师进行良好的沟通，那么就需要技师具备“一个理解”“两个判断”，以及“接受和应用”的能力。“一个理解”是指技师能够理解临床医师的义齿加工单；“两个判断”是指能够判断医师牙体制备及其制取的印模与模型是否合格。“接受和应用”是指能够接收到义齿加工单上的信息，并且能够把印模上殆相关的信息进行接受和应用。这些都是口腔技师制作固定修复体所必需的能力，同时也是医技沟通的重点与难点。

2. 殆学 是口腔修复能够实现的重要理论基础，也是检验修复体是否符合患者个性化要求的一个重要标准，是所有修复体制作都必须遵循的基本原则。

3. 材料学 讲述了修复体制作材料的理化性能及其应用方法，对口腔固定修复工艺技术有着重要的意义，只有掌握材料的基本性能，才能够较好地进行加工及其制作。

（二）材料

材料是实现口腔修复的重要物质基础，修复体的制作经过了几千年的演变，涉及的材料可能有上百种，但是体现在修复体结构上的大致有三种，即陶瓷、树脂、金属。它们根据“优势互补”的原则相互搭配使用，形成了临床上不同的修复体形态。

（三）技术

各行各业的技术发展，都会带来口腔领域的一次“风暴”。材料提纯技术、冶金技术、铸造技术的诞生，使修复体材料的生物相容性不断提高，修复体的加工方法也出现了变革。而今我们处在计算机时代，智能操作在逐渐替代传统的人工操作，CAD/CAM、3D 打印技术也在口腔修复领域占据越来越重的分量。这些技术的诞生简化了修复体制作的程序，提高了修复体的精密度，并且可以使修复体集约化、规模化。

理论知识、材料和技术的发展都推进着口腔固定修复工艺不断进步，虽然技术的更新使得修复体精密度升高，引起价格提高，限制部分人群的选择，但是随着我国经济的不断发展，人们开始追求和向往高质量生活，固定修复逐渐会成为人们的必要选择。

▶知识拓展

𬌗学

“𬌗学”是关于咬合生理、病理特征的科学，是以咬合功能为中心，以临床治疗为目标，研究咬合功能对相应咬合形态的需求，以及咬合形态对机体多种相关功能活动影响的规律。它既有临床医学内容，也有基础医学内容，是一个理论性、专业性和实践性均很强且涉及多个医学学科的口腔医学专业分支学科。

咬合是一个极其活跃的生物体结构，在人的一生中历经牙齿萌出、建𬌗、自然磨耗、天然牙脱落等生理、病理过程，以及病损、治疗等疾病和治疗过程。咬合不是孤立的，它包括生长在牙槽骨中的牙齿、上下颌牙之间的咬合运动，依赖于咀嚼肌的收缩、颞下颌关节的功能活动等，因而咬合与牙周组织、颞下颌关节及咀嚼肌的关系非常密切。最常见的与咬合有关的疾病有牙隐裂、牙折、楔形缺损、重度磨耗、创伤性牙周病、颞下颌关节紊乱病、磨牙症等。临床上，恢复咬合功能的治疗常需要通过建立一定形态的咬合接触来实现，如果不能建立正常的咬合接触形式，不仅不能恢复咬合功能，还有可能出现以上组织结构的功能障碍。所以在制作固定修复体时，关注患者的咬合情况尤其重要。

三、口腔固定修复工艺的种类及制作工艺流程

（一）固定修复体的种类

固定修复体因其制造工艺复杂、材料种类丰富及其自身特有的结构特点，需要将其进行分类，以便于在操作中找寻规律。

1. 部分冠

（1）贴面：临床上因其创伤较小，能获得比较好的美学效果，深得患者的喜爱。贴面只覆盖牙

体的颊侧或切端（部分前磨牙的殆面），根据其材料不同分为树脂贴面和瓷贴面（图绪 -1）。

（2）3/4 冠：只覆盖前牙区的邻面及舌面，覆盖后牙颊（舌）面。

2. 全冠 是覆盖牙齿所有表面的一种修复体，其固位力明显高于部分冠。

（1）铸造金属全冠：是使用金属材料恢复牙体的形态及其功能的一种修复体（图绪 -2）。

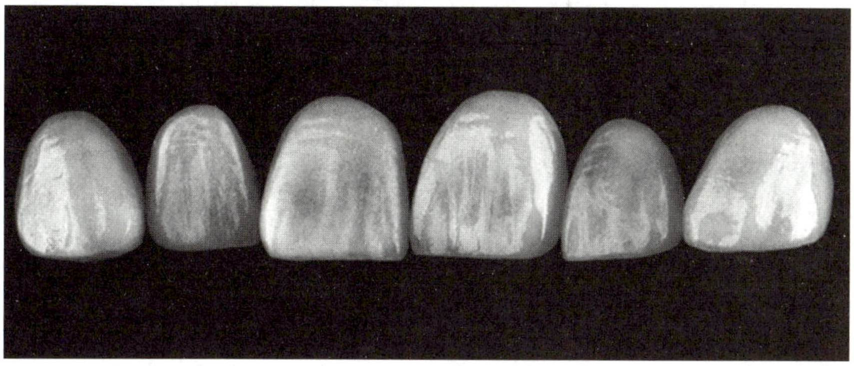

图绪 -1 瓷贴面

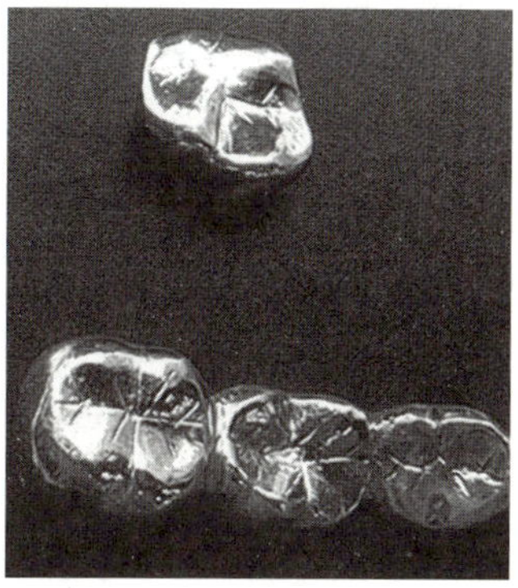

图绪 -2 铸造金属全冠

（2）烤瓷熔附金属全冠：又称金属烤瓷全冠，是首先制作一个金属的基底冠，在基底冠表面涂塑低熔瓷粉，再通过真空高温烧结熔附形成的一种修复体。金属内冠根据使用的材质不同分为贵金属内冠及非贵金属内冠。

（3）全瓷冠：是指全部牙冠表面均使用陶瓷类材料进行覆盖的一种修复体，使用的陶瓷类材质不同，修复体所能承受的压力不同（图绪 -3）。

（4）树脂全冠：是使用树脂材料制作的一种修复体（图绪 -4），一般用于过渡性修复。因其材质为树脂类，放长时间使用后容易出现变色等树脂老化现象。

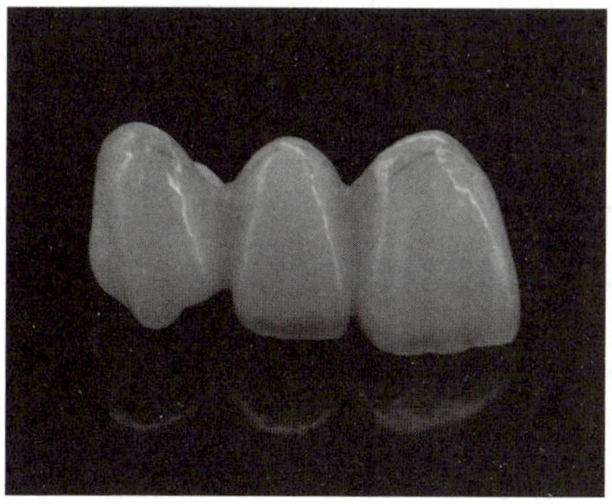

图绪 -3 全瓷冠

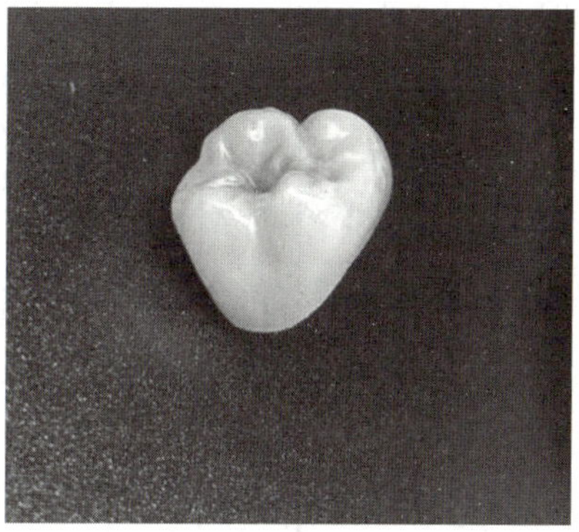

图绪 -4 树脂全冠

3. 嵌体 是嵌入牙体内部，用来恢复牙体的解剖形态和生理功能的一种修复体。嵌体主要依赖粘接固位，根据材料不同又可以分为金属嵌体及非金属嵌体。

4. 桩冠、桩核冠 是指利用根管内的空间来获得固位的一种修复体。随着桩核材料的发展，桩核冠相比桩冠更为合理，即先做桩核再做冠，在临床应用越来越广泛。

（二）固定修复体的制作流程

修复体的种类较多，而每种修复体的制作流程及其工艺都有各自的特点。模型进入技工室后，技师根据订单要求制作修复体。下面以烤瓷熔附金属全冠的传统制作工艺为例，阐述固定修复体的制作流程（图绪 -5）。

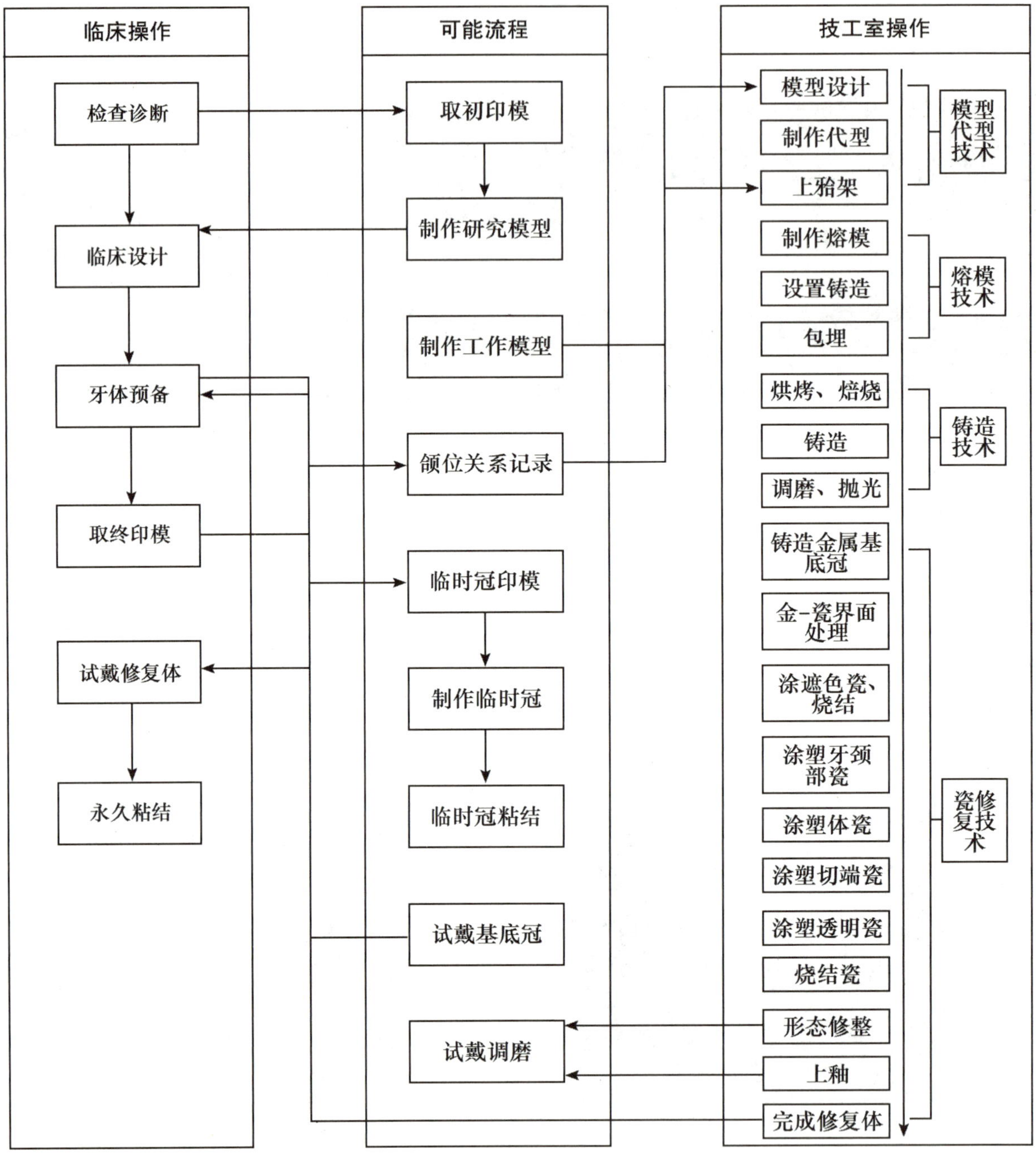

图绪 -5　烤瓷熔附金属全冠的制作流程

▶**知识拓展**

失蜡法

失蜡法是将义齿基底部蜡型转变为金属义齿基底部的过程。在该技术中，蜡型被包埋材料包埋，经过高温处理以后，蜡逐渐融化，形成阴模腔，然后将义齿需要的材料通过离心铸造机铸入其中，形成铸件。整个过程中仍然保留了原蜡型的尺度及其边缘形态，所以叫作

"失蜡法"。整个过程也相当于"偷梁换柱"的过程。这种方法在铸造金属全冠的修复体制作工艺中多有应用。

考试知识点总结

本章小结

协和云课堂…… 拓展练习及参考答案

（郭 宏 周 凤）

教学课件

项目一　固定修复工艺实用基础理论

学习目标

素质目标

树立正确的牙齿形态理念，理解固定修复体的设计及加工应符合软硬组织的生物学原则，具有严谨的工作态度。

知识目标

（1）掌握：各种修复体的牙体预备形态。

（2）熟悉：影响修复体固位与稳定的因素。

（3）了解：牙体预备的方法。

能力目标

能够判断收到的制作模型是否符合制作标准，修复体制作后能满足临床的固位与稳定。

任务一　固定修复体的修复原则

任务案例

【案例】

最近某加工厂收到固定修复义齿的订单反馈，多个医院及诊所提出修复体戴入后出现食物嵌塞、边缘不密合、临床调𬌗时间过长等问题，并且因此引起医患之间的矛盾。现医师要求技师方作出整改，或者找到问题所在原因，根据原因进行整改。

【问题】

固定修复体有哪些修复原则？

【任务分析】

修复体进入临床后出现的问题，有些是医师操作不当造成的，还有一部分是因为技师不能较好地把握修复体的基本原则，不能做到个性化修复，给患者带来苦恼。

口腔固定修复体的设计、制作应遵循 学、生物力学、机械力学和美学的原则。修复体要既能恢复患牙与缺失牙的形态与功能，同时又能兼顾口腔颌面系统其他组织关系的协调，才能长期维持口腔健康。牙齿的形态与功能关系密切，功能决定形态，形态体现功能，修复时应根据患者的年龄、性别、职业、生活习惯、性格特征等来设计制作修复体，并使其与患者的口腔组织系统协调一致。修复时应遵循以下原则。

一、正确恢复牙齿的形态与功能

微课：
正确恢复
固定义齿
的形态

（一）轴面

正常牙冠的轴面具有一定突度，保证食物对牙龈的生理性刺激，同时维持颈部牙龈组织的张力（图 1-1）。突度过大时，牙龈由于缺少食物的按摩作用会出现萎缩；突度过小时，食物直接冲击牙龈软组织，会导致牙龈出现创伤性溃疡，引起牙龈出血或红肿。此外，正确恢复牙齿的轴面形态，有利于修复体保持自洁。若修复体轴面外形突度过大，倒凹区往往有食物残渣和菌斑滞留，不利于牙周组织健康，也不符合美学要求。

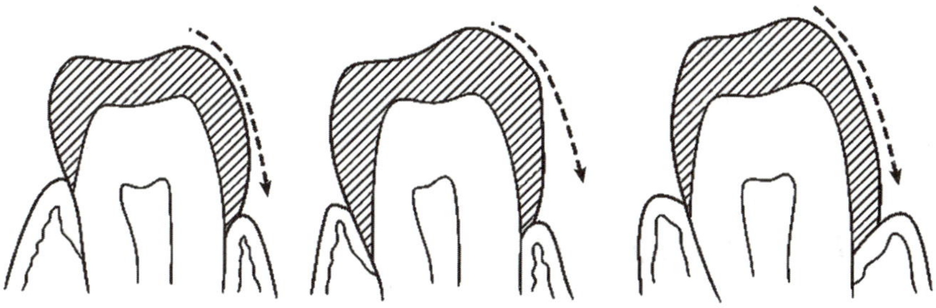

图 1-1　修复体轴面外形

A. 轴面外形正常；B. 轴面外形突度过大；C. 轴面外形突度过小。

（二）邻面接触区

在制作固定修复体时，必须考虑修复体与整个牙列的协调性，要恢复牙列的完整性、连续性，尤其是邻牙之间的接触关系。接触区恢复过松，可引起食物嵌塞；而恢复过紧则会造成牙周膜的损伤。口腔技师还应该根据患者的年龄变化，制作出符合年龄变化的邻面接触点。刚萌出的恒牙两牙之间接触区呈点状，而随着磨耗逐渐会变成面状接触。

（三）外展隙

外展隙是两牙接触区周围向四周展开的“V”形空间，由相邻牙齿的轴面凸度、接触点的位置及牙冠形态共同决定，不同牙位的外展隙形态和大小存在差异。其中在接触点下方的空隙，也就是接近牙龈方的一侧被称为“邻间隙”。固定修复体的邻间隙恢复过大，易导致水平型食物嵌塞；邻间隙恢复过小，则会压迫龈乳头导致炎症（图 1-2）。

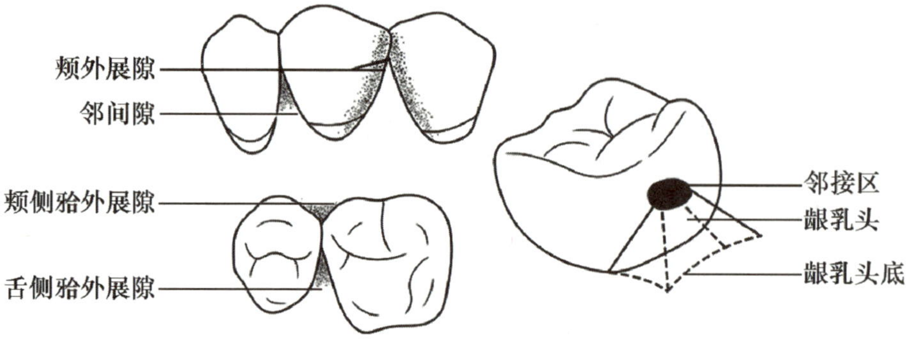

图 1-2　外展隙和邻间隙

（四）𬌗面

𬌗面的主要功能是咀嚼食物，同时上颌牙的切嵴、斜嵴还参与引导下颌运动。所以在进行固定修复时，不仅要恢复𬌗面的形态，还要达到动态静态的咬合平衡，其标准如下。

1. 修复体的𬌗面形态应与基牙的条件、邻牙对颌牙的𬌗面形态相协调　当基牙剩余牙体组织容易折裂或者牙周条件较差时，应适当减小𬌗面的面积；或者降低牙尖的高度，加深窝沟，以减轻基牙的负担。

2. 修复体的𬌗力方向尽量与牙的长轴方向一致　通过调整牙尖斜度，使咬合接触点分布均匀，位置合理，避免高尖陡坡，使力量沿牙体长轴方向传递。

3. 恢复稳定的咬合关系　修复体应在牙尖交错位建立稳定的尖窝交错咬合关系，患者前伸𬌗、侧方𬌗及牙尖交错𬌗处于协调稳定的关系。

二、牙体预备时尽可能保护软硬组织

修复治疗前要按照设计要求，对基牙做必要的牙体预备，为修复体预留出修复空间。在满足修复体空间的前提下，应尽可能保留患牙的健康牙体组织，保护牙髓的活性，确保预备后牙体的固位和抗力。牙体预备的要求如下。

（1）尽量一次完成牙体预备，牙体预备时间断磨切，冷水冷却，防止产热对牙髓组织的刺激。

（2）根据不同修复体的类型及材料，牙体可制备成不同的固位形，如环抱固位形、钉洞固位形、洞固位形，提供良好的抗力与固位力。

（3）牙体预备量应满足修复体所需要的空间，根据修复体的材料，确定修复体的厚度，既保证修复体的强度，又满足美观要求。

（4）适当调整对颌牙、邻牙及异常基牙。如果基牙萌出错位或对颌牙伸长，应根据需要予以磨改，便于建立良好的咬合关系和𬌗曲线。

（5）为了获取修复体的共同就位道，牙体预备时应去除轴壁倒凹，尽量使轴壁平行，𬌗向聚合度为 2°～ 5°。有多颗牙体需要预备时，聚合度可适当加大，以便固定修复体就位。

总之，牙体预备后，要尽量保证基牙的健康，同时要保护牙髓的活性。在牙体预备过程中，要防止两种倾向：①过度强调保护牙体组织，减小牙体预备量，影响修复体的质量与就位。②对基牙进行不必要的磨切，影响了牙体的固位与牙髓的健康。

三、固定修复体应保证牙周组织的健康

固定修复体在拥有良好的形态和功能的基础上，要保持长期稳定，所以其边缘的设计尤其重要，以免影响患者牙周组织的健康。

（一）固定修复体的设计要体现个性化

应根据患者的基牙条件，选择修复体的类型及材料的性能，设计出符合患者年龄、性别，牙体、牙周和颌位关系等个性化的固定修复体。例如，年轻恒牙处于建𬌗期，髓角高，髓腔大，不适合使用烤瓷熔附金属全冠，在材料的选择上，优先选择生物相容性好的材料，避免使用两种或两种以上金属材料，以免产生微电流。

（二）固定修复体要有完好的边缘形态和位置

1. 固定修复体龈缘处的边缘形态　目前临床上使用比较多的预备方式如下（图 1-3）：①刃状边缘。②斜面边缘。③凹槽边缘。④直角边缘。⑤带斜坡肩台。

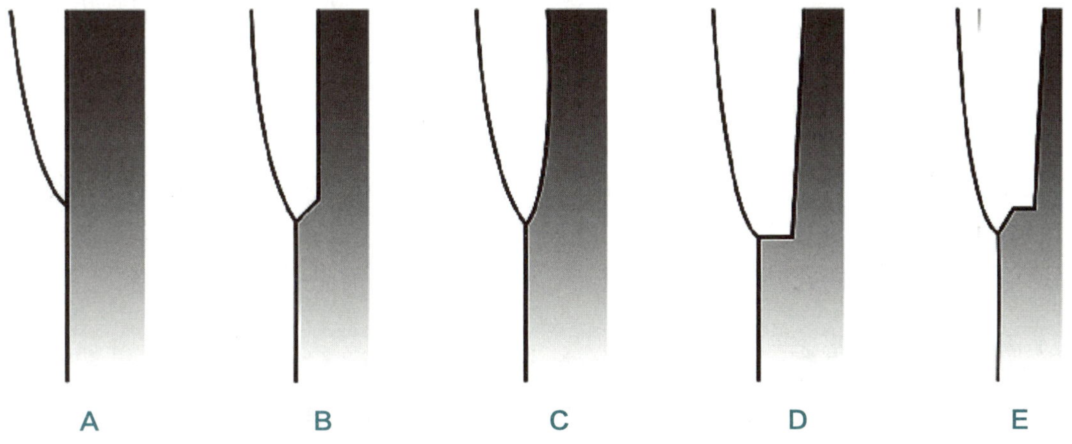

图 1-3　修复体龈缘处的边缘形态

A. 刃状边缘；B. 斜面边缘；C. 凹槽边缘；D. 直角边缘；E. 带斜坡肩台。

2. 固定修复体的边缘位置　通常固定修复体边缘位置的放置有三种选择：①平齐龈缘。②位于牙龈以上。③位于牙龈缘以下 0.5 ～ 1.0mm。

以上三种修复体的边缘位置，有各自的优缺点。边缘位置的设计要根据患牙的位置形态、固位要求、患者口腔卫生情况等综合考虑。无论选择哪种边缘类型，要保证边缘光滑、密合、无悬突。

四、固定修复体的设计与制作应符合抗力形与固位形的要求

（一）抗力形

抗力形是指固定修复体完成后，基牙和修复体都能够抵抗各个方向的𬌗力，在正常咀嚼压力下

修复体不脱落，基牙不折裂。

1. 增加患牙抗力形的措施 在设计固定修复体时，要注意保护薄弱的牙体组织，去除薄壁弱尖及无基釉柱。针对基牙缺损较大者，可以采用辅助增强固位措施，如采用钉桩加固，在加固桩上形成复合树脂桩核。使用洞固位形时，避免洞形过深过宽，造成牙体组织的缺损或意外损伤牙髓组织。

2. 增加固定修复体抗力形的措施 ①设计合理的固定修复体的形态，避免固定修复体内冠及表面出现尖、薄、锐的结构，以免在咀嚼时出现应力集中导致的劈裂。②根据患者情况，选择优良的修复体材料。③避免在固定修复体制作过程中出现缺陷，如铸造不全、树脂类修复体因固化不良造成强度下降等。④根据患者的咬合关系，设计合理的𬌗面形态，控制𬌗力的传导方向，避免出现高尖陡坡。同时在咬合接触区，避免设计金－瓷或金－塑线交界线。

（二）固位形

为了使固定修复体在正常行使功能时，不会从基牙上脱落、松动，需要在患牙上预备形成特有的形状，增强修复体的固位力，这种特有的形状被称为固位形。

五、固定修复体的设计应符合美学要求

为了使修复体的设计更贴近患者的审美要求，口腔技师与口腔医师要掌握更多的美学知识，同时提高两者之间的沟通效率，力争做到修复体戴入后与天然牙无差异，能够充分表现出健康自然的美。具体的美学要求主要包括以下几方面。

（一）固定修复体材料的选择与确定

根据患者缺失牙的位置、承受𬌗力的大小来选择固定修复体材料，目前常用的材料大致有三种，即树脂、金属和陶瓷。金属由于美观性差，多用于后牙修复。树脂材料耐磨性能差、易老化、易变色，多用于临时性修复。陶瓷材料化学性能稳定，硬度高，是目前应用最广泛的材料。

（二）固定修复体的形态

固定修复体的形态要兼顾患者的性别、年龄、职业，同时要符合患者的咬合关系及习惯。前牙区制作时中线和颜面中线应一致且左右对称。牙齿的形态参考对颌同名牙，患者微笑时，龈缘线呈柔和的弧线，形态自然、颜色协调、软硬组织平衡、动态美观。后牙制作时，应考虑余留天然牙的磨耗，𬌗面形态符合生理需求，窝沟、边缘嵴清晰，利于食物研磨与排溢；牙尖高度适中（过高容易导致𬌗力集中，过低影响研磨效率）。

（三）固定修复体的颜色

患者的肤色、性别、年龄和牙位对固定修复体均有不同的颜色要求。制作固定修复体时应充分考虑患者的意愿，口腔医师与口腔技师之间可以使用照片、色卡或视频等多种方式进行沟通。

（四）固定修复体的排列方式

固定修复体的排列方式应满足以下要求。

1. 保持牙列正常的覆𬌗、覆盖关系。

2．个别牙缺失时，应参考邻牙及对颌牙恢复其原有的𬌗曲线。

3．使用固定修复体进行咬合重建时，应尽量建立正常的𬌗曲线。

4．修复体近远中方向与颊舌向的倾斜，应遵循一定的规律。在静态与动态运动时𬌗力沿牙体长轴分布，有利于牙周健康。

5．基牙条件较差时，可适当减小后牙𬌗面的颊舌径宽度，在满足咀嚼效率的同时，减少基牙所承受的𬌗力。

6．种植义齿的上部结构应适当缩窄，为了保证轴向受力，固定修复体尽可能位于种植体正上方。

【任务评价】

修复体的修复原则涉及的内容较多，很大部分是临床医师需要解决的问题，和技师有关的主要是修复体的形态及其各个轴面的恢复是否正确。学生制作完成修复体后，参照评分标准进行生生互评或教师评价（表 1-1），分析任务出现的问题，教师给予指导，学生及时改正。

表 1-1　固定修复体制作的操作评分标准

序号	评分要点	分值
1	正确恢复修复体轴面突度	10
2	正确恢复邻面接触区	20
3	正确恢复外展隙	10
4	正确恢复𬌗面	20
5	修复体边缘位置正确	20
6	修复体与牙体密合度较高	20

▶任务拓展

固定修复体戴入后的常见问题及其处理原则

学生在制作修复体的过程中，应具备工匠精神、创新意识和高度负责的态度，才能制作出高质量的具有个性化的修复体。

固定修复体戴入后的常见问题及其处理原则如下。

一、食物嵌塞

1．食物嵌塞的主要原因是邻面接触点位置异常，两颗牙之间的接触点不在正确的位置上。

2．食物嵌塞的处理原则是调整邻面接触点的位置或重新制作修复体。

二、咬合异常

咬合异常包括对颌干扰、早接触等，会导致咀嚼时下颌运动轨迹偏离正常路径，导致牙体创伤性疾病，严重者出现颞下颌关节紊乱。

咬合异常的处理原则是通过调磨过锐牙尖或边缘嵴及调整咬合接触点可以纠正。

三、修复体不密合

修复体不密合是指修复体与余留牙齿之间存有间隙，导致食物残渣进入间隙内，加速剩余牙体组织的腐蚀，使修复体松动。

修复体不密合的处理原则是要先找到不密合的原因，如果是因为加工过程造成的修复体收缩或膨胀，需要重新制作修复体。

任务二　固定修复体的固位与稳定

任务案例

【案例】

患者，男，43 岁。左下后牙缺失，全瓷冠修复后 1 个月内出现反复脱落，临床医师更换多种粘接材料，均不能使修复体固定，现临床医师要求重新制作修复体。

【问题】

1. 固定修复体有哪些固位力？
2. 临床影响固定修复体固位力的因素有哪些？

【任务分析】

如何让固定修复体处于稳定状态，无论正中𬌗、前伸𬌗及侧方𬌗，患者均能在协调而稳定的状态下进行咀嚼？这就涉及了固定修复体的固位原理，了解固位原理及其影响因素，掌握增加固位力的方法，是固定修复成功的先决条件。

一、固位力

固定修复体粘接在基牙上，不会与基牙发生任何相对运动，这种抵抗脱落或移位的力叫固位力。在临床上有时会遇到修复体的松动或脱落，大多是由于固定修复体的固位力不足造成的。如何利用基本的固位原理增加修复体的固位力，是保证固定修复体治疗质量的重要环节。固定修复体的固位力主要依靠摩擦力、约束力和粘固力。

（一）摩擦力

两个相对运动同时又相互接触的物体之间所产生的力叫摩擦力。加大摩擦力就可以增强固定修复体的固位力。在制作固定修复体时，可以采取以下措施来加大摩擦力。

1．增加修复体与预备基牙各轴面的接触面积，适当增加接触面积的粗糙程度。

2．预备后的基牙各个轴面越接近平行，摩擦力越大，各轴面𬌗向聚合角度为2°～5°，如果聚合角度加大，固位力会明显减小。

3．可以使用辅助固位形，增加摩擦力，如洞固位形、环抱面固位形和沟固位形等。

（二）约束力

物体在发生位移时受到一定条件限制的现象称为约束。约束加给被约束物体上的力，称为约束力，而修复体就是被约束的物体。在基牙上预备各种固位形，就是为了增加约束力，来限制固定修复体的运动方向，实现修复体的固位与稳定。

（三）粘固力

粘接剂与被粘接的物体界面牢牢地粘合在一起，接触界面的分子之间产生的结合力叫作粘固力。影响粘固力的因素主要有以下几方面。

1. 粘接材料的种类　有机树脂类粘接剂产生的粘接力明显大于磷酸锌水门汀、玻璃离子水门汀。在固定修复固位力不足时，可优先选择树脂水门汀类粘接剂。

2. 粘接面积　粘接面积越大，固位力越强，因此应争取增加固定修复体的粘接面积，如增加修复体的𬌗龈距离。

3. 粘接剂的厚度　粘接剂的厚度与粘接强度成反比，因此固定修复体应增强与基牙的密合度，减小粘接剂的厚度。

4. 粘接过程的技术操作　严格按照粘接剂说明书提供的比例进行调拌，掌握调拌比例及调拌时间，避免因技术操作水平的差异造成粘接力下降。

5. 粘接界面的状况　粘接前需要对牙体组织及修复体组织面进行处理，避免水分、污垢、唾液造成的污染。可以使用酸蚀、喷砂等方法改善表面的状况，增加粘固力。

6. 修复体材料　修复体表面活性越强，粘固力越大。

（四）影响固位力的因素

固定修复体的固位体主要可以分为包绕预备基牙表面的冠外固位体和进入牙体内部的冠内固位体。其中全冠主要为冠外固位体，嵌体和桩核主要为冠内固位体。影响固定修复体固位力的主要因素如下。

1. 牙体预备后各轴面的聚合度　牙体预备后，各轴面应尽力平行或𬌗向聚合度小于6°。各轴面越平行，聚合度越小，产生的摩擦固位力就越大，对固定修复体的约束力就越大。

2. 基牙的𬌗龈高度　基牙的𬌗龈高度越大，修复体接触面积就会越大，不仅可以增加摩擦力和粘固力，同时也会加大抗旋转脱位的能力。

3. 预备后基牙的横截面积　预备后的基牙，直径越大，旋转脱位时旋转半径越大，约束固位力就越大。

二、固位形

为了增加固定修复体的固位力，临床上可以在基牙上预备一定的形状。常用的固位形有环抱固位形、钉洞固位形、沟固位形及洞固位形。

（一）环抱固位形

环抱固位形是冠修复时最常用的一种固位方法。优点为切割牙体组织较浅，不容易伤及牙髓。同时可以提供较多的粘接面积。在应用环抱固位形时，注意牙体预备的𬌗向聚合角度，一般控制在2°～ 5°，聚合角度过大会造成固位力降低。增加基牙的高度或者直径，增加固定修复体组织面与牙体的密合程度，均可以加大修复体的固位力。

（二）钉洞固位形

钉洞的深度一般为 1.5 ～ 2.0mm，直径约 1mm。一般前牙做 1 ～ 3 个钉洞，后牙做 2 ～ 4 个钉洞。钉洞一般设计在远离牙髓靠近釉质牙本质界的牙本质内。

（三）沟固位形

沟固位形是半圆形固位沟，常位于牙体轴面上，与就位道平行一致，深约 1mm，可以抵抗修复体的水平及𬌗向脱位。

（四）洞固位形

洞固位形是利用牙面上规则的洞来加强固位的一种固位形。要求洞深 2mm 以上，底平壁直，外展 2°～ 5°，鸠尾扣峡部宽度一般为牙齿颊舌尖的 1/3 ～ 1/2。

【任务评价】

学生制作完成修复体后，参照评分标准进行生生互评或教师评价（表 1-2），分析任务出现的问题，教师给予指导，学生及时改正。

表 1-2　增强固定修复体固位与稳定的操作评分标准

序号	评分要点	分值
1	正确的牙体预备量	30
2	修复体与基牙之间有较好的固位力	20
3	正确使用固位形固位	20
4	正确制备牙体各轴面的聚合度	10
5	正确制备牙体的𬌗龈高度	10
6	正确保留牙体的横截面面积	10

▶ **任务拓展**

固定修复体固位不良的常见问题

一、剩余牙体较低平

1. 主要原因　医师牙体预备量过大或原牙齿过短。

2. 处理原则　与医师沟通解决，建议医师重新预备牙体，同时使用辅助固位沟。如方案不能被医师接受，可以通过增加修复体与基牙之间的摩擦力来解决，同时建议医师使用更高级的粘接材料，以免引起不必要的纠纷。

二、聚合角度过大

1. 主要原因　医师牙体预备过程中，没能较好地掌握预备技巧，致使剩余牙体聚合度超过了理论要求的理想状态。

2. 处理原则　尽力增加修复体与基牙的摩擦力，在技师能处理的范围内做好本职工作，或者完全拒绝加工订单（但需谨慎做决定）。

任务三　固定修复体的标准牙体预备形态

任务案例

【案例】

患者，男，43 岁。左下后牙缺失，影响咬合，要求使用金属冠修复。既往体健，否认药物过敏史。

口腔检查：36 缺失，牙槽嵴宽度、高度尚可，牙龈未见明显异常；35、37 存，叩（–），松（–），牙龈未见明显异常；11、12、21、22 区间散在间隙，牙齿无松动脱落，牙龈组织健康。13 牙冠折断约 1/2，桩核已预备完毕。46 近中邻面大面积牙体缺损，叩（–），松（–）。

影像学检查：36 牙槽骨高度充足。

治疗计划：35、36、37 行铸造金属全冠修复，11、12、21、22 行贴面修复，13 行烤瓷熔附金属全冠修复，46 行嵌体修复。

模型组接到印模组人员送来的患者订单、消毒好的印模及相关货品。

【问题】

不同材料的修复体对牙体预备有哪些要求？

【任务分析】

一、铸造金属全冠的牙体预备

如图 1-4 所示。

（一）𬌗面预备

后牙𬌗面分为功能尖和非功能尖，在预备的过程中功能尖要预备 1.5mm 的间隙，非功能尖预备 1.0mm 的间隙。功能尖斜面是一个与牙体长轴成 45°、宽约 1.0mm 的斜面，且斜面与对颌牙的牙尖三角嵴平行。

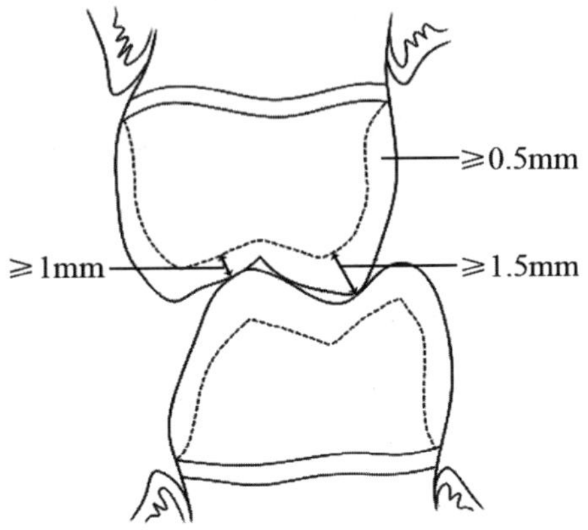

图 1-4　铸造金属全冠的牙体设备

（二）各轴面预备

牙体各个轴面预备后应相互平行，或𬌗向聚合度小于 6°。消除颊舌侧倒凹，邻面预备时深度一般要求在龈嵴顶以下。

（三）肩台预备

在牙颈部形成宽 0.5 ～ 1.0mm，略高于龈缘的肩台，肩台要求预备成圆滑的凹面形。牙冠短小固位不良的患者，可考虑将肩台放置在龈下。

（四）精修

预备完成后，将尖锐的轴面角及边缘嵴处的线角磨圆钝，同时对颊舌面及𬌗面进行光滑处理。如需加强铸造金属全冠的固位力，可以考虑在预备体上制作颊舌沟固位，或者在𬌗面使用钉、洞、沟等辅助固位形。

二、烤瓷熔附金属全冠及全瓷冠的牙体预备

如图 1-5 所示。

（一）切端预备

烤瓷熔附金属全冠切端要满足金属内冠及瓷层的厚度，所以，切端要预备出 2.0mm 的间隙，使切斜面与牙体长轴成 45°，斜面方向颊侧向舌侧倾斜。全瓷冠的牙体预备与烤瓷熔附金属全冠切端要求一致，在牙尖交错𬌗、前伸𬌗及侧方𬌗均应有足够的间隙。

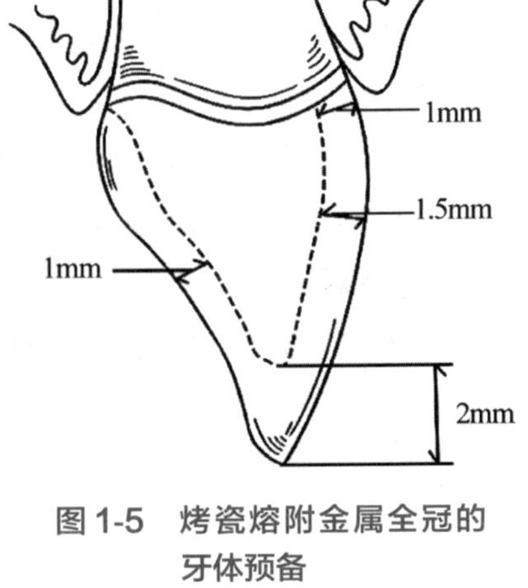

图 1-5　烤瓷熔附金属全冠的牙体预备

（二）唇面预备

烤瓷熔附金属全冠与全瓷冠在唇侧预备时要将唇面分为切

2/3 和颈 1/3 两个面进行预备。烤瓷熔附金属全冠唇面要求预备至少 1.2mm 的间隙，全瓷冠要求预备 1.0 ～ 1.5mm 的间隙，更有利于形成牙齿的形态。

（三）邻面预备

烤瓷熔附金属和全瓷冠邻面的空间需要预备出大于 1mm 的间隙，𬌗向切端的聚合度为 2°～ 5°，保留原有邻面的形态，同时形成邻面肩台。牙体固位不足时可考虑使用辅助固位形。

（四）舌面预备

烤瓷熔附金属全冠牙体预备时舌侧要求有 0.8 ～ 1.5mm 间隙，而全瓷冠要求制备 0.5 ～ 1.5mm 的间隙（具体预备量与所使用的材质及设计有关）。

（五）肩台预备

烤瓷熔附金属全冠的肩台宽度为 0.7 ～ 1.0mm，贵金属内冠与非贵金属内冠使用的肩台宽度不同，非贵金属内冠的肩台宽度为 0.5 ～ 0.8mm，贵金属内冠为 0.35 ～ 0.50mm，全瓷冠要求的颈部肩台宽度通常为 1.0mm。

（六）精修

牙体预备后，使各轴角基牙表面光滑，去除尖锐的锐角，肩台光滑连续均匀。

三、嵌体的牙体预备

如图 1-6 所示。

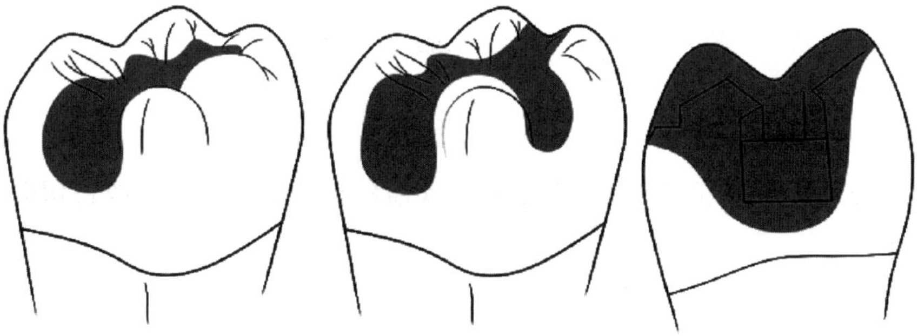

图 1-6　嵌体的牙体制备

根据材质，嵌体可分为金属嵌体和非金属嵌体两种，分别进行不同的牙体预备。

（一）金属嵌体

金属嵌体的基本洞形为箱状洞形，要求洞深大于 2mm，同时低平、壁直、无倒凹，侧壁与洞底相垂直。为了避免应力集中，要求点线角清晰而圆钝。洞壁向𬌗方外展 2°～ 5°，称为外展洞形。

金属嵌体的制备过程中要求边缘线离开咬合接触点 1mm，同时形成洞缘斜面。洞缘斜面宽 0.5 ～ 1.0mm，与洞壁形成 45°夹角。颊侧及舌侧边缘均应到达自洁区域，龈壁宽度为 1mm，且龈壁与轴壁垂直。

（二）非金属嵌体

非金属嵌体的基本洞形也是箱状洞形，但不强调底平壁直，线角要求圆钝，避免出现锐角，减小应力的集中。洞壁的倒凹可以选择使用树脂类或者玻璃离子填平，洞壁外展角度加大，可以外敞15°～20°。因使用的为非金属材料，洞缘不需要制备洞缘斜面，功能尖降低2.5mm，非功能尖降低2.0mm。

四、贴面的牙体预备

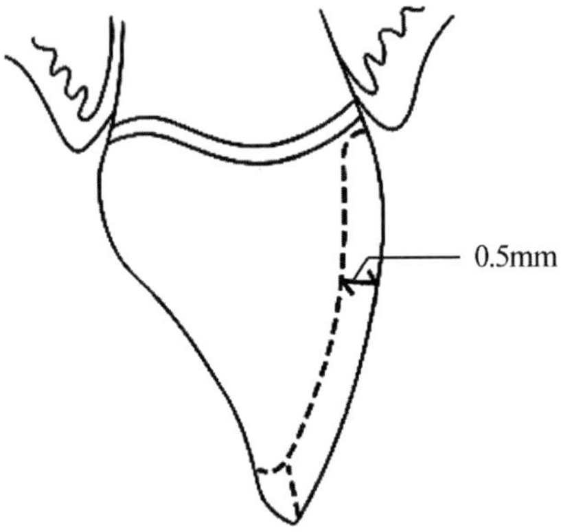

图 1-7　贴面的牙体预备

贴面修复要求牙体预备尽可能位于牙釉质内，便于后期的粘接（图 1-7）。在颈部 1/3 及邻面线角处容易预备量不足，致使贴面形态臃肿，违反美学原则。在具体的贴面预备中应注意下列要求。

（一）唇面

上颌前牙区唇侧切端需预备出 0.7mm，中部 0.5mm，颈部 0.3mm。

（二）颈部

颈部预备需形成齐龈或者龈下，对美观要求高或者牙体颜色较深者，必须将肩台放置在龈下。

（三）边缘形态

边缘应形成光滑的凹形，避免颈部边缘线角出现应力集中。

（四）切缘

尽力不磨改切缘，避免切端出现崩瓷等症状。如需延长牙冠长度，一般将切端预备至舌侧，形成包绕式或者对接式。

【任务评价】

学生制作完成修复体后，参照评分标准进行生生互评或教师评价（表 1-3），分析任务出现的问题，教师给予指导，学生及时改正。

表 1-3　各种修复体牙体预备的操作评分标准

序号	评分要点	分值
1	正确的牙体𬌗面预备量	30

续　表

序号	评分要点	分值
2	正确预备牙体的近远中间距	20
3	正确预备牙体的聚合度	20
4	正确制备牙尖斜面	10
5	正确制备牙体的肩台	10
6	正确保留牙体的横截面面积	10

▶任务拓展

模型检查

技师收到模型后应进行检查，确认是否能根据模型制作出满足医师要求的修复体。检查项目如下。

（1）检查牙体、牙列有无缺损、折断、变形情况。

（2）检查预备体终止线是否清晰、平整、光滑、连续一致，肩台的宽度是否与修复体制作的要求符合。

（3）检查预备量是否符合预备形状、聚合度是否合乎要求。

（4）检查𬌗曲线是否有阻碍功能运动的区域。

（5）检查颌位记录是否正确及完整。

—• 考试知识点总结 •—

—• 本章小结 •—

—• 协和云课堂…… 拓展练习及参考答案 •—

（郭　宏）

教学课件

项目二　口腔印模处理技术

学习目标

素质目标

树立质量与安全意识，认识到口腔印模处理在固定义齿修复整体流程中的重要性，理解其与其他环节的关联性，培养团队协作精神，积极探索更高效、更精准的印模处理方法，具备一定的创新思维和能力。

知识目标

（1）掌握：印模的概念及印模的质量要求。

（2）熟悉：工作印模的覆盖范围及常用的消毒方法。

（3）了解：印模的修整及消毒对印模质量的影响。

能力目标

能消毒印模、判断印模的质量并修整印模，确保工作印模覆盖范围的准确性和精确性。

任务一　传统口腔印模处理技术

任务案例

【案例】

患者，男，48 岁。右上后牙龋坏，已拔除 3 个月，要求修复治疗。

口腔检查：16 缺失，牙槽嵴丰满，邻牙无明显倾斜，咬合关系正常。

计划 15、16、17 行固定桥修复。

【问题】

1. 若采用传统印模技术，应如何检查印模是否合格？

2. 如何消毒、修整印模？

【任务分析】

口腔印模是指口腔相关组织的阴模，它反映了与修复有关的口腔软、硬组织的情况，包括牙齿排列、咬合关系、牙龈轮廓及口腔内的其他结构特征。将模型材料灌注于预备的印模内即得到与口腔内面形态完全一致的模型。精确的印模对于制作口腔修复体至关重要。固定义齿印模是制作固定义齿的关键步骤之一，它确保了最终义齿的准确性和适配性。目前临床应用较多的是传统印模技术和数字化印模技术两大类。

一、概述

传统印模是用一种印模材料制取的与口腔或颌面部某些组织或器官的解剖形态相反的阴性模型，反映牙体、牙列及周围组织的情况。制取口腔印模的过程称为取印模或取模，基本要求是把预备体或基牙的牙体、龈沟及与修复相关的组织如龈缘、缺牙区牙槽嵴、邻牙、对颌牙等反映清楚。

二、传统固定修复印模的分类

传统固定修复印模按用途分为工作印模与对颌印模。

（一）工作印模

工作印模是指用来制作修复体的印模，目前固定修复工作印模首选加成型硅橡胶印模材料，这种材料精确度高，具有良好的弹性恢复能力、良好的尺寸稳定性，可以长时间存放和多次灌注模型。

（二）对颌印模

对颌印模是指制取工作印模对颌牙列的修复体印模，可由藻酸盐印模材料制取，对咬合精度要求高者用聚醚橡胶或硅橡胶制取。

三、传统印模的质量要求

（1）印模完整、无缺损变形，无气泡。
（2）印模组织面应清晰光滑，无唾液、残渣、碎屑等，能准确反映口腔软硬组织的形态。
（3）印模范围合适，范围视印模的目的、修复体的类型而定。
（4）印模与托盘无分离、没有变形及松脱现象。

四、印模的覆盖范围

（一）工作印模的覆盖范围

1．牙体及预备体　指预备牙及邻近牙的牙体形态，包括各轴面、殆面、龈沟、肩台等（图 2-1）。
2．牙龈及黏膜组织　指与修复体相关的牙龈及黏膜组织，如龈缘、缺牙区牙槽嵴、邻牙间的牙龈乳头等。

3. 边缘连续性 印模的边缘应连续、清晰，无缺损、无气泡。

4. 特殊考虑 对于牙周病患者或存在邻牙倾斜等情况的患者，取模时需要特别注意印模的完整性和准确性。

（二）对颌印模的覆盖范围

对颌印模应覆盖全牙列的牙冠部分，尤其是殆面要完整、准确，保证模型咬合时的精确（图 2-2）。

图 2-1 工作印模的覆盖范围

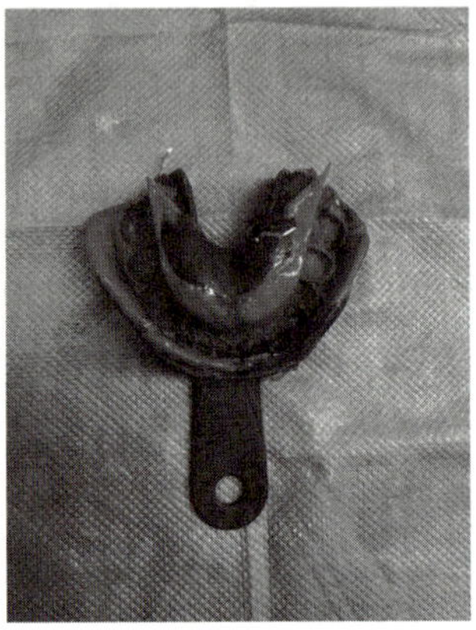

图 2-2 对颌印模的覆盖范围

五、印模消毒

视频：印模消毒

（一）化学消毒法

1. 浸泡消毒法 是目前最常用的印模消毒方法。常用的浸泡消毒液主要有 2% 戊二醛、10% 次氯酸钠、2% 聚维酮碘等。将印模浸泡在含有消毒剂的溶液中，根据印模材料的类型选择合适的消毒剂和浸泡时间。但该法对印模的尺寸稳定性、表面湿润性、细微结构再现等会造成影响。

2. 喷雾消毒法 指使用消毒剂喷雾对印模表面进行消毒，特别适用于形状复杂或易变形的印模材料。假如，可使用 0.5% 次氯酸钠溶液对藻酸盐印模进行喷雾消毒，并用消毒剂湿润的一次性纸巾包裹 10 分钟。

3. 自身消毒法 适用于藻酸盐印模材料，是将消毒液与印模材料混合制取印模，从而达到消毒抗菌效果。

（二）物理消毒法

常用的物理消毒法有臭氧消毒法、微波消毒法、紫外线消毒法等。这些方法在某些印模材料上可能效果不佳，且操作复杂，因此在临床上应用较少。

（三）印模消毒的注意事项

1. 消毒前准备 在消毒前，将印模表面的血液及生物负载冲洗干净，防止血液及生物负载干涸，影响消毒效果。

2. 消毒剂选择 使用美国环境保护署（U.S Environmental Protection Agency，EPA）认证的医

疗级别消毒剂，如聚维酮碘、次氯酸钠、过氧化氢、二氧化氯等。消毒剂的选择应综合考虑印模材料的类型、消毒剂的杀菌效果和安全性。

3. 消毒时间　浸泡或喷雾消毒的时间应根据消毒剂的说明和印模材料的特性来确定，避免过长时间浸泡导致印模尺寸和表面形状改变。

4. 个人防护　在进行印模消毒时，工作人员穿戴个人防护设备（手套、面罩、眼罩及工作服），以减少自身暴露于病原体的风险。

5. 消毒记录　口腔印模消毒记录要详细、准确，包括消毒日期、消毒人员、消毒设备、印模编号等信息。消毒记录应及时填写和归档，保存备份以备查验。

六、印模的修整与存放

（一）印模的修整

1. 灌注模型前，去除多余的印模材料，包括上颌腭部后份和下颌磨牙后垫后部过长的印模材料、边缘的飞边、牙列后方没有托盘支持的印模等。
2. 加固印模薄弱部位，例如，孤立基牙可插钉加固，防止模型折断。
3. 修补印模上的气泡或其他缺陷，保证印模完整性。

（二）印模的存放

印模材料不同，存放要求不同。藻酸盐印模取模后应在 15 分钟内灌注模型。聚醚硅橡胶印模应存放于干燥处，避免与藻酸盐印模一起封闭。目前临床常用的加成型硅橡胶印模可在常温下长期存放。

【任务评价】

学生完成印模的检查、消毒、修整任务后，参照评分标准进行评价（表 2-1），分析任务出现的问题，教师给予指导，学生及时改正。

表 2-1　印模质量的评分标准

序号	评分要点	分值
1	印模与设计单一致，标记缺失牙位相符	10
2	印模完整，无气泡、损伤、脱模现象	20
3	工作印模与对颌印模相符	10
4	印模的消毒方法选择正确	20
5	完成印模的修整和存放	20
6	任务实施过程中体现专业素养	20

▶**任务拓展**

印模的常见问题及处理方法

一、印模组织面粗糙

1. 主要原因　印模质量差、颗粒过多；印模材料放入口内的时机不恰当，印模材料开始结固时才放入，流动性变差。

2. 处理方法　选择优质印模材料，30 秒内调拌完成，迅速放入口内，加压就位。

二、印模边缘不足

1. 主要原因　患者头部位置不当，取上颌印模时头部过于后仰，印模材料从托盘后缘流失；托盘选择不合适，边缘过短；托盘加压不足或没有就位。

2. 处理方法　调整患者体位，取上颌印模时头部稍前倾，取下颌印模时头部稍后仰；选择合适的托盘，托盘边缘应与牙弓协调一致，托盘与牙弓内外侧应有 3 ~ 4mm 间隙；托盘放入时应从前向后进行，先使前弓区在托盘就位，再向后逐渐使其全部就位。

三、气泡形成

1. 主要原因　调拌方法不当，印模材料内气泡未排净；患者腭穹窿顶高或托盘腭盖区过于平坦，使该部印模材料相对不足。

2. 处理方法　印模材料调拌结束时应该用调拌刀紧贴橡皮碗壁，来回滑动两三次，将气泡排掉再放入托盘内；如患者穹隆高，可用蜡在托盘腭盖区加形状，并在取模时事先挑取少量印模材料涂于腭穹隆顶部。

四、印模材料与托盘分离

1. 主要原因　从口内取脱印模时方法不恰当，用力过猛，动作过于粗糙；托盘固位孔太少太小；印模材料太少，未包住托盘边缘。

2. 处理方法　选择托盘固位孔大小数目合适的托盘；印模材料量应足够；取上颌印模时，嘱患者张口发“啊”音，取下颌印模时，嘱患者做抬舌动作，同时将水浸湿的示指伸入后部印模边缘与前庭沟之间适当挤压，借助印模材料的弹性破坏其后缘封闭，使空气进入，便于取出印模。

任务二　数字化印模处理技术

任务案例

【案例】

患者，女，40 岁。左下后牙缺失 1 年，影响咀嚼功能，要求修复治疗。

检查：缺失牙牙槽骨高度充足，邻牙存，无叩痛、松动问题。

计划行固定桥修复。客服接到订单信息后，通过网络下载口内扫描模型的数据打印模型，并将口内扫描数据交给设计组完成义齿设计。

【问题】

1. 如何检查数字化印模是否合格？
2. 与传统印模技术相比，数字化印模技术的优缺点有哪些？

目前，传统印模技术凭借成熟性和低成本仍在临床上广泛应用，随着数字化时代的到来，数字化印模技术在临床上的应用也越来越普遍。

一、数字化印模技术与传统印模技术对比

（一）操作流程

1. 传统印模技术　主要依靠藻酸盐、硅橡胶等材料，需将印模材料注入托盘后放入患者口腔，等待材料凝固后取出，整个过程需严格控制材料凝固时间并取得患者配合度。

2. 数字化印模技术　通过口内扫描仪或模型扫描仪，利用光学或激光原理，将口腔内或石膏模型表面形态转化为数字信息，实时获取三维数据，操作流程便捷高效。

（二）精准度

传统印模材料在调拌过程中的比例误差、凝固时的体积收缩及取模时患者吞咽、舌体运动等因素，都可能导致印模变形，影响最终精度。数字化印模技术可避免材料变形问题，其扫描精度能达到微米，可精确捕捉牙齿邻面、龈下边缘等细微结构，为修复体制作提供更精准的数据。

（三）患者体验

传统印模取模时，患者需长时间保持开口状态，印模材料的味道及咽部异物感易引发患者恶心、呕吐等不适反应。数字化印模扫描过程中，患者只需保持相对轻松的张口姿势，无明显异物感，操作时间更短，显著提升患者舒适度。

（四）成本与效率

传统印模技术需消耗大量印模材料、托盘等耗材，需要人工灌注石膏模型，耗费时间长。数字化印模技术的设备投入成本较高，但是后期无须大量耗材，扫描完成后可直接将数据传输至 CAD/CAM 系统，缩短修复体制作周期，可逐步提高诊所工作效率和接诊能力。

二、数字化印模技术的分类

（一）口内直接扫描技术

口内直接扫描技术利用口内扫描仪直接在患者口腔内扫描获取牙齿、牙龈等软硬组织的三维数

据。根据扫描原理，可分为光学扫描和激光扫描。光学扫描通过投射特定波长的光，捕捉反射光信号生成三维模型。激光扫描则利用激光束对口腔组织进行逐层扫描。口内直接扫描技术操作简便、实时性强，广泛应用于各类牙体缺损修复、正畸治疗等。

视频：模型扫描技术

（二）模型扫描技术

模型扫描技术先通过传统方法制取印模并灌注石膏模型，再使用模型扫描仪对石膏模型进行扫描，将实体模型转化为数字模型。该技术适用于一些无法直接进行口内扫描的复杂病例，或者需要对石膏模型进行长期保存的情况，常用于口腔教学、科研及复杂修复病例的模型分析（表 2-2）。

表 2-2　口内直接扫描技术和模型扫描技术对比

对比项	口内直接扫描技术	模型扫描技术
数据来源	直接扫描口腔组织	扫描石膏模型
精度	依赖操作技巧（通常 10~20μm）	模型稳定（可达 5~10μm）
适用病例	单冠、贴面、简单种植	无牙颌、复杂修复、正畸存档
成本	设备昂贵（＞ 10 万元）	有些设备较低廉（5 万至 15 万元）
患者体验	无不适感	需传统取模

三、数字化印模技术的应用

（一）口腔修复领域

在固定义齿修复中，数字化印模能精准获取基牙、预备体形态，帮助设计更贴合的全冠、桥体等。在活动义齿修复中，数字化印模可精确记录牙槽嵴形态、黏膜组织弹性等信息，优化义齿基托设计，提高义齿固位性与舒适性。对于种植修复，数字化印模结合种植导板技术，能实现种植体的精准定位与植入。

（二）口腔正畸领域

数字化印模可生成牙的三维模型，便于正畸医师进行牙列拥挤度分析和牙弓形态评估，从而为患者制订个性化矫治方案。同时，通过对比治疗前后的数字化模型，能直观评估正畸治疗效果，也为隐形矫治器的制作提供精确数据。

（三）口腔教学与科研领域

在教学中，数字化印模生成的三维模型可帮助学生更清晰地观察口腔解剖结构。在科研方面，通过对大量数字模型数据的分析，可研究口腔疾病的发生、发展规律和不同治疗方法的效果差异等。

四、数字化印模技术的优缺点

（一）优点

1. 高精度　避免传统印模材料收缩变形等问题，精确反映口腔组织结构，提升修复体和矫治器的适配性。

2. 高效便捷　减少取模时间，缩短修复体制作周期，实现椅旁即刻修复。数据可直接传输，便于医师之间沟通和远程会诊。

3. 环保安全　无须使用大量印模材料，减少医疗废弃物产生；避免患者对印模材料过敏等风险。

4. 便于保存与管理　数字模型以电子数据形式存储，占用空间小，便于检索、对比和长期保存。

（二）缺点

1. 设备成本高　口内扫描仪、模型扫描仪等设备价格昂贵，且需定期维护升级，增加了运营成本。

2. 技术要求高　操作人员需经过专门培训，熟练掌握扫描设备及相关软件的使用；扫描过程中，若操作不当易产生数据误差。

3. 存在扫描盲区　对于口腔内倒凹过大、唾液过多、开口受限等特殊情况，扫描难度较大，无法获取完整数据。

4. 数据兼容性问题　不同品牌的数字化印模设备与CAD/CAM系统之间，数据格式可能不兼容，影响数据传输与后续处理。

【任务评价】

学生完成口内直接扫描任务后，参照评分标准进行评价（表2-3），分析任务出现的问题，教师给予指导，学生及时改正。

表2-3　口内直接扫描技术的评分标准

序号	评分要点	分值
1	设备检查，核对患者信息，调整患者体位，初步清洁患者口腔	10
2	扫描头握持稳定、角度正常，按照顺序扫描，移动速度均匀	20
3	扫描图像清晰、完整覆盖目标区域、细节清晰	20
4	单颌扫描时间≤3分钟，无重复扫描	20
5	正确保存或导出文件，初步检查模型完整性	20
6	操作轻柔，避免器械碰撞，患者感觉较舒适	10

▶任务拓展

未来数字化印模技术的发展应用

数字化印模技术的未来发展将深刻改变口腔诊疗模式，其核心趋势体现在精准化、智能化和全流程整合三个方面。

随着光学扫描精度的持续提升，未来口内扫描仪有望突破目前10μm级精度限制，实现对牙体组织纳米级三维重建，特别是在龈下边缘、种植体－软组织界面等复杂解剖结构的捕捉上将取得重大进展。人工智能技术的深度融合将推动扫描过程从半自动化向全自主化演进，人工智能算法不仅能实时识别并修正扫描缺陷，还能基于海量临床数据预测最佳修复方案，实现从数据采集到修复体设计的无缝衔接。

5G和云计算技术的普及将构建分布式诊疗网络，基层医疗机构通过云端AI辅助系统可获得专家级印模质量评估，而区块链技术将确保数字化模型在远程协作中的安全性与可追溯性。材料科学的进步可能催生新型生物相容性扫描标记物，解决反光材质干扰问题。

未来数字化印模将不再局限于单一功能，而是作为口腔数字生态系统的关键入口，与CBCT、面部扫描、咬合分析等多模态数据融合，构建患者专属的“数字口腔孪生”，为精准医疗提供全方位数据支撑。这一技术演进不仅会提升诊疗效率，更将重新定义医患互动方式，使预防性、预测性和个性化口腔医疗成为现实。

考试知识点总结

本章小结

协和云课堂…… 拓展练习及参考答案

（张　雪　周　凤）

项目三　口腔模型与代型技术

教学课件

学习目标

素质目标

树立知识迁移的学习意识，把《口腔修复学》课程中关于模型的内容作为本项目学习的基础，具备形态与功能相适应的辩证思维，进一步深化对模型修整和标准的理解。

知识目标

1. 掌握：模型的制取和修整；双钉代型技术和代型的修整。
2. 熟悉：模型的要求和分类。
3. 了解：模型的消毒。

能力目标

能制作出合格的口腔模型与代型。

任务一　口腔模型技术

任务案例

【案例】

患者，男，43 岁。右上后牙根管治疗后 1 年，要求金属冠修复治疗。既往体健，否认药物过敏史。

口腔检查：26 缺失，牙槽嵴宽度、高度尚可，牙龈未见明显异常；叩（–），松（–）。

影像学检查：26 牙槽骨高度充足。

计划 26 行金属固定桥修复。模型组接到印模组人员送来的患者订单、消毒好的印模及相关物品。

【问题】

1. 印模检查合格后，如何调拌石膏灌注模型？

2. 如何消毒模型？
3. 如何修整模型？

【任务分析】

一、口腔模型的定义

口腔模型指将调拌好的模型材料灌到制取的口腔印模中，待模型材料凝固脱出后得到的阳模。

二、口腔模型的分类

（一）按用途分类

1. 工作模型 指直接用于制作修复体的模型，精密度、强度要求高，用于模型处理、修复体设计及制作。

2. 对颌模型 指与工作模型相对应并与之恢复咬合关系的模型，用于确定上下颌关系。

3. 研究模型 指为了研究设计口腔修复或正畸治疗方案及检查、评价治疗效果而制取的口腔模型，便于治疗前的设计和治疗中观察疗效。

（二）按材料分类

1. 石膏模型 指用石膏制作的模型。工作模型常用超硬石膏制作。

2. 耐火材料模型 指用耐高温材料制作的模型，主要用于带模铸造。

3. 树脂模型 指树脂材料制作的模型，主要用于教学、实验研究及个别代型制作。

三、口腔模型的要求

1. 模型应精确度高、尺寸稳定、表面清晰、无缺陷。
2. 模型的基底面修成与殆平面相平行，最薄在 10mm 以上，边缘宽度为 3 ～ 5mm（图 3-1）。

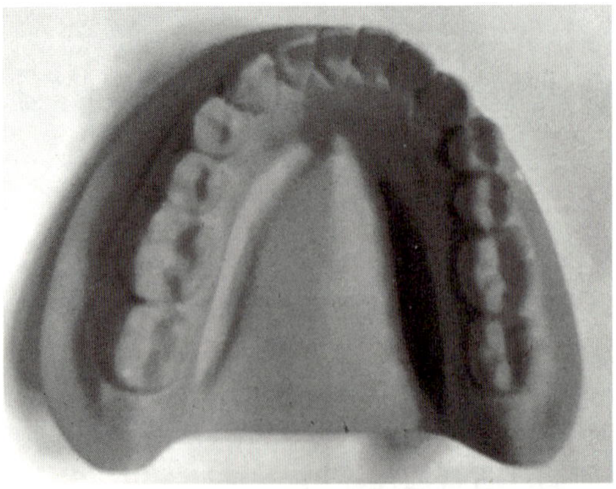

图 3-1 标准口腔模型

3．模型表面应光滑，易脱模；硬度高，能经受制作修复体时的磨损。

四、口腔模型的制取

（一）器材准备

1．器械　真空调拌机、振荡器、调拌碗、调拌刀、量筒、电子秤等。

2．材料　一次性手套、口罩、普通石膏、硬石膏、超硬石膏、清水等。

（二）石膏调拌

视频：手工调拌石膏

1．手工调拌

（1）石膏水粉比例和加入顺序：严格按照厂家提供的水粉比例，先水后粉向调拌碗内加入所需要的水和粉。

（2）调拌方向：石膏粉完全被水浸湿后，用调拌刀快速均匀并按一个方向调拌（图 3-2）。

（3）调拌时间：手工调拌 1 分钟后，将石膏碗放在振荡器上，排除气泡，准备灌模。

视频：真空调拌机调拌石膏

2．机器调拌

（1）石膏水粉比例和加入顺序：严格按照厂家提供的水粉比例，先水后粉向搅拌杯里加入所需要的水和粉。

（2）调拌时间：用调拌刀初步调拌后，用真空调拌机调拌 30 ～ 60 秒（图 3-3）。取下真空搅拌杯，准备灌模。

图 3-2　手工调拌石膏

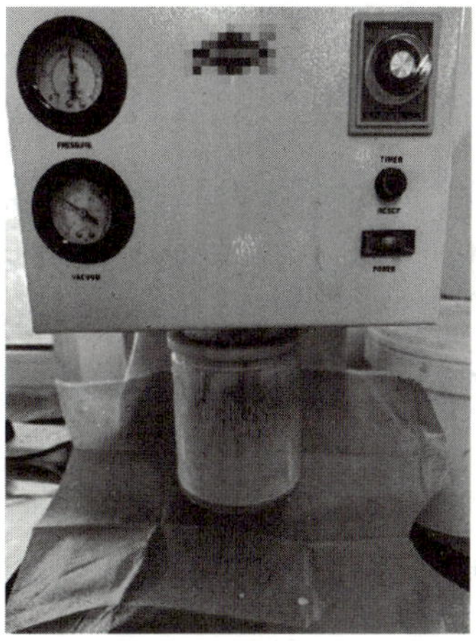

图 3-3　机器调拌石膏

（三）模型灌注

视频：一般灌注法

1．一般灌注法　从印模的高点处灌注调好的石膏浆，石膏浆缓慢从高处流向四周，充满印模的每个细微部分。同时将托盘置于振荡器上或手持托盘柄轻敲振动，使模型灌注完全。还可以从上颌印模腭侧灌入石膏浆，下颌则从舌缘侧灌入石膏浆。牙列模型灌注后，稍微静置，继续添加石膏浆，一直到牙列颈缘至底座的厚度为 1.0 ～ 1.5cm 为止。灌注时切忌将大量的石膏浆倾注在印模低凹处，使得空气无法排出而形成气泡。注意模型远中部分石膏量一定要加够，直至所需厚度（图 3-4）。

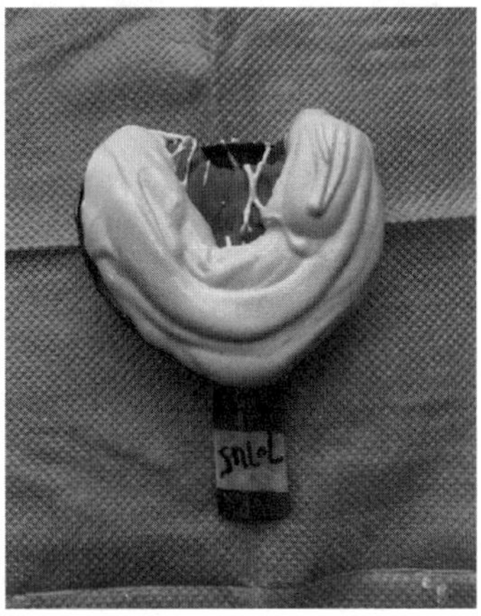

图 3-4　一般灌注法

2. 围模灌注法　用直径 5mm 的粘蜡条，在印模边缘下约 2mm 处包绕，下颌印模则需在下颌舌侧口底用蜡片封闭空隙，用蜡片沿蜡条外缘围绕一周，并使蜡片高于印模最高点以上 10mm。用蜡封闭蜡片与粘蜡条间的间隙，置于振荡器上，将调和好的模型材料灌注于印模内。此方法灌注制成的模型厚度适宜、外观整齐。但此方法操作复杂，耗费时间。

3. 分段灌注法　指在灌注模型时在印模组织面灌注超硬石膏，其他部位用普通石膏的方法。此方法不仅能保证模型工作区的强度和硬度，防止模型在义齿制作当中发生磨损或损坏，还可以节约材料。但是必须在超硬石膏完全凝固前灌注普通石膏，以免分离模型时两者分开。

五、口腔模型的脱模及消毒

（一）脱模（图 3-5）

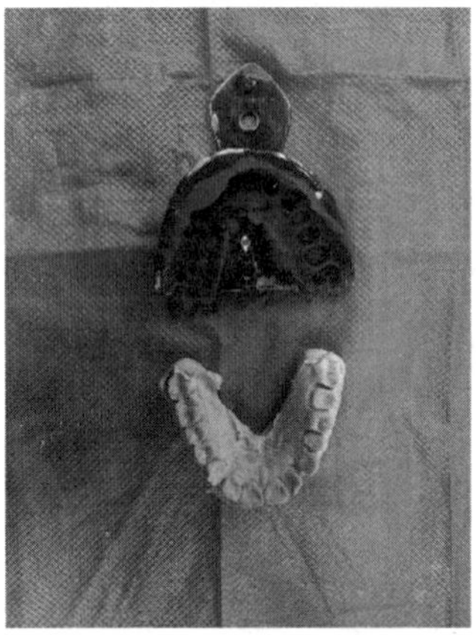

图 3-5　脱模

每一种模型材料都有脱模时间要求，如果过早地从印模中分离模型，可能会导致模型的薄弱部分折断。普通石膏应在灌模 1 小时后再分离模型；硬石膏和超硬石膏分离模型的时间应更长一些。

弹性印模材料的脱模方法：模型灌注完成待石膏凝固、发热、冷却后，用小刀去除托盘周围多余的石膏，使托盘和印模的边缘不被石膏包埋。一手握住模型底座，另一手持托盘，小心地顺着牙长轴的方向轻轻将印模松动后取下，分离出模型。如遇有牙齿倾斜、缺牙多或有孤立牙等情况，可以适当延长脱模时间，以增强石膏强度，脱模时先去掉托盘，将弹性印模材料破成碎片，再完整取出模型。若石膏凝固后未能及时脱模，印模可能会与模型材料发生粘接，造成脱模困难。此时应采用的脱模方法是将模型和印模托盘都放入热水中浸泡 15 ～ 20 分钟，再脱模。

（二）消毒

视频：模型消毒

由于石膏模型和代型须保持精确的形状和强度，选择模型消毒的方法时，不仅要考虑杀菌效果，还要考虑其对模型的精度和表面物理性能的影响。下面介绍几种常用的消毒方法。

1. 喷雾 / 浸泡消毒法　常用消毒剂喷雾或浸泡石膏模型进行消毒。在有效的杀菌时间内，此方法不会对模型的精度和强度产生影响。

2. 熏蒸消毒法　常用的熏蒸消毒剂有甲醛和戊二醛，因醛类消毒剂属于高效杀菌剂，穿透力强，容易气化，对模型影响极小，操作时应做好个人防护。

3. 微波消毒法　微波是一种独特的加热新技术，受高频电的作用，分子被激发旋转振动，被消毒的物质里外一起加热，其特点是快速而均匀地升温，瞬间可达到高温，从而达到消毒灭菌的目的。

应用微波对石膏模型进行消毒是一种简便、实用的方法，并且还可加快石膏模型的凝固和干燥，不易出现创伤和缺损，缩短了干燥时间，提高了工作效率（图 3-6）。但是微波加热对模型的精度和物理性能的影响还有待于进一步的研究。

图 3-6　微波消毒模型

4．臭氧消毒法　臭氧是一种广谱杀菌剂，可杀灭细菌繁殖体、芽孢、病毒和真菌等。目前应用的臭氧消毒杀菌机运用电晕放电法，以空气为原料，制备臭氧。采用臭氧消毒杀菌机对石膏模型消毒必须有足够的消毒时间。研究表明，30 分钟的臭氧消毒处理可以达到可靠的消毒效果，而且在有效的杀菌时间之内，不会对模型的精度和强度产生影响。

5．紫外线消毒法　是利用紫外灯产生紫外线来消毒，具有广谱、便捷的灭菌特点，对模型的精度和物理性能没有影响。该方法对操作者无损害、清洁、无污染。但是，由于模型的外形不规则，表面结构较复杂，因此常照射不全，影响消毒效果。传统的紫外线消毒方法耗时较长，不利于提高实际工作效率。

近几年，义齿加工厂在不影响模型精度的前提下，为了达到更好的消毒效果，经常采用几种方法联合应用的办法。例如，公司定制专用的消毒柜，在臭氧环境下进行紫外线照射，可根据需要选择消毒时间，消毒效果好。这是一种值得推广的方法，但要注意操作安全，必须严格按照标准的操作规程进行操作。

六、口腔模型的修整

模型刚脱出时，石膏未达到最大强度，有利于修整。模型修整的目的是使其整齐、美观、利于义齿制作，并便于观察保存。模型修整常规是利用模型修整机进行。

1．底面　先修整模型底面使其与𬌗平面平行，并且模型底座的厚度应不小于 10mm。

2．后壁、侧壁及后侧壁　修整模型的后壁、侧壁及后侧壁，使模型的后壁与底面及牙弓中线垂直，使两边的侧壁与前磨牙、磨牙颊尖的连线平行，后壁与侧壁所形成的夹角磨去一段形成后侧壁，并使其与原夹角的平分线垂直。

3．前壁　修整模型的前壁，使上颌模型的前壁呈等腰三角形，其顶角正对中线；下颌模型的前壁修成弧形，约与牙弓前部弓形一致。

4. 模型前壁及侧壁 应距黏膜反折处 3 ～ 5mm。

5. 咬合关系 用工作刀修去工作模型和对颌模型上影响咬合的部分，但必须保持原有的解剖形态，以恢复正常咬合关系，并使下颌舌侧平展，以利于修复体的制作。

在修整过程中要注意保护模型，特别是不要损伤预备体。

【任务评价】

学生完成模型制作的任务后，参照评分标准进行评价（表 3-1），分析任务实施过程中出现的问题，教师给予指导，学生及时改正。

表 3-1 模型制作技术的评分标准

序号	评分要点	分值
1	模型与设计单一致，标记缺失牙位相符	10
2	模型完整，无气泡、损伤	20
3	模型有一定的硬度和厚度	10
4	上下颌模型相符，咬合关系良好	20
5	模型的消毒方法选择正确	20
6	任务实施过程中体现专业素养	20

▶任务拓展

口腔模型的常见问题及处理

1. 模型变形　由印模变形、印模灌注和脱模方法不当等造成，需重新制取模型。

2. 模型出现气泡　由水粉比例不当或调拌不匀，灌模前没有冲洗干净，灌模时操作不当等造成。非工作区的气泡可以通过填补的方法解决，工作区出现大气泡需重新制取模型。

3. 模型强度低　由调和水量过多、调拌过程中加水或粉等造成，需重新制取模型。

4. 模型表面不清晰　由材料选择不当、灌注方法不当等造成，需重新制取模型。

5. 模型损伤　由脱模方法和修整不当、制作代型时损伤患牙和邻牙等造成。关键部位损伤时应重新制取模型。

以上问题均是由操作不当造成的，因此，我们应具备严谨的工作态度，认真对待每一个模型的制作，同时，出现问题及时汇报并解决，才能获得高质量的精准模型。

任务二　代型技术

任务案例

【案例】

患者，女，33 岁。因氟斑牙，影响美观，要求 11、21、22 全瓷冠修复治疗。既往体健，否认药物过敏史。

口腔检查：11、21、22 叩（-），松（-），牙龈未见明显异常。

影像学检查：11、21、22 牙槽骨高度充足。

计划 11、21、22 行全瓷冠修复。接到模型组人员送来的患者订单、模型及相关物品。

【问题】

1. 如何制作代型？
2. 如何修整代型？

【任务分析】

代型是指将需要制作熔模的牙位从整体的牙列上分离取下并能恢复原来位置的模型（图 3-7）。利用代型制作熔模具有视野清楚、操作方便、能较好地恢复邻接关系及龈缘密合度等优势。

制作代型的方法有多种，具有代表性的是双钉代型技术。

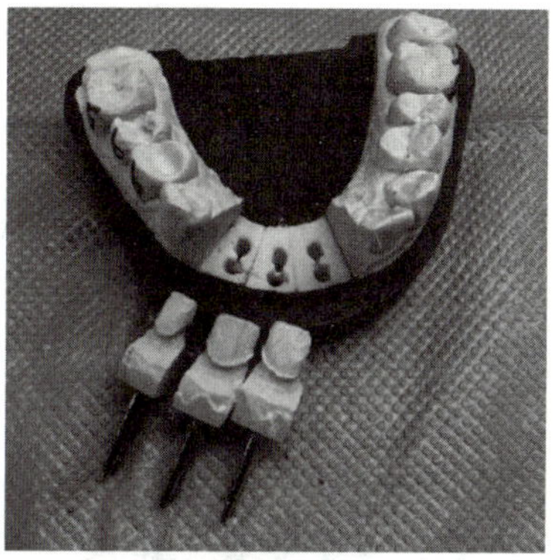

图 3-7　代型

一、双钉代型技术

（一）模型检查

视频：双钉代型技术

1. 工作模型检查　灌注的工作模型应清晰完整，有足够厚度，光洁度好。预备牙应符合所设计修复体的牙体预备要求，肩台连续完整、宽度合适、龈缘清晰。预备牙相邻牙的近预备牙侧不应存在较大倒凹。

2. 对颌模型检查　检查牙冠𬌗面形态，应清晰完整。

3. 咬合关系检查　用雕刻刀修去𬌗面的石膏瘤，检查上下颌模型咬合关系及蜡咬合记录是否准确。

（二）模型修整

用石膏模型修整机将模型底部磨平并与𬌗平面平行，工作模型底部到预备牙颈缘的高度为 7～8mm。再依照牙列形态用舌侧模型修整机修整模型舌侧（图 3-8），使其形成一马蹄形（图 3-9）。

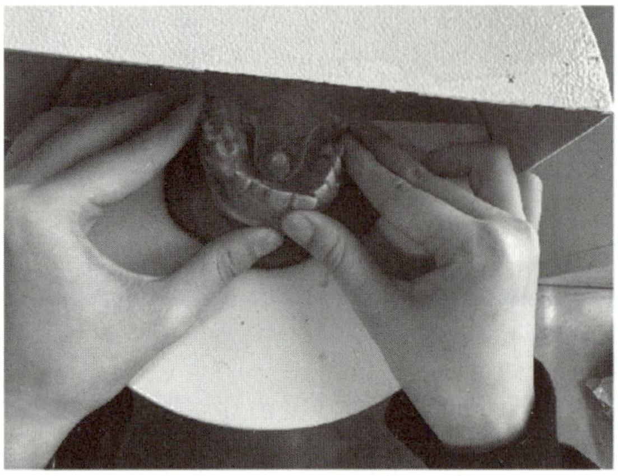

图 3-8　模型修整

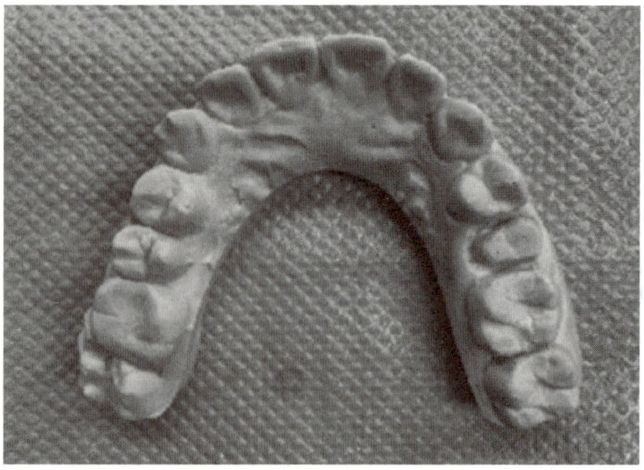

图 3-9　修整后的模型

（三）工作模型打孔

使用铅笔或标记笔在工作模型牙齿的𬌗面标记出代型钉孔的位置。应当注意的是，要保证唇侧和舌侧钉洞之间有足够的间距，从而使代型钉和钉鞘在空间位置上互不干扰。

如采用激光打孔机打孔，则打开电源开关，将工作模型置于打孔机的平台上，红色指示光点对准打孔标记点，两手握紧工作模型，将工作平台平稳向下按，模型在随工作台面下按时，接触快速转动的打孔钻，形成所需的孔（图 3-10）。

（四）粘固代型钉及固定装置

所有孔打好后，用气枪吹净孔内的粉末，用 502 胶将代型钉粘固于孔内，孔内胶水不宜过多，防止渗出模型底部表面形成薄膜，影响密合度（图 3-11）。为确保代型插卸方便和防止代型钉对底座石膏的磨损影响代型复位的准确性，采用配套的塑料钉鞘套入金属代型钉。

图 3-10　模型打孔

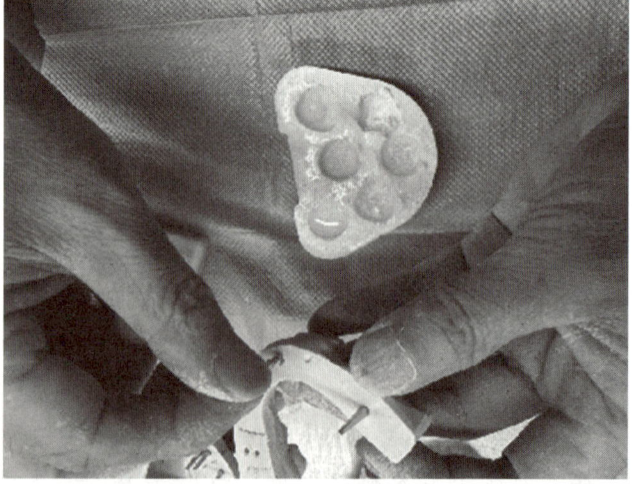

图 3-11　粘固代型钉

（五）加模型底座

在复位钉尾端粘固直径 2 ～ 3mm 的粘蜡球或蜡条，作为钉的标志。在模型底面涂分离剂，以便于分离。

根据工作模型基底面的大小选择成品橡胶底座。将调拌好的适量硬质石膏，在振荡器振荡下注入橡胶底座中，再取少许石膏，加到需形成代型部分的底部，确保代型部分的底部与后加入的石膏之间无间隙或气泡存在。然后将工作模型压入橡胶底座中，使复位钉接触底部。去除溢出的底座石膏（图 3-12）。

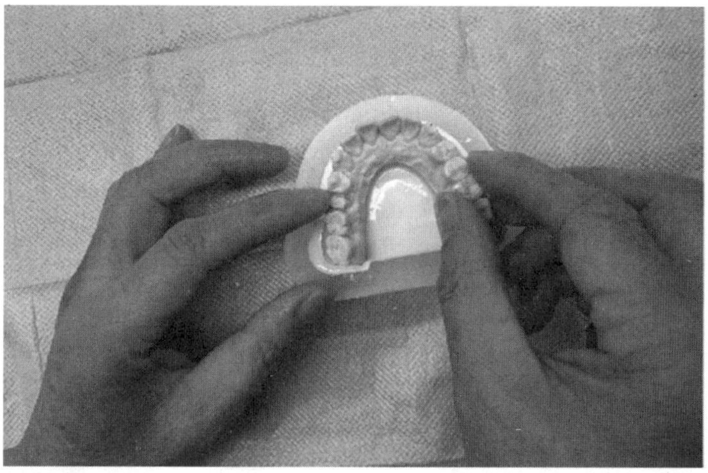

图 3-12　加模型底座

（六）代型切割

代型底座石膏完全凝固后，从底座成型器中脱出，用 0.2mm 厚的“U”形石膏分离锯分别沿预备牙近远中邻面向龈方以与预备牙牙长轴平行的方向向下锯开，锯至两层石膏的交界线为止。锯时应注意模型不可太湿，以免粘锯，锯缝要窄，切割线应互相平行或轻微向钉末端聚合，若代型的底部大于殆方，将导致代型被锁住。为避免伤及预备牙及邻牙，可事先用铅笔画好切割线，按线切割（图 3-13）。

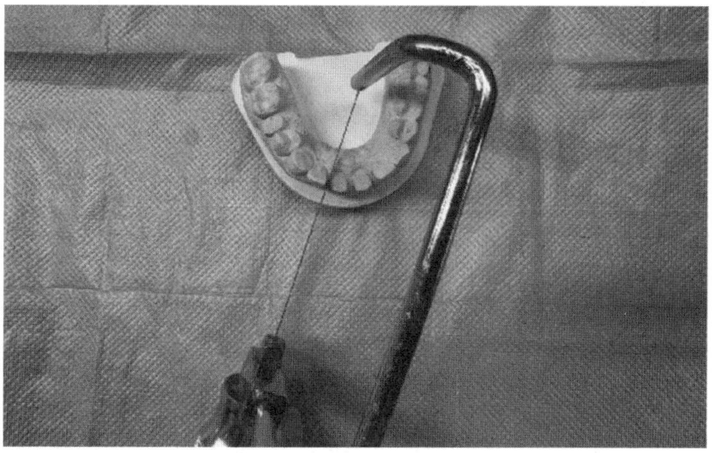

图 3-13　切割代型

（七）代型分离

先用蜡刀去除复位钉末端的蜡球，使复位钉末端暴露清晰，再施压力于复位钉的末端，将代型连同复位钉从模型上分离下来。

二、代型修整

视频：代型修整

模型分割后，为显示出准确的预备体颈部边缘形态，提高修复体的精度和密合性，必须修整代型。

代型颈部边缘修整的器械包括各类钨钢磨头、粗不锈钢钻头、粗金刚砂球钻及硬质合金磨头。此外，由于边缘线的重要性和技术要求，所有相关操作都必须在放大镜下完成。代型修整的操作可以分为以下三个阶段。

1. 边缘线龈方的修整 在放大镜下用细头有色笔标记出预备体代型颈部边缘线，在修整过程中不破坏该线。同样在放大镜下，用粗粒的球形钨钢磨头，在游离龈缘根方约 5mm 的位置处，由外向内对代型进行修整，在颈部边缘线龈方形成一圈环状浅凹（图 3-14）。在靠近边缘线的区域，需换用更精细的钻头（减小钻头的直径或粒度）进行修整（图 3-15），同时提高放大镜的放大倍数，以保证工作区边缘线龈方的牙体组织不被破坏。

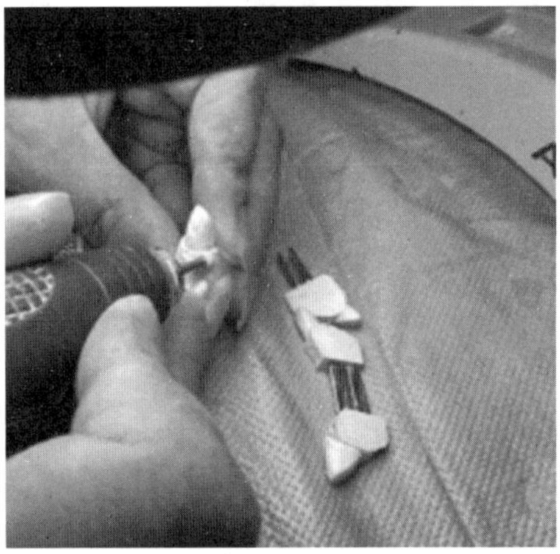

图 3-14　放大镜下修整代型

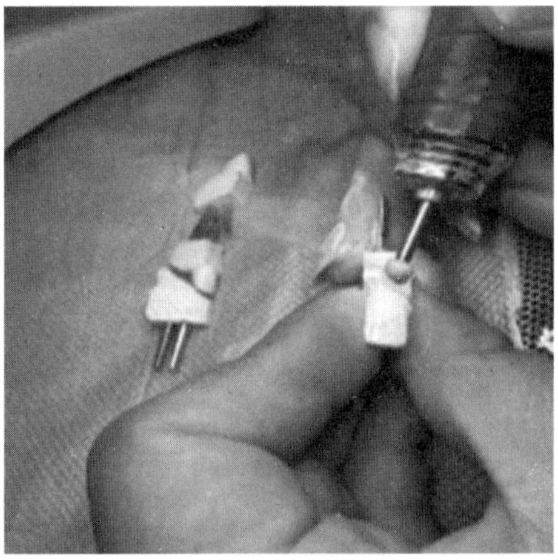

图 3-15　代型细修整

2. 边缘线的分离 将球形车针置于代型的近边缘线处，在标记的代型边缘线外围修整，使边缘线暴露清晰。再用 11 号手术刀对边缘线外的石膏进行清理，使边缘线更加清晰。边缘线的分离是代型修整阶段的重中之重，操作者必须全神贯注，要使用放大镜和更加精细的手机修整，操作时要有稳定的支点；同时还需使用高速吸尘器，以保证操作区视野清晰，使用高压空气喷吹边缘区的杂质和磨屑，不要用手或者其他器械清除，以免损伤边缘区（图 3-16）。

3. 边缘区的确认和标记 经过上面两个阶段的精细操作，预备体代型的边缘区清晰可见。通过放大镜观察可以发现，修整区表面粗糙度大于未预备的牙根表面，而且有很多细小的磨痕，从而可以确定边缘区的界限。然后使用红色蜡笔，在放大镜下轻轻标记出边缘线的位置（图 3-17）。在熔模制作及修复体试戴时，均不能越过该红色标记线。

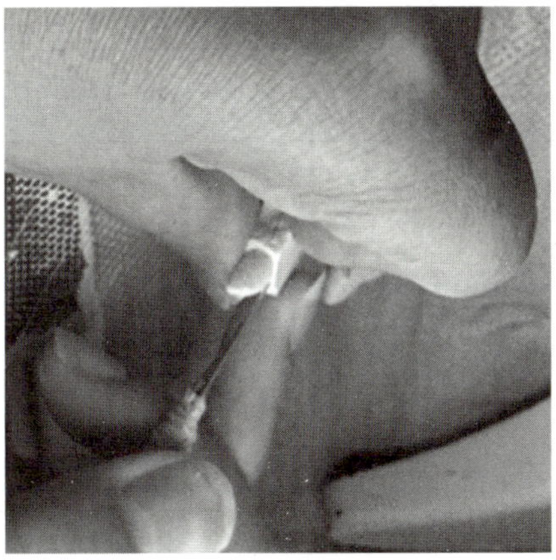

图 3-16　边缘线的分离

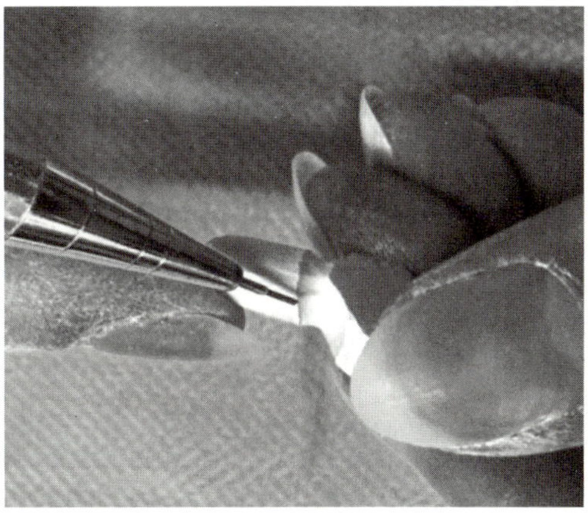

图 3-17　标记边缘线

三、涂布间隙涂料

涂布间隙涂料的目的是补偿铸造合金的凝固收缩，利于修复体完成后顺利就位，同时给粘固剂预留一定间隙。首先在颈缘线区涂布模型强化剂以保护颈缘，然后在代型表面涂一层间隙涂料（图 3-18）。

1. 涂布方法　涂布前先将涂料瓶摇匀，然后用小毛笔蘸取少量涂料，从距代型颈缘线 1mm 处开始向𬌗面方向均匀涂布，在整个牙冠表面涂上一层光滑、均匀、完整的间隙涂料。

2. 涂布要求　一般涂布两次即可，如果涂料较黏稠，也可只涂一次，理想厚度为 20 ～ 30μm。涂布过程中，切忌反复涂擦，以免间隙厚薄不均匀或在沟隙和转角处堆积，影响修复体的质量。为保证固定修复体边缘的密合，在代型颈缘线 0.5 ～ 1.0mm 以内不涂布间隙涂料。待间隙涂料干燥后，将可卸代型准确复位。

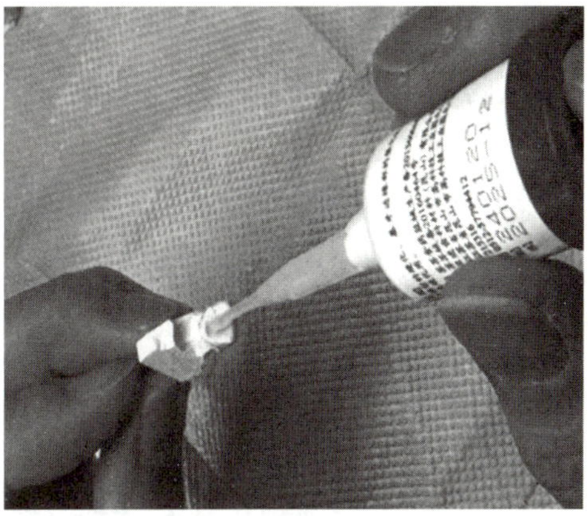

图 3-18　涂布间隙涂料

【任务评价】

学生完成代型制作任务后，参照评分标准进行评价（表 3-2），分析任务实施过程中出现的问题，教师给予指导，学生及时改正。

表 3-2　代型制作技术的评分标准

序号	评分要点	分值
1	模型与设计单一致，标记缺失牙位相符	10
2	模型颈缘线清晰、无损伤，代型能取下还能回复原位	20

续　表

序号	评分要点	分值
3	工作模型底部到预备牙颈缘的高度为 7 ～ 8mm	10
4	孔的位置保证唇侧和舌侧钉洞之间有足够的间距	20
5	切割线窄，相互平行或微向钉末端聚合，间隙涂料均匀	20
6	任务实施过程中体现专业素养	20

▶任务拓展

Di-Lok 技术

Di-Lok 技术具有成本较低、操作步骤较少的优点，具体操作要点介绍如下。

1. 检查模型　与双钉代型技术相同。

2. 修整模型　要求同双钉代型技术，但需注意模型与牙托内壁间应有一定间隙，并不可影响舌侧插销就位。

3. 固定模型　将模型在水中浸泡 5 分钟，以利于与新石膏结合。调和超硬石膏灌入代型盒内约 2/3 的高度。将模型压入上述代型盒内，趁石膏尚未凝固将舌侧插销插入，修去多余石膏。注意不要使石膏沾在预备牙上。

4. 分割模型　与双钉代型技术所不同的是将固定模型的底座石膏与工作模型一同切开，在切至剩余约 1mm 时，用手掰开，使代型与邻牙及模型其他部分彻底分开，避免出现复位困难情况。

Di-Lok 技术需要学生的耐心、专注、坚持和团队合作精神，确保制作出合格的修复体产品。

—• 考试知识点总结 •—

—• 本章小结 •—

—• 协和云课堂……　拓展练习及参考答案 •—

（单长丽　周　凤　田孟妮）

项目四　熔模技术

教学课件

微课：
熔模技术

学习目标

素质目标

具有理论联系实际的思想意识，具备形态与功能相适应的辩证思维，进一步深化对熔模制作工艺的理解，具备高度的责任心和严谨的工作态度。

知识目标

（1）掌握：金属全冠熔模、金属基底冠熔模的制作及其熔模铸道设置。

（2）熟悉：熔模材料的使用方法；金属全冠熔模、金属基底冠熔模的设计要求。

（3）了解：常用熔模材料的性能。

能力目标

能够正确完成金属全冠熔模、金属基底冠熔模的制作，确保准确性和精确性。

任务一　金属全冠熔模技术

任务案例

【案例】

患者，男，52 岁。右上第一磨牙龋坏半年，影响咬合，要求冠修复治疗。既往体健，否认药物过敏史。

口腔检查：16 中龋，表面可见龋洞，叩（–），松（–），咬合紧，牙龈未见明显异常。

影像学检查：16 牙槽骨高度充足。

计划备牙后行金属全冠修复。熔模组接到模型组人员送来的患者订单、制作好的可卸式模型及相关货品。

【问题】

1. 怎样制作金属全冠熔模?

2. 怎样安插铸道?

【任务分析】

熔模的制作不仅能修补牙体缺损、重现牙体解剖形态，其质量优劣将直接影响铸件质量。美学修复获得成功与义齿制作的规范操作密不可分，精美、密合的熔模更是获得优秀美学效果的重要基础。

一、熔模的定义

熔模是用蜡或树脂等可熔性物质制作的铸件雏形，用蜡制作的称为蜡型，用树脂制作的称为树脂熔模，统称熔模。

二、熔模材料

（一）铸造蜡

用于铸造固定修复体熔模的蜡料主要包括嵌体蜡和冠桥专用蜡。这些铸造蜡的主要成分是石蜡，同时调配了适量的棕榈蜡、地蜡、蜂蜡，并加入了恰当比例的色素，以确保其在制作过程中的精确度和最终修复体的美观性。

1. 嵌体蜡 作为一种嵌体专用材料，主要用于铸造各种类型的嵌体熔模。具体而言，Ⅰ型嵌体蜡直接应用于口腔内，以便直接制作嵌体熔模；而Ⅱ型嵌体蜡则适用于间接法，其操作过程是在工作模型上进行熔模的制作。

（1）嵌体蜡应具备的条件：①经过加热处理后，材料变得柔软且具有良好的可塑性，能够被均匀地塑造成整体，过程中不会出现片状或鳞状的不良现象。②在特定的温度区间内，该材料展现出卓越的可塑性，能够被压入微小的凹槽和细小的角落中。随着温度的降低，材料能够迅速硬化，便于雕刻，并且在从模型上移除时能够保持其形状，不发生变形。③在烘焙或焙烧的过程中，该材料能够完全气化挥发，不会留下任何残留物。

（2）嵌体蜡的用法：在使用嵌体蜡时，应将其置于火焰上方，持续旋转蜡块或蜡条，确保其均匀受热并软化，最终形成一个均匀一致且具有可塑性的物质。避免将蜡块浸入热水中软化，否则可能会导致蜡内某些可溶性物质溶解于水中，从而影响其性能。此外，水的渗入还可能在雕刻过程中导致蜡体出现片落现象，影响作品的精细度和整体质量。更为理想的方法是将蜡块置于恒温箱中，让其在恒定的温度条件下逐渐软化，以备雕刻使用。

在牙科修复过程中，Ⅰ型嵌体蜡因其独特的物理特性，能够在软化状态下被精准地压入预备好的窝洞内。待其自然冷却至接近口腔温度时，牙科技师将利用精细的雕刻工具，按照患者牙齿的具体形态和咬合关系，精心雕刻出完美的嵌体形态。而Ⅱ型嵌体蜡则以其便捷的滴蜡成型技术，为牙科技师提供了另一种高效的制作方式，使得嵌体的制作过程更为灵活和高效。

2. 冠桥专用蜡

（1）颈部蜡：具备优异的可塑性与无应力特性，柔韧性佳，体积稳定，用于制作修复体颈缘熔模时，能有效防止断裂和脱落，确保颈缘部分的精确度。

（2）牙冠蜡：分为内冠蜡和外冠蜡。内冠蜡质地柔软，流动性佳，弹性十足；外冠蜡则硬度较高，堆筑后迅速硬化，雕刻性能优良，适合牙冠造型的精细制作。

（3）桥体蜡：是专为桥体熔模设计的成品蜡，提供多种牙位、形状和规格的熔模选择，以适应不同的临床需求。

（4）研磨蜡：亦称铣削蜡，是一种中等硬度的蜡材，专为铣具和刮具的机械加工而设计。在平行研磨仪上加工时，产生的蜡屑较少，不易黏附于器械，主要应用于附着体及套筒冠熔模的研磨加工。

（5）浸渍蜡：专为电热浸蜡仪器而制，适用于通过浸蜡方法制作牙冠熔模。该蜡硬度高，弹性大，成型性优异，在 90℃条件下，蜡浸渍层的厚度可稳定在 0.3 ～ 0.5mm，这一特性可重复实现，有助于快速完成金属基底熔模的制作。浸渍蜡有多种颜色的蜡颗粒可供选择，便于技师根据需要添加至熔蜡池中。

3. 蜡线条　在精密铸造领域扮演着至关重要的角色，主要用于构建熔模铸造过程中的铸道系统。此外，它们亦可巧妙地应用于排气导线的安置，以及固位钉和夹持柄的形成。为了满足多样化的需求，蜡线条有多种规格可供选择，确保用户能够根据熔模的具体尺寸，挑选出最适宜的规格。

（二）自凝树脂

自凝树脂即室温化学固化型聚甲基丙烯酸甲酯树脂。

1. 组成

（1）粉剂：又称自凝牙托粉，主要成分是聚甲基丙烯酸甲酯（PMMA）的均聚粉或共聚粉，还有少量引发剂和着色剂。

（2）液剂：又称自凝牙托水，主要成分是甲基丙烯酸甲酯（MMA）单体，还有少量促进剂、阻聚剂和紫外线吸收剂。

2. 性能　该材料具备一定的硬度和耐热性能，易于抛光，展现出良好的成型操作性，并且在修复过程中显示出极大的便捷性。

3. 用法　首先将适量的液剂倒入调和杯中，再按照精确的比例加入粉剂。然后仔细混合并振荡，以尽可能地排除其中的气泡，确保混合物均匀一致。最后，盖上盖子。整个过程需在 2.5 分钟内完成塑形。

（三）光固化树脂

作为一种新兴材料，光固化树脂的诞生与光固化技术的进步息息相关。该材料在应用前呈现为一种可塑的面团状物质，在工作模型上或口腔内塑形后，借助特定光源作用实现固化过程。其制作工艺简便，使用起来极为便捷。

1. 组成　光固化树脂由树脂基质、稀释剂、无机填料及光引发剂等组成。

2. 性能

（1）固化特性：一般采用波长为 430 ～ 510nm 的蓝光固化。材料对光照固化深度有一定限度，一般为 3 ～ 5mm。

（2）聚合收缩：聚合体积收缩率为 1.82% ～ 2.77%，比化学固化树脂的聚合体积收缩率小。

3. 用法 在工作模型的指定区域仔细涂布一层模型表面硬化剂，以确保其表面具有足够的强度和稳定性。随后，按照精确的分层技术，逐层填塞光固化树脂进行塑形。每填塞一层，都需使用特定波长的光源进行分次光照固化，确保树脂层逐层固化，从而达到理想的结构强度和精确度。

三、熔模制作前的准备

（一）检查修整代型

在制作熔模前，必须对代型进行细致的检查与必要的修整。首先，应仔细审视代型表面，确保不存在任何气泡、小瘤或小倒凹等瑕疵，以避免这些缺陷导致熔模完成后难以顺利脱模。然后，需检查代型的边缘是否轮廓清晰、完整无缺，并且没有飞边和悬突。若发现代型边缘存在任何缺陷，必须重新制取模型，以确保熔模的精确度和质量。

（二）涂布间隙涂料

1. 涂布方法 在进行涂布操作之前，先将涂料瓶充分摇匀，以确保涂料的均匀性。再使用精细的小毛笔，蘸取适量的涂料。从距离代型颈缘线约 1mm 的位置开始，以轻柔而均匀的手法，向牙冠的表面方向细致涂布。整个过程中，应确保涂料层光滑、均匀且完整，以形成一层理想的间隙涂料层。

2. 涂布要求 在进行涂布作业时，应避免反复擦拭，以免造成间隙涂料分布不均，特别是在凹槽和转角区域，涂料的堆积可能会损害修复体的品质。建议的涂层厚度为 20 ～ 30mm，通常通过两次涂布操作即可实现。若涂料较为浓稠，单次涂布亦可达到预期效果。为确保修复体边缘与基底的紧密贴合，在代型颈缘线 0.5 ～ 1.0mm 的区域内，应避免施加间隙涂料。

（三）标记边缘

在间隙涂料完全干燥之后，技师应使用彩色铅笔细致地标记出代型的边缘。为了确保边缘线的清晰度，建议采用稀释后的 502 胶水对边缘线进行封闭处理。这一过程的目的是防止在后续操作中边缘线受到磨损，从而避免边缘位置变得模糊不清。在进行标记时，技师应避免使用笔尖，而应选择笔芯的侧面轻柔地在肩台边缘进行描记。此外，选择与所用蜡颜色形成鲜明对比的笔色，将有助于技师确认熔模边缘是否完美密合。

（四）涂布分离剂

在干燥的代型上直接施加蜡液时，熔融的蜡液易渗透进代型石膏内部，这将对熔模的顺利取下造成不利影响。因此，为了确保熔模与代型的分离过程顺畅无阻，上蜡前必须在代型表面均匀涂抹一层专用的分离剂，形成一层薄而均匀的保护膜，以促进熔模与代型的轻松分离。在涂布分离剂时，务必保证涂抹均匀且尽可能薄，同时也要注意在邻牙和对颌牙的表面均匀涂布，以避免熔模在模型上复位或确定咬合关系时黏附于邻牙和对颌牙表面。待分离剂干燥后，即可将代型准确复位。

四、熔模制作的基本方法和常用器材

视频：金属全冠熔模制作

（一）熔模制作的基本方法

1. 直接法 也称即时熔模技术，是在患者口腔内对预备后的患牙直接进行熔模制作的一种方法。该技术的优势在于熔模的精确度极高，因为它省去了传统取印模、灌注工作模型及制作代型等烦琐步骤，从而有效避免了这些环节可能引入的材料和操作误差对铸件精度产生的负面影响。然而，此方法的局限性在于需要在患者口腔内进行操作，这不仅延长了就诊时间，增加了患者的不适感，而且对医师的技术要求较高，难度较大。尽管如此，直接法特别适用于制作简单的嵌体和前牙桩核熔模，且可由经验丰富的修复医师在临床环境中直接完成。

2. 间接法 是通过精确取模和灌注模型，将经过预备的患牙及其咬合关系、邻接关系精确记录并转移至口外，在模型或代型上精心制作熔模的方法。其显著优点包括操作过程简便易行，不受时间与空间的限制；显著减少了患者就诊所需的时间；降低了患者在操作过程中的不适感；技术操作难度相对较低；有利于建立精确的邻接关系；便于边缘修整；即便铸造过程中出现失败，患者也无须再次就诊。在铸件完成后还可以在代型上进行细致的校正和磨光工作。然而，此方法的缺点在于增加了取模和制备工作模型等中间环节，可能会由于材料选择不当或技术操作失误导致熔模精度受损。但是，随着印模及模型材料性能的不断提升，以及操作者技术的日益精湛，间接法完全有能力制作出高质量的熔模。通常情况下，间接法制作熔模的工作在技工室内完成，适用于各类固定修复体熔模的制作，目前已成为最广泛采用的技术方法。

3. 间接直接法 此法融合了间接法与直接法的优势，先在模型或代型上精确制作熔模，随后在患者口腔内进行试戴，以检验熔模与患牙的契合度、边缘的完好性、咬合状态及邻接关系。通常，间接直接法偏好使用强度较高的树脂材料，以避免试戴过程中出现破裂或变形，确保了操作的便捷性。

（二）熔模制作的常用器材

1. 酒精灯 也可用喷灯、煤气灯或熔蜡器。

2. 各种雕蜡器械 根据用途分为加蜡器、雕刻器和抛光器。目前最常用的是 PKT 系列雕蜡工具。

3. 铸造蜡 尽量用铸造专用蜡。

4. 分离剂 可用液状石蜡。

5. 调𬌗指示纸 用于检查咬合高点和就位障碍点。

6. 软毛刷 用于清理熔模表面的蜡屑。

五、制作蜡熔模的注意事项

1. 在制作熔模的过程中，必须严格使用符合标准的嵌体蜡或铸造专用蜡，以确保熔模的质量和精确度。

2. 所选用的蜡材必须纯净无污染，严禁与其他种类的蜡混合使用，以防止熔模出现不必要的缺陷。

3. 加蜡温度应控制在适宜的范围内，以确保蜡材恰好熔融为宜；在使用雕刻器进行修改时，温度亦不宜过高，以免因内应力增大导致熔模出现静蠕变现象。

4. 熔模与基牙或患牙代型的结合必须达到完全密合，确保没有任何空隙或缺陷，以保证后续铸造过程的顺利进行。

5. 熔模的厚度应保持一致，避免局部过薄或出现飞边，这样可以防止冷却后收缩不均匀，从而避免熔模变形或铸造不完整的问题。

6. 在熔模取下并检查确认无缺陷后，必须将其重新复位至代型上，并将代型准确就位于牙列模型上，再次细致检查咬合关系、边缘、邻面接触关系等，确保熔模的制作质量达到完美。

六、铸造全冠熔模的制作

（一）铸造全冠熔模的要求

1. 在恢复预备牙的解剖外形时，需精确地重建其自然形态和邻接点，确保建立一个稳定且和谐的咬合关系，从而保障患者咀嚼功能的正常发挥。

2. 在处理龈边缘时，伸展必须恰到好处，以确保整个熔模与预备牙完美贴合，避免任何可能导致牙龈炎症或修复体脱落的间隙。

3. 熔模表面必须达到高度光洁的标准，以确保在雕刻完成后，从代型上取下及包埋过程中保持其形态的完整无变形，保证最终修复体的精确度和美观性。

（二）制作步骤

下面以上颌第一磨牙为例介绍铸造全冠熔模的制作步骤（图 4-1）。

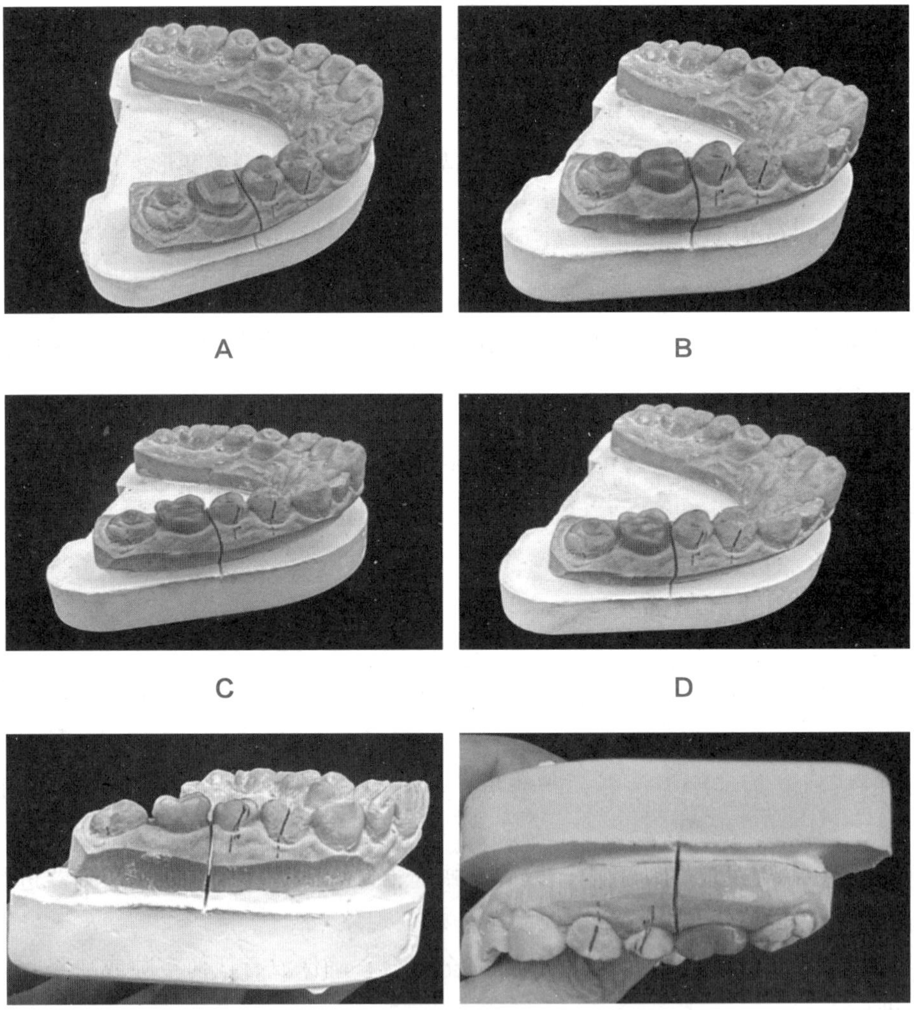

A B C D E F

图 4-1 铸造金属全冠熔模制作流程

A. 模型准备；B. 基底层蜡成型；C. 确定支持牙尖；D. 确定中央窝；E. 确定非支持牙尖；F. 确定𬌗面边缘牙尖嵴；G. 颌面初步成型；H. 形成舌轴嵴；I. 形成颊轴嵴；J. 完成颊面；K. 完成舌面；L. 完成邻面；M. 检查咬合；N. 烫熔颈缘蜡；O. 颈缘重新上蜡，修整；P. 完成熔模；Q. 安插铸道；R. 脱模检查。

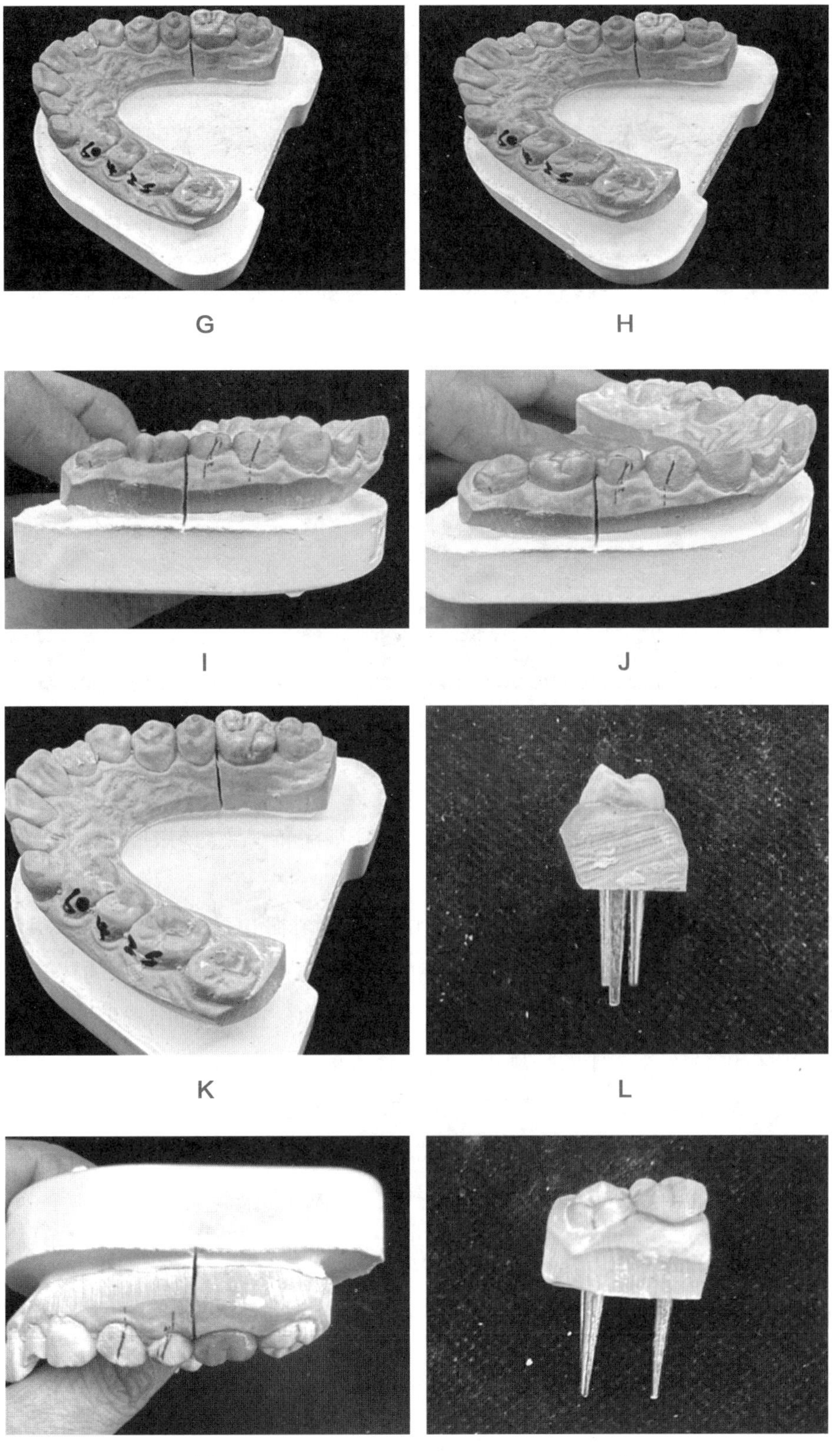

图 4-1（续图）

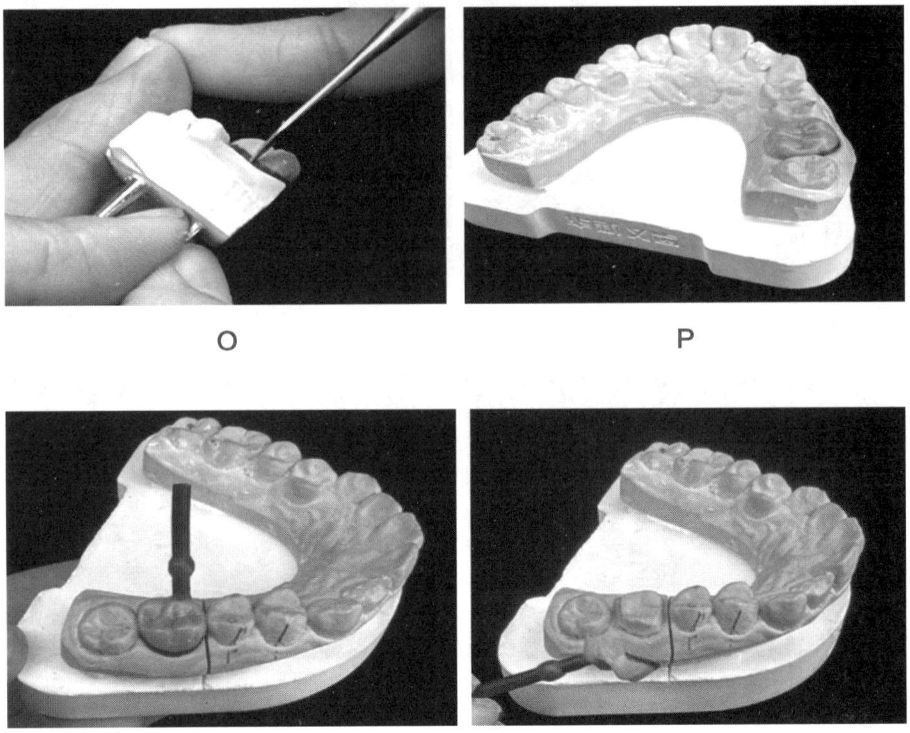

O　　P

Q　　R

图 4-1 （续图）

1. 代型准备　在预备牙代型牙冠表面和邻牙表面仔细涂布一层均匀的分离剂，确保熔模能够顺利地从代型上取下，避免任何可能的损伤。

2. 形成基底蜡层　代型准备完成后，根据技师的个人习惯和具体条件，选择一种合适的方法，精心形成厚度介于 0.5 ～ 1.0mm，具有良好适合性的基底蜡层，确保后续操作的精确性。

3. 𬌗面加蜡　此步骤主要负责形成牙冠面的形态。例如，在半可调或全可调𬌗架上制作金属全冠熔模时，特别是在进行咬合重建的病例中，应综合考虑静态及动态关系，运用精细的堆塑技术，逐步恢复牙冠的自然形态和功能。在生产实践中，虽然常使用简单架，但依然以静态关系为恢复咬合的标准，确保修复后的全冠能够充分恢复咀嚼功能，同时保持美观。具体步骤如下。

（1）确定支持牙尖：首先，需要精确地确定中央窝相对应的支持牙尖，对于下颌磨牙而言，应选择远中颊尖作为主要支持点，而上颌磨牙则应以近中舌尖作为主要支持点。在明确这些关键位置后，细心地滴上蜡液，通过精确的手法塑形，形成一个精准的蜡锥，以确保后续步骤的准确性。然后，继续确定第二支持尖的位置，同样采用上述方法，仔细地制作出第二个蜡锥，确保每个细节都符合临床要求。

（2）确定中央窝位置：在进行加蜡过程中，应精心塑造牙冠形态，确保与对颌牙的功能尖形成良好的接触关系。特别要注意中央窝的构建，它应当精准地包围并适应对颌牙的功能尖，以实现理想的咬合接触和功能协调。

（3）构筑非支持尖：根据邻牙和对颌牙的解剖形态，先确定位置，再加蜡塑形，完成之后确认与对颌牙有功能接触。此时确立了所有的尖窝关系。

（4）完成𬌗面形态：加蜡形成三角嵴和牙尖嵴，最后形成边缘嵴，完成𬌗面形态。

4. 轴面加蜡 正确恢复牙冠的外形高点、突度及牙冠轴面的长度，确保修复体不仅美观，而且具备良好的自洁功能，有助于食物残渣的清除，从而对牙龈产生温和而有益的生理性刺激，进一步促进牙龈的健康状态。在塑造颊舌面外形时，应确保与相邻牙齿的形态协调一致。具体而言，上颌磨牙的颊侧外形高点应位于颈部的 1/3 处，而舌侧则应位于中部的 1/3 处；下颌磨牙的颊侧外形高点同样位于颈部的 1/3 处，舌侧则位于中部的 1/3 处，以达到最佳的美学和功能效果。

（1）颊轴嵴的形成：在颊面根据牙位在相应位置滴蜡形成颊轴嵴，确定颊侧外形高点。

（2）舌轴嵴的形成：在舌面用相同的方法形成舌轴嵴，确定舌侧外形高点。

（3）完成轴面形态：在颊舌侧其他部位加蜡，形成颊舌沟和颊舌外展隙，完成轴面外形。

5. 邻面加蜡 在轴面加蜡的基础上，致力于恢复接触区的正确形态，确保颊、舌、外展隙及邻间隙的适当形成。有效预防食物嵌塞，促进食物的顺畅排溢，并维护龈乳头的健康状态。在进行邻面加蜡操作之前，必须精确确定接触区的尺寸与位置。接触区的位置需恰到好处，大小也应适宜。位置的不当选择往往会导致食物嵌塞的问题；而接触区过大则会妨碍清洁，容易造成菌斑积累，进而引发牙周疾病；反之，接触区过小则会影响修复体的稳定性，导致牙齿发生移位。通常情况下，多数后牙的接触区位于牙冠的龈向 1/3 处，而上颌第一磨牙与第二磨牙的接触区则位于𬌗龈向的 1/3 与中 1/3、舌 1/3 的交界处。大多数下颌牙齿及上颌磨牙间的颊舌向接触区位于中 1/3 处，唯有上颌前磨牙与磨牙之间的接触区位于 1/3 偏颊侧处，因此其舌外展隙相对较大。邻间隙位于邻接点以下，此区域的修复体邻面应设计为平面形或微凹形，以确保熔模表面与牙体颈缘及牙根表面形态的连续一致性，为游离龈提供充足的空间。此外，在邻面加蜡的过程中，应均匀刮去邻牙相对应的部分，以补偿金属铸造后的收缩效应。

6. 颈缘重塑 在完成上述各面的加蜡塑形工作后，需谨慎地将熔模取下，仔细检查其组织面是否保持完整无任何缺陷。确认无误后，将熔模重新精确地复位至代型之上。接着，使用大型加蜡器对熔模颈部边缘 1 ～ 2mm 的蜡进行彻底熔化，通过反复多次操作，以确保熔模内部的皱褶、缺陷和气泡被彻底消除。此时，整个颈部边缘将呈现一个环状的塌陷区域。随后，需向这一塌陷区域重新添加蜡，并适当向根方延伸 0.5 ～ 1.0mm。待蜡体凝固后，细心地去除多余的蜡，并对颈部边缘进行修整。在修整过程中，雕刻器械的尖端应始终朝向根方，以确保修复体熔模边缘与代型边缘线完美对齐。

7. 表面修饰 在颈缘重塑的精细工艺完成后，需谨慎地将完成的熔模从代型上取下，细致地检查其组织面的完整性及厚度是否适宜。随后，将熔模重新定位至代型之上，仔细审视边缘的长度、密合度、咬合关系及邻接关系。在检查边缘密合度时，应从根部方向进行观察，若条件允许，建议在放大镜下进行这一过程以确保精确性。在所有检查项目均满足要求后，接下来是对熔模表面进行修饰，使其光滑无瑕。首先，使用小毛刷仔细清除蜡屑，然后用小棉球蘸取适量水分进行擦拭以达到光滑效果；对于轴面，可使用绸布轻柔地擦拭，但需注意邻面的擦拭不可过度，以免影响后续铸造过程中邻接部位的紧密度。。

8. 安插铸道 常规安插铸道准备包埋。

【任务评价】

学生完成熔模制作的任务后，参照评分标准进行评价（表 4-1），分析任务出现的问题，教师给予指导，学生及时改正。

表 4-1　熔模制作技术的评分标准

项目	分项	内容	分值
1. 整体观	1.1	非功能尖有一定的牙尖尖度，功能尖有一定的圆润度	5
	1.2	对殆面需要布局合理，牙尖三角嵴有一定的倾斜，两个牙尖之间没有多余的蜡屑，表面光滑	5
	1.3	整体形态美观、协调，表面应光滑，无蜡屑	5
	1.4	蜡型的大小要和其他基牙或者对侧同名牙大小配合	5
2. 全冠形态	2.1	与邻牙之间大小协调；与对侧同名牙大小一致	5
	2.2	从颊面、舌面看表面有一定的光滑度	5
	2.3	根据对侧同名牙作出一定的斜方形；颌面的沟窝点隙要清楚、自然，没有刀刻痕迹	5
	2.4	各面的轴嵴有一定的弧度，与邻牙相一致	5
	2.5	外形参照对侧同名牙，外形可根据解剖书检查（仔细检查）	10
3. 全冠邻面	3.1	将咬合纸放在邻接面可以无损取出，在殆 1/3 处有一个面的接触，而不是点的接触	10
	3.2	从颌面观，两个牙相邻接，没有明显的缝隙，防止垂直嵌塞出现；外展隙圆滑	10
4. 全冠功能	4.1	颊尖的舌斜面和舌尖的舌斜面同时有咬合点出现	10
	4.2	颊尖的舌斜面和舌尖的颊斜面，或者是舌尖的舌斜面和舌尖的颊斜面，同时有咬合点出现	10
	4.3	做侧方运动的时候，没有蜡屑出现	10

▶任务拓展

熔模的常见问题

一、边缘不密合

（一）石膏模型颈部边缘不准确

1. 印模材料的调拌稠度不合适　稠度过高的印模材料无法完整记录牙体预备情况，而稀度过高的材料则容易在制取过程中脱水变形。

2. 选用的印模材料性能不合适　对于铸造修复，应选用流动性、准确性和形稳性更佳的印模材料。水胶体类印模未能及时灌注，可能会导致印模在空气中脱水变形。

3. 灌注模型操作不当　由于颈部边缘较为狭小，灌注过程中容易产生气泡和缺损。因此，需采用振荡器或真空灌注，以保证模型颈部清晰。

（二）熔模制作不当

1. 熔模材料选择不当　选择具有较低流动变形率和热胀率的铸造蜡至关重要。只有当铸造蜡具备高精确度和优良的强度时，才能确保在蜡模从模型中取出的过程中，其形状和尺寸不会发生任何不利的变形。

2. 熔模材料不纯　蜡材料极易遭受污染或与其他种类的蜡混合，使熔模材料的熔点降低，导致蜡在熔化过程中出现不均匀现象，凝固速度过快，且凝固后的材料脆性显著增加。

3. 熔化蜡的温度不恰当　铸造蜡的熔点通常在70℃左右，若熔化温度过高，将显著改变铸造蜡的物理特性，导致凝固后的蜡模收缩率增大。此外，蜡更容易渗透进石膏内部，造成蜡模难以从模型上取下，在摘取熔模的过程中，边缘部分极易受损。若熔化温度过低，蜡将无法充分熔化，这将导致在蜡模制作过程中出现气泡和缺损。

4. 蜡模厚薄不均　由于蜡模厚度不一，导致在凝固过程中收缩不均匀。这种不均衡的收缩现象最终导致了蜡模边缘的参差不齐，影响了整体的成型质量。

5. 蜡模反复修改　经过反复修改的蜡模，其内部结构往往无法紧密融合，这容易导致裂缝的产生或部件的缺损。

二、熔模翘动

（一）分离剂涂布过多

在进行熔模制作的过程中，若在石膏表面涂布的分离剂过量，会导致蜡与石膏牙表面形成一层厚重的分离剂层。这种情况下，熔模与石膏牙之间会产生较大的间隙，进而导致熔模发生翘动现象。

（二）蜡熔化温度过低

当熔化蜡的温度设定过低时，所添加的蜡料无法充分熔化。在熔模形成过程中，这将导致蜡料无法与石膏表面实现完美的紧密结合，可能会在两者之间留下间隙或气泡。

（三）熔模变形

在精密铸造过程中，由于熔模材料选择不当、包埋时机不恰当及外界温度的不利影响，可能会导致熔模发生变形。这种变形现象若发生在模型上，将引起熔模翘曲，影响其精确度。

（四）修改不当

在进行熔模铸造的过程中，反复地取下并修改熔模可能会导致熔模出现破损和变形。因此，强烈建议不要在离开模型的情况下对熔模进行加蜡修改，以避免蜡液流入冠的内表面。

三、轴面外形突度不适当

（一）轴面突度过大

若牙冠轴面外形突度过大，可能会导致下方牙龈组织失去食物按摩的自然作用，进而引发失用性萎缩；相反，如果轴面突度过小，则食物可能会直接冲击牙龈，造成创伤性萎缩。因此，在熔模制作过程中，倾向于选择轴面突度偏小的设计，以避免可能的牙龈损伤。

（二）外形高点设计不当

一般上下颌后牙颊侧最突点多在颊 1/3 处，上颌后牙舌侧最突点多在中 1/3 处，下颌后牙舌侧最突点多在舌中 1/3 处。

（三）接触区及外展隙设计不当

在设计接触区时，需考虑其在邻面的具体位置，因为这一位置会随着牙齿的不同位置而有所变化。在规划外展隙时，应确保舌侧外展隙的宽度大于颊侧外展隙，以适应口腔的自然形态。龈外展隙应具备足够的三角形间隙，以便龈乳头能够自然嵌入。然而，也必须注意控制龈外展隙的大小，避免过大，以免导致水平型食物嵌塞。

任务二　金属基底冠熔模技术

任务案例

【案例】

患者，男，21 岁。右上中切牙外伤冠中折，影响美观，要求烤瓷熔附金属全冠修复治疗。既往体健，否认药物过敏史。

口腔检查：11 外伤，冠中位置折断，叩（－），松（－），咬合紧，牙龈未见明显异常。

影像学检查：11 牙槽骨高度充足。

计划根管治疗备牙后行烤瓷熔附金属全冠修复。熔模组接到模型组人员送来的患者订单、制作好的可卸式模型及相关货品。

【问题】

1．怎么制作金属基底冠熔模？

2．怎么安插铸道？

【任务分析】

金属基底冠熔模的制作不仅能影响烤瓷熔附金属修复体质量，还将直接影响铸件质量。

一、金属基底的设计

在临床设计中，烤瓷熔附金属修复体主要分为两大类　全瓷覆盖型与部分瓷覆盖型。全瓷覆盖型修复体的特点是，瓷层均匀地覆盖在金属基底的整个表面，形成一种美观且自然的外观效果。而部分瓷覆盖型则是在金属基底的唇颊面施以瓷层，仅在少量的覆盖面或舌面部分露出金属，以达到既美观又实用的效果。在进行具体设计时，无论是选择全瓷覆盖还是部分瓷覆盖，都必须将色彩的逼真再现及避免复合应力的产生作为核心考量因素，确保修复体的稳定性和患者的舒适度。

（一）金属基底的基本要求

金属基底，通过精密铸造技术精心打造，形成了金属基底冠或金属桥架。其主要功能在于支撑瓷层，使其能够承受日常的咬合压力，有效避免瓷层在承受压力时发生碎裂。然而，金属基底的存在也引发了一系列问题，包括颈部美观度的降低及金－瓷结合的挑战。为了克服这些问题，金属基底的设计必须严格遵循一系列特定条件。

1．金属表面应呈现为光滑的曲面形态，严格避免出现任何锐角或锐边，以防止应力集中现象的发生，从而避免瓷层出现裂纹。

2．在设计时，应尽可能采用全瓷覆盖的结构形式，以增强修复体的整体美观性和耐用性。

3．瓷层的厚度必须保持均匀一致，以确保修复体在使用过程中的稳定性和持久性。

4．金－瓷交界的设计应确保金属部分具有足够的支撑面积，使得金－瓷结构能够实现稳固的对接。

5．鉴于金－瓷交界处是修复体的相对薄弱环节，设计时应避免将金－瓷结合部置于咬合接触区域，以减少磨损和潜在的损坏风险。

6．金属基底的厚度应保持在一定范围内，其中贵金属基底至少应有 0.3mm 的厚度，而非贵金属基底至少应有 0.2mm 的厚度。由于瓷层在咀嚼过程中需承受拉伸和剪切的外力，若金属基底过薄，将无法有效分散复合应力，因此必须确保金属基底的厚度符合要求，以保障修复体的结构完整性和使用寿命。

（二）前牙金属基底冠的设计

在进行设计时，应优先考虑采用全瓷覆盖形式，以确保美观与功能的完美结合。然而，在实际操作中，若遇到舌侧空间受限，无法获得足够的间隙以实现全瓷覆盖时，设计则需调整为部分瓷覆盖形式，以适应口腔内的实际条件。

1．在牙尖交错殆存在一定的咬合间隙，而非牙尖交错殆有咬合接触的情况下，金－瓷交界处可巧妙设计于非牙尖交错殆咬合接触区之外的特定部位。

2．若前伸殆仅在切端有接触，金－瓷交界处可灵活设置在切 1/3 至颈缘的任意部位，以确保咬合的自然与舒适。

3．若前伸殆从切端至中 1/3 均存在接触，金－瓷交界处可考虑设置在中 1/3 咬合接触区以外至颈缘处，以避免咬合干扰。

4．若前伸殆的接触区为中 1/3 至颈部，金－瓷交界处可合理地设置在中 1/3 至切端，以平衡咬合力量。

5．鉴于邻面通常使用瓷来恢复，因此金－瓷交界处应精心设计在邻接点舌侧至少 1mm 处，以确保美观与功能的和谐统一。

（三）后牙金属基底冠的设计

后牙金属基底冠的设计与前牙基本相似，也可设计为全瓷覆盖型和部分瓷覆盖型。

在进行全瓷覆盖设计时，必须注意避免瓷层厚度不当，因为过厚的瓷层可能导致面中央及功能尖区域应力集中，从而引发裂纹甚至破裂。因此，合理控制瓷层厚度至关重要。对于部分瓷覆盖设计，应尽可能让金属部分承担主要的𬌗力，同时确保金－瓷结合界面远离咬合接触区域，以减少应力对修复体的影响。在恢复邻面时，通常采用瓷材料，此时金－瓷结合界面应避开直接接触区，向面侧或舌侧适当转移。在全瓷覆盖设计中，邻面金－瓷结合界面应位于邻接点下方至少 1.0mm 处，形成一个对瓷层提供有力支撑的肩台结构，从而有效增强修复体的整体强度。

（四）颈缘形态

烤瓷熔附金属修复体，根据其颈缘部分是否展示金属色泽，可细致划分为金属边缘型、金－瓷边缘型及瓷边缘型三种类型。金属边缘型修复体在颈缘处直接暴露金属，而金－瓷边缘型则通过金属与瓷的结合，形成过渡区域，以减少金属色泽的直接展现。瓷边缘型修复体则完全由瓷材料构成，提供更为自然的外观效果。

1. 金属边缘型 在修复体的唇颊侧，可见到由金属基底构成的颈圈，此类型被称为金属边缘型。此类设计确保了修复体边缘的适合性达到极致，然而，金属的暴露却在一定程度上损害了美观性。

2. 金－瓷边缘型 该设计通过在金属基底的颈缘部分精心打造极薄的边缘，确保唇颊侧完全不暴露金属，从而创造出所谓的三角形边缘效果。其优点包括：①确保修复体具备必要的结构强度。②有效避免遮色瓷在颈缘部分的不必要暴露。③防止金属色泽透过瓷层，影响美观。

3. 瓷边缘型 在颈缘的唇颊侧肩台区域，完全摒弃了金属基底的使用，转而采用专为该部位设计的肩台瓷进行修复。这一类型边缘有效避免了金属暴露和遮色瓷颜色的不协调问题，从而确保了修复体的美观性。然而，该技术在形成瓷边缘的过程中，需要多次烧结和精细调整颈部边缘形态，这使得操作过程相对烦琐。

二、熔模制作

烤瓷熔附金属修复体的金属基底，其制作过程是通过精密的铸造技术来完成的。因此，首先必须在精确制作的石膏代型上，精心制作出金属基底的熔模。随后，通过包埋和铸造的工艺，对熔模进行精细加工，以确保最终产品的质量。可以肯定的是，熔模的合理设计与精确制作，是烤瓷熔附金属修复体成功的关键因素之一。

（一）熔模的要求

应根据事先设计的全瓷覆盖或部分瓷覆盖形式，决定熔模设计的形态，熔模应符合以下要求。

1. 熔模表面必须保持光滑圆润，以确保最终修复体的美观和舒适度。

2. 熔模的厚度必须均匀一致，特别是在轴面角和颈缘等关键部位。若厚度不足，熔模在冷却过程中可能会因收缩不均而发生变形，导致修复体难以准确就位；反之，若熔模过厚，金－瓷交界处的温度差异可能会导致瓷层出现裂纹。此外，过厚的金属层会占据过多空间，影响修复体的最终色泽。

3. 对于牙体存在较大缺损的情况，设计与制作熔模时应充分考虑缺损部分的恢复，并预留出 1.0 ～ 1.5mm 的均匀瓷层空间。瓷层不宜过厚，否则瓷体中心区域排气不畅可能会导致气泡的产生。

4. 金属与瓷的衔接处应设计成明显的凹形肩台，肩台的内交界线应圆润无锐角，以避免应力集中导致瓷裂。肩台的外交界线则应设计成锐角，以防止遮色瓷在边缘处显露。肩台的位置应远离咬合接触区，以进一步降低瓷裂的风险。

（二）熔模的制作方法

熔模的制作可用滴蜡法、回切法、压接法和浸蜡法完成。

1. 滴蜡法 在金属基底熔模的制作过程中，首先需使用加热的加蜡器蘸取适量铸造蜡。随后，在已涂覆分离剂的代型表面，细致地逐层滴加铸造蜡，确保熔模的精确成型。特别需要注意的是，在金属与瓷质材料的交界处，应精心塑造出一个清晰的凹形肩台。此外，邻面的金属－瓷交界肩台应精确地定位在邻接点的舌侧 1.0mm 处，以保证修复体的美观与功能。对于舌面的肩台位置，则需根据患者的咬合情况，审慎地将其置于适当位置，确保避开咬合接触区。在整个过程中，还应确保熔模的厚度保持均匀一致，以避免在后续的铸造过程中出现任何缺陷。

2. 回切法 也称开窗法。首先，采用铸造蜡精确地恢复出需修复牙冠的解剖形态，确保其与原有牙齿结构相匹配。随后，依据金属基底冠的严格要求，仔细切除等同于预期瓷层厚度的蜡质部分。完成这一精细操作后，便可以着手熔模的制作。在进行回切的过程中，必须根据牙冠各个面的具体要求，精心制作回切引导沟，沿着金属与瓷层的交界线逐步推进，以确保熔模表面呈现均匀且圆润的曲面，从而为后续的金属铸造和瓷层堆叠打下坚实的基础。

3. 压接法 首先，将薄铸造蜡片轻微加热至柔软状态，均匀地压贴在代型牙冠的表面。其次，使用加热至适宜温度的加蜡器，细致地将牙颈部的蜡片烫合，确保无缝对接。随后，运用熔化的蜡液仔细封闭颈缘部位及蜡片的对接处，以防止任何可能的瑕疵。在处理过程中，细心地切除所有多余的蜡片。待熔模完全凝固并冷却后，需谨慎地将其从代型上取下，进行彻底的检查。确认无误后，再将熔模准确地复位到原位。

4. 浸蜡法 在进行熔模铸造的准备工作时，首先需将石膏代型完全浸入预先加热至适宜温度的蜡液中，确保代型表面均匀地覆盖上一层薄薄的蜡膜。这一过程要求操作者细致入微，以保证蜡层的厚度精确控制在 0.3 ～ 0.5mm 之间，这对于后续熔模的精确度至关重要。随后，采用滴蜡法逐步构建基底冠的其他部分，直至熔模的制作过程圆满结束。

（三）熔模制作的步骤

现以滴蜡法和回切法为例介绍熔模制作的步骤。

1. 滴蜡法制作熔模的步骤（图 4-2）

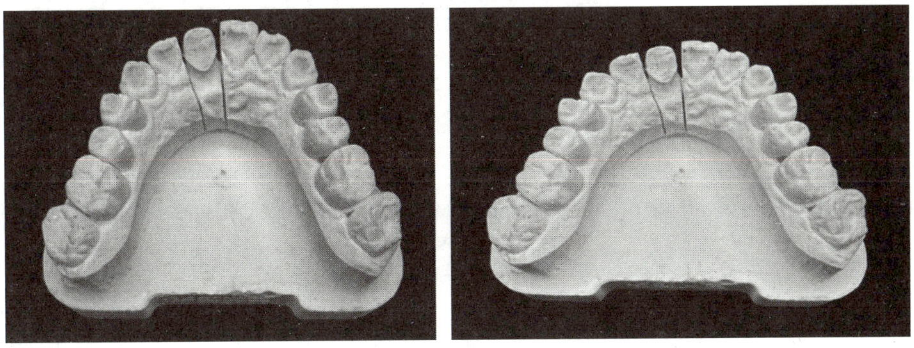

A　　B

图 4-2 滴蜡法制作金属基底冠熔模的流程

A. 模型准备；B. 涂分离剂；C. 滴蜡成型；D. 形成金－瓷交界；E. 滴塑颈缘蜡；F. 颈缘重塑完成；G. 安插铸道；H. 基底冠熔模完成。

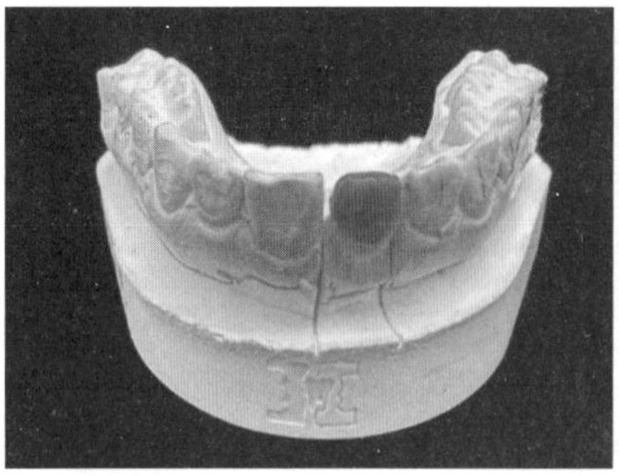

C

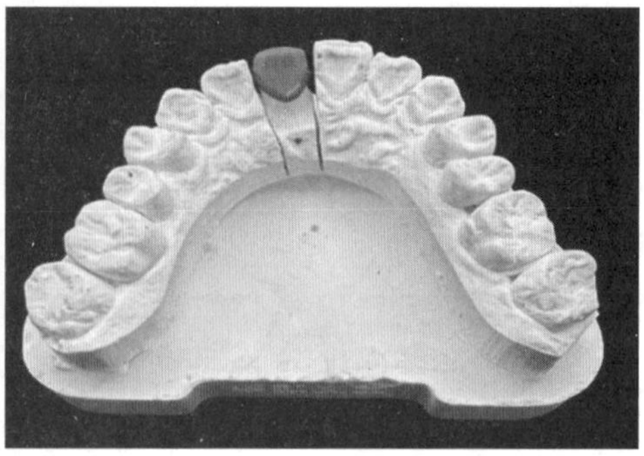

D

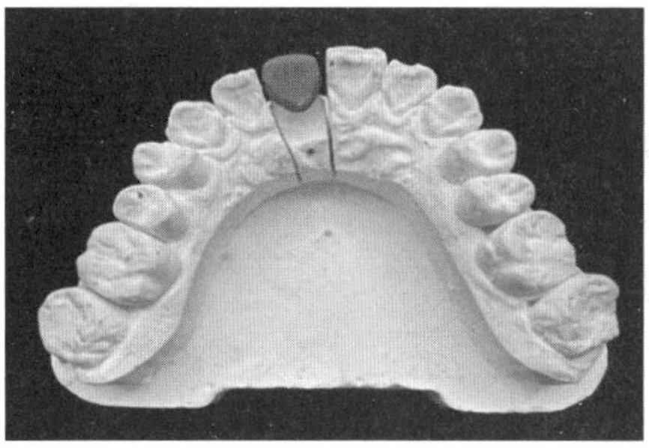

E

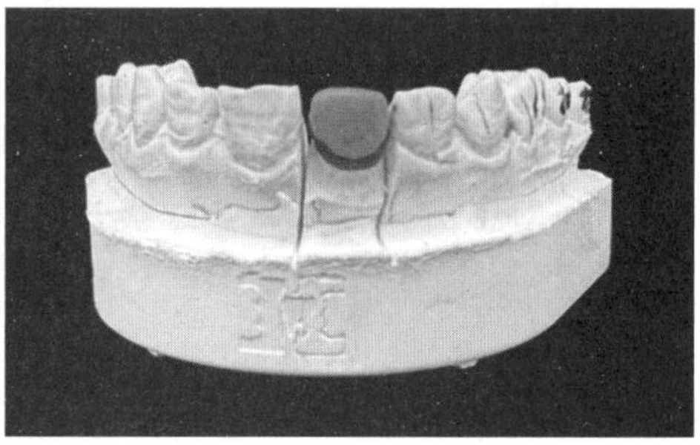

F

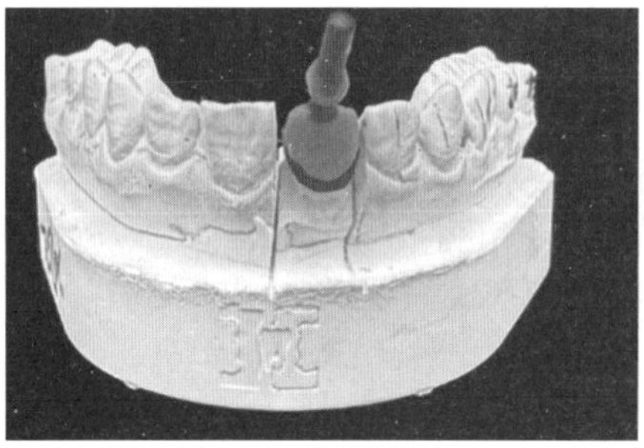

G

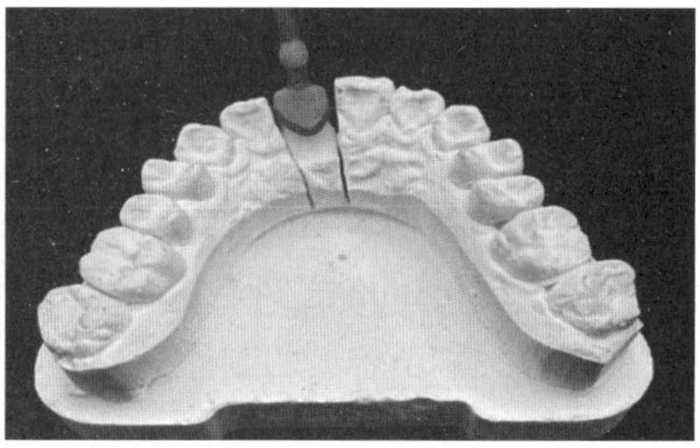

H

图 4-2 （续图）

（1）在进行熔模制作之前，务必做好充分的准备工作，确保所有必需的材料和工具都已准备就绪。

（2）使用加蜡器在代型牙冠表面均匀地滴上一层软蜡，此步骤亦可采用浸蜡法来完成，以确保蜡层的均匀性。

（3）利用冠桥用蜡精心制作出厚度为 0.5mm 的帽状熔模，特别注意保持熔模的厚度均匀一致，并在非瓷覆盖区域适当加厚。

（4）在设计好的金 – 瓷交界处，细心制作出凹形肩台，确保从邻面到舌面形成连续且均匀的凹形肩台，以实现金与瓷的完美结合。

（5）对熔模的边缘进行重塑和修整，首先取下熔模检查组织面的完整性，确认无缺陷且厚度适宜后，将其复位。随后，在颈部 1.0mm 处使用热加蜡器对颈缘部分的蜡进行烫熔，确保蜡与代型肩台的紧密结合。接着，蘸取熔蜡加在边缘处，以保证边缘的厚度，并适当向根方延伸。修整多余的蜡，将唇面及邻面瓷覆盖区域的金属基底熔模边缘修整为凹形，非瓷覆盖区域的边缘修整为刃状或羽状。

（6）再次仔细检查边缘的密合程度，采用与铸造金属全冠熔模边缘检查相同的方法。最后进行精修，消除所有锐利的棱角，使表面光滑。在舌侧颈缘安放长约 6mm、直径 0.5mm 的蜡线，作为铸造后堆瓷时的夹持柄。

（7）完成上述步骤后，安插铸道，并准备进行包埋工序。

2. 回切法制作熔模的步骤（图 4-3）

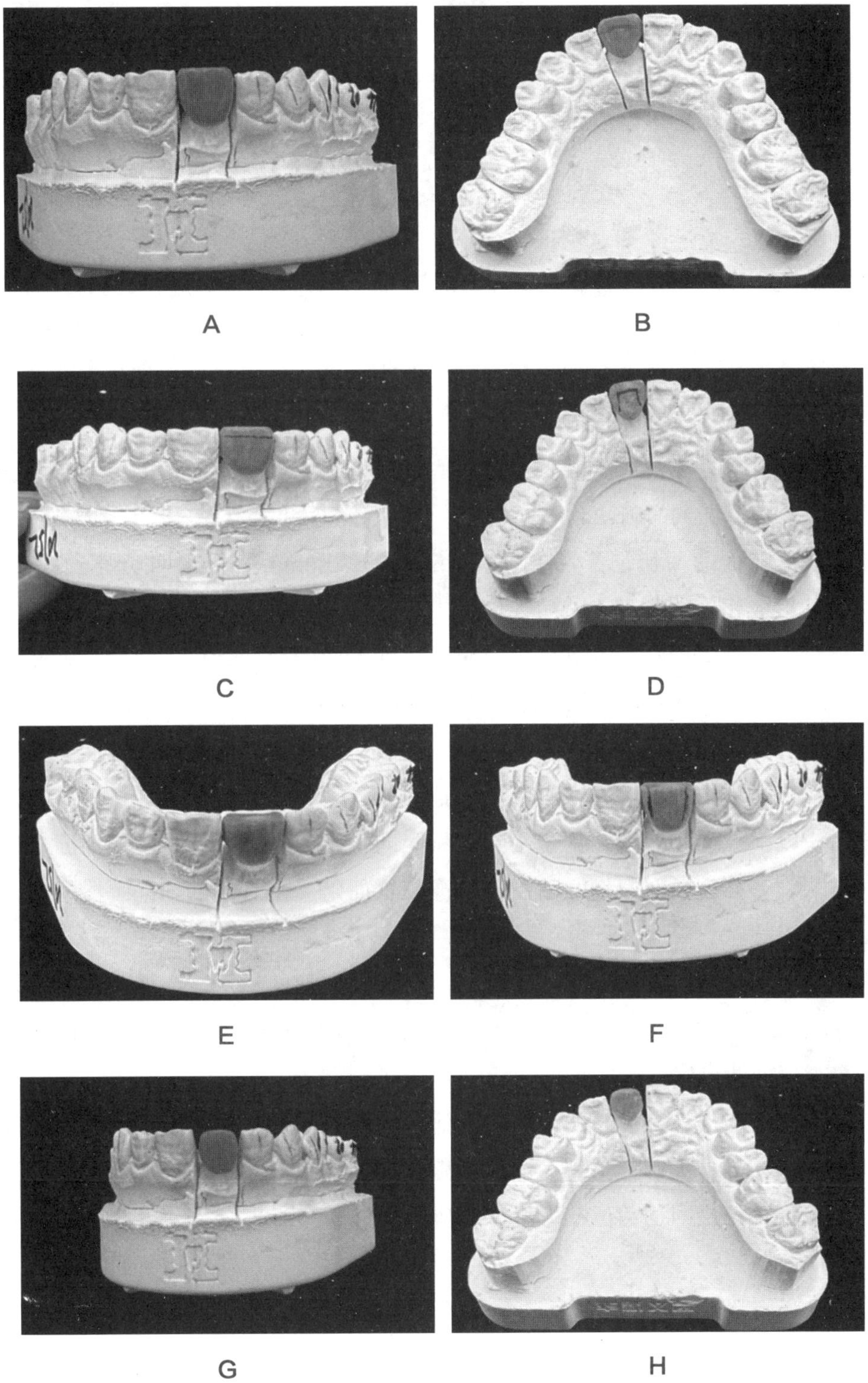

图 4-3　回切法制作金属基底冠熔模的流程

A. 恢复牙冠形态（唇面）；B. 恢复牙冠形态（切端）；C. 标记回切线（唇面）；D. 标记回切线（舌面）；E. 切端回切；F. 唇面回切；G. 邻面回切；H. 舌面回切；I. 完成基底蜡型；J. 脱模检查。

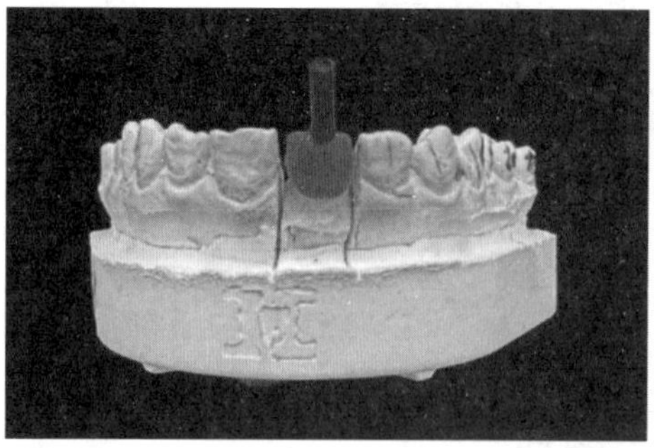

I

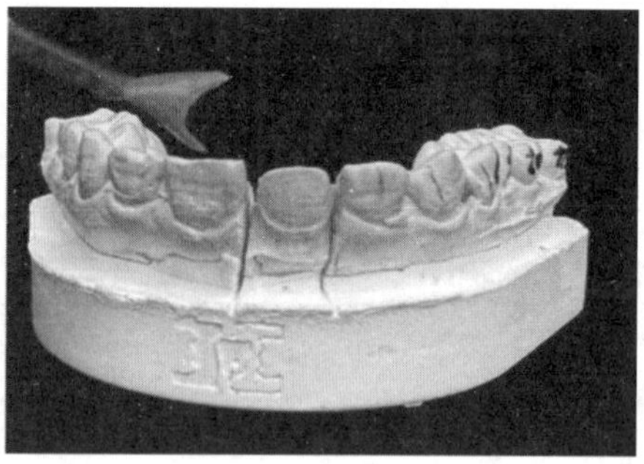

J

图 4-3 （续图）

（1）在进行熔模制作之前，务必做好充分的准备工作，以确保整个过程的顺利进行。

（2）使用加蜡器在代型牙冠表面均匀地滴上一层软蜡，此步骤亦可采用浸蜡法来完成。随后，运用冠桥蜡，通过滴蜡法精确地恢复待修复牙冠的解剖形态，同时确保切端长度和咬合关系的准确性。这一过程与铸造金属全冠熔模的制作方法保持一致。

（3）依据设计的金 - 瓷交界位置、瓷层及基底的厚度，精确确定回切的范围和厚度，并通过与对颌模型的咬合关系进行细致的确认。

（4）对于切端和𬌗面的回切，首先在距离切端 1.5 ～ 2.0mm 处标记回切线，确保与切缘平行，并在近远中切角处形成相应的弧度。然后，使用尖锐的蜡刀或解剖刀片仔细去除多余的蜡，并与对侧同名牙进行比较，以确保回切量的准确性。对于后牙𬌗面的回切，首先在四个轴面上标记出回切线，确保与后牙的缘平行，然后采用相同的方法去除多余的蜡。

（5）在唇颊面进行回切时，首先在切端或面标记回切线，然后沿着唇颊轴面的弧度均匀去除一定厚度的蜡。在回切过程中，通常先在唇颊面标记出几条引导沟，类似于牙体预备过程，以确定回切的厚度。随后，以引导沟为参考，均匀去除唇颊面的蜡，同时注意保持唇颊面原有的弧度，避免形成平面。对于初学者而言，在回切之前制作硅橡胶罩面是一个有益的辅助手段，便于在回切过程中随时进行参考与核对。

（6）在进行邻面回切时，首先在唇颊面上标记出邻面回切的标记线，然后进行回切。在回切过程中，应注意邻面金 - 瓷交界的位置应位于邻接点舌侧至少 1mm 处，直至回切至金 - 瓷交界处，同时保持金 - 瓷交界处凹形肩台的形状。

（7）对于全瓷覆盖的设计，舌面的回切与其他牙面相同，均匀切除瓷层所需厚度的蜡即可，但需在颈部形成金 - 瓷交界，并确保与邻面的金 - 瓷交界相连续。对于部分瓷覆盖的设计，则根据具体设计确定回切部位。无论回切部位在哪里，都应确保回切边缘即金瓷交界与其他牙面的金 - 瓷交界相连续。

（8）边缘重塑和修整过程与滴蜡法的边缘重塑及边缘修整保持一致。

（9）对熔模进行修整和抛光，将回切后的点线角修整得圆钝，并完成金 - 瓷交界处凹形肩台的形状。

（10）最后，安放堆瓷夹持柄，并安插铸道以准备包埋。

三、熔模铸道的形成

铸道既是熔模材料的流出道，又是铸造金属的流入道。铸道的设置应有利于铸造时熔融的液态金属流入铸模腔的各个部分。

（一）熔模铸道设置的原则

1. 施加适度压力于铸模腔体，以提升液态金属的充模性能。

2. 确保铸件在成型过程中不受变形影响，同时提供足够的金属液以补偿金属凝固时的收缩，确保铸件轮廓鲜明、表面光滑且无瑕疵。

3. 避免液态金属在流动过程中产生涡流、紊流或倒流现象。

4. 保持熔模的完整形态及精确度，便于后续的切割和打磨工序。

5. 促进熔模材料的顺利流出、燃烧和挥发过程。

6. 应将熔模置于远离热中心的位置，而将储金球置于热中心，确保熔模处于离心力作用下的最佳角度。

7. 铸道设计应以最少数量和适当粗细为宜，以减少不必要的材料浪费和提高生产效率。

（二）熔模铸道的要求

1. 铸道的位置与方向 铸道应精心设计于熔模最厚实、体积最大的光滑区域，以确保不破坏咬合与邻接关系，同时避免在熔模的组织面形成难以充填的死角。这样的布局有利于金属液的顺畅流入及在冷却过程中对收缩的补偿。

2. 铸道的形态与直径 铸道的截面形态应优选圆形，因其表面积相对较小，有助于保持金属液的温度，从而促进其顺畅地流入铸模腔。铸道的直径应与熔模的尺寸和体积相匹配，小铸件的铸道可以较细，而大铸件则需要较粗的铸道。铸道直径必须大于熔模最厚处的厚度，以确保金属液的充分流动。

3. 铸道的长度 铸道的长度通常根据熔模在铸圈内的位置来确定，理想情况下，熔模应位于铸圈的上 2/5 区域，以避开热中心。铸道不宜过长，以保证液态金属能以最快的速度流入铸模腔内，一般长度控制在 5 ～ 10mm 之间。

4. 铸道的安插角度 铸道与熔模的连接角度应圆钝，形成一个平滑的流入口，便于液态金属向铸模腔的各个方向均匀流入。必须避免铸道与熔模轴面形成小角度，以免金属液产生回流，导致铸模腔被金属液冲压破坏，或因离心力不足而造成铸造失败。

5. 铸道的形式 铸道的形式多样，包括单铸道式、双铸道式、扇形和栅栏式等。对于体积较大的铸件，采用栅栏式铸道较为适宜，因为这种设计有助于减少合金凝固后的收缩变形。对于体积较大或结构复杂的熔模，为了提高包埋材料的透气性，避免铸件收缩，并提升铸造成功率，有时需要在熔模近铸道处设置逸气道或盲管。逸气道通常在安插铸道时制作，而盲管则在铸圈套住熔模后，根据熔模内径的大小制作，选择合适直径的蜡线，一端固定在铸圈内壁，另一端则悬置于熔模附近，确保不与熔模接触，并留有适当的空隙。

（三）熔模铸道的设置

1. 在金属全冠熔模铸道的设置过程中，铸道的直径通常维持在 2.5 ～ 3.0mm 之间。为了确保熔模的形态和咬合关系不受影响，铸道应精心设计在熔模最厚实且表面光滑的区域，或者位于非功能牙尖的下方，与牙冠轴面成一定角度。储金球的安置位置应在距离熔模 1.5 ～ 2.0mm 处的铸道上，其直径不得小于 4mm，以确保熔模铸造过程中的金属流动性和铸件质量。

2. 在烤瓷熔附金属单冠基底熔模铸道的设置中，铸道的直径一般为 2.0mm，长度则控制在 10 ～ 20mm 之间。对于前牙基底冠熔模铸道，其位置应位于切端，以适应前牙的解剖结构；而后牙基底冠熔模铸道则应设置在三个面相交的角点上，以确保后牙修复体的稳定性和功能性。

【任务评价】

学生完成金属基底冠熔模制作的任务后，参照评分标准进行评价（表 4-2），分析任务出现的问题，教师给予指导，学生及时改正。

表 4-2　金属基底冠熔模制作技术的评分标准

序号	内容	分值
1	右上颌第一前磨牙做成内冠，需要预留出足够的堆瓷空间；且要求预留瓷空间相等，表面圆滑	20
2	右上颌第一前磨牙近中于右上颌尖牙有足够堆瓷空间；右上颌第一前磨牙远中预留一定的瓷空间，烤瓷时能做出两个牙分离的效果	30
3	右上颌第一前磨牙的颌面有一定的堆瓷空间；参照对侧，右上颌第一前磨牙的颊舌侧预留足够的瓷空间，至少 1.5mm	30
4	舌侧能明显看出近中邻接体部分全冠和内冠的金瓷交界线	20

▶任务拓展

口腔熔模制作的要求

1. 准确性　要精确复制牙齿预备体的形态、尺寸，包括邻接关系、䊌面形态等细节。例如，制作牙冠熔模时，其外形应与患者口腔内其他牙齿协调，恢复正常的邻接和咬合功能。

2. 表面光滑度　熔模表面需光滑，避免出现结节、砂眼等缺陷。光滑的熔模可以保证铸造出来的修复体表面质量好，减少患者佩戴时的异物感。

3. 完整性　不能有缺损，确保熔模边缘的完整性，边缘应清晰，与预备体边缘密合，保证修复体的边缘适合性良好。

4. 具备工匠精神　熔模制作要求精雕细琢、耐心细致，在制作过程中，要专注于每一个细节，培养对工作认真负责、精益求精的态度。

5. 具有责任心 制作的熔模质量直接关系到患者口腔修复的效果，我们要具有高度的责任心，明白自己的工作对患者健康的重要性，树立职业道德观念。

考试知识点总结

本章小结

协和云课堂…… 拓展练习及参考答案

（李松楠 周 凤）

项目五　包埋、烘烤焙烧与铸造技术

教学课件

学习目标

素质目标

（1）强化责任意识，理解包埋、烘烤焙烧与铸造操作步骤的规范执行对患者口腔健康和临床修复效果的重要意义，杜绝敷衍、疏漏等行为。

（2）树立安全生产观念，严格遵守高温设备操作、化学材料使用（如包埋粉、树脂）、废气废物处理等安全规范，防范烫伤、中毒、火灾等风险。

知识目标

（1）掌握：口腔包埋与铸造的定义、原理和方法；铸型烘烤焙烧的温度和时间控制。

（2）熟悉：包埋材料的性能及应用；包埋与铸造技术的质量评价标准。

（3）了解：钛铸造技术。

能力目标

能根据熔模包埋的基本操作方法和铸造设备的使用方法，独立进行熔模包埋与金属的熔化和浇铸操作。

任务一　包埋技术

视频：包埋技术

任务案例

【案例】

某义齿加工厂接到一批钴铬合金支架订单，包埋工序采用传统石膏包埋材料。技术员小王因赶工未严格按比例调配包埋粉与水，且未充分振荡排除气泡。支架铸造完成后，客户反馈多个支架出现边缘不密合、局部变形问题，导致临床试戴失败。

【问题】

1．结合包埋材料特性，分析支架变形可能的技术原因。

2．若使用磷酸盐包埋材料替代石膏包埋材料，能否避免此类问题？为什么？

3．从操作规范角度，如何优化包埋流程以降低气泡产生风险？

【任务分析】

包埋技术广泛应用于失蜡法制作各类口腔修复体中，如嵌体、牙冠、固定桥等。通过对修复体熔模进行包埋，可以制作出与设计牙冠高度匹配的修复体，从而提高修复体的美观性和功能性。

一、包埋的定义

口腔修复中，包埋是指利用与铸造材料相匹配的耐高温包埋材料（如石膏包埋材料、磷酸盐包埋材料等），将义齿熔模完全包裹起来，凝固后形成一个坚硬的铸型腔。包埋为后续的烘烤、焙烧和铸造提供了一个稳定、精确且能够承受高温环境的模具。

二、包埋的原则

1. 提供光滑的铸型腔　包埋材料的粉末粒度要细致均匀，保证去蜡后形成光滑完整的铸型腔，使铸型材料注入后得到的铸件表面清晰光洁。

2. 提供足够的强度　包埋材料凝固后要有合适的机械强度，能够承受铸造过程中产生的铸造压力及冲击力，避免引起裂纹和爆裂散开。同时，铸造完成后包埋材料要易于破碎，取出铸件过程中不发生损伤。

3. 补偿铸件收缩　包埋材料要有适合的膨胀率，使凝固、受热产生的膨胀能够补偿铸造过程中铸造合金从熔化到凝固产生的体积收缩，保证铸件尺寸的准确。

4. 不发生化学反应　包埋材料的化学性质要稳定，不与铸造合金发生化学反应，不产生有害气体和腐蚀破坏。

三、包埋的步骤及包埋方法

（一）清洗熔模

1. 目的　熔模制作材料以含有脂类的蜡为主，制作过程中还会应用油性分离剂，同时手指和器械上的污物也会使熔模黏附油脂而具有较强的表面张力，妨碍包埋材料涂挂，也不利于包埋。因此，清洗熔模可以去除其表面的污物及脂类，降低熔模表面的张力，从而提高熔模表面对包埋材料的吸附力及润湿性，确保包埋材料能够紧密地附着在熔模上，避免产生气泡和缺陷。

2. 方法　通常采用毛笔蘸取肥皂水（还可用 95% 乙醇或有机酸）轻轻涂刷在熔模表面，然后用清水冲洗干净，再用气枪将熔模吹干，以确保其表面干燥、无水分。表面活性剂喷雾也能够有效地去除熔模表面的油脂和污物。清洗过程中要注意避免损伤熔模。

（二）选择铸圈

铸圈，又称铸型成形器，是容纳包埋材料并使其成形的工具，一般为圆柱形，有大小不同的各种型号不锈钢圈（图 5-1）或橡胶圈（图 5-2）。它在口腔铸造过程中起到了固定熔模、支撑包埋材料及确保铸造件形状和尺寸准确性的重要作用。在制作修复体时，根据包埋方法和熔模大小等选择合适的铸圈。

图 5-1 金属铸圈

图 5-2 橡胶铸圈

1. 根据包埋方法选择铸圈

（1）无圈铸型：使用可与包埋材料分离的铸圈进行熔模包埋，其特点是包埋材料结固后，将铸圈与包埋材料分离。无圈铸型适用于需要较高精度和表面质量的铸造件，铸圈所使用的材料有硅橡胶、软塑料、硬纸板等。

（2）有圈铸型：在金属铸圈内直接灌注包埋材料，待包埋材料结固后，金属铸圈与包埋材料成一个整体。这种铸型适用于对形状和尺寸稳定性要求较高的铸造件。

图 5-3　铸圈大小选择

2. 根据熔模大小等选择铸圈　根据熔模的大小、数量和形状，选择不同直径和高度的铸圈及其配套的底座（图 5-3）。通常固定冠桥选择中小号铸圈。要求熔模在铸圈内的位置距顶端 8 ～ 10mm，距内壁至少 3mm，熔模位于铸圈顶端的上 2/5 范围内，以避开铸造热中心。

（三）选择包埋材料

包埋材料是指在口腔修复过程中，用于包埋蜡型以便进行后续铸造的材料。根据用途的不同主要分为中低熔合金铸造包埋材料、高熔合金铸造包埋材料、铸钛包埋材料和铸造陶瓷包埋材料等。

1. 中低熔合金铸造包埋材料　又称石膏类包埋材料，其主要成分是二氧化硅，以石膏作为结合剂，适用于铸造熔化温度低于1000℃的金合金、银合金、铜合金、锡－锑合金等中低熔合金的铸造包埋。

我国医药行业标准中将中低熔合金铸造包埋材料分为两型。

（1）Ⅰ型：用于嵌体及冠的铸造，凝固前的流动性较大，便于包埋、再现蜡型的细微结构。

（2）Ⅱ型：用于全口及局部义齿金属基托的铸造，凝固后压缩强度较大。

2. 高熔合金铸造包埋材料　又称无石膏类包埋材料，其主要成分仍是二氧化硅，常以耐高温且膨胀系数更大的磷酸盐或硅胶作为结合剂，适用于铸造熔化温度超过1000℃的金－银－铂合金、钯－铜－镓合金、银－钯合金、镍－铬合金、钴－铬合金等高熔合金的铸造包埋。

3. 铸钛包埋材料　因钛金属化学性质活泼、熔点高达1668℃，常选用石英系包埋材料、氧化铝系包埋材料等耐高温且不与钛金属发生化学反应的包埋材料进行包埋铸造。

4. 铸造陶瓷包埋材料　常选用超细磷酸盐包埋材料等强度大、耐热性好、膨胀系数匹配、透气性好的包埋材料进行全瓷铸造的包埋。

▶任务拓展

理想的铸造包埋材料的性能要求及常用包埋材料的固化时间

一、理想的铸造包埋材料的性能要求

1. 耐高温性　在高温下，包埋材料应具有一定的强度，并保持其物理和化学性能的稳定性，而不发生分解或变形。

2. 调和性　包埋材料调和后应无气泡、无杂质，并具有良好的流动性，能够均匀地涂布在蜡型表面。

3. 固化时间　包埋材料的固化时间不宜过长或过短，以确保在铸造前能够充分固化，以免影响包埋质量和铸造效率。

4. 膨胀系数　包埋材料的膨胀系数应稳定且可控，能够补偿铸造过程中金属及蜡型的收缩量，以确保铸件尺寸的准确性。

5. 机械强度　包埋材料应具有一定的抗压缩强度，确保能够承受铸型在膨胀、移动过程中受到的压力、磕碰、振动，以及液态金属注入时产生的冲击力，不发生破裂或变形。

6. 化学稳定性　包埋材料在高温铸造时不应与铸造金属发生化学反应，不产生有害气体，并对铸入的金属材料无破坏作用。

7. 透气性　包埋材料应具有良好的透气性，以便铸型内的气体在铸造过程中能够顺利排出，以减少铸造缺陷，提高铸件的质量。

8. 粉末粒度　包埋材料的粉末粒度应细致均匀，以确保铸件表面的光洁度。粉末粒度的大小还会影响包埋材料的透气性和膨胀性能。

9. 操作性能　包埋材料调和后应易于涂布、填充和固化，且不易产生裂纹或变形。

10. 易于去除性　铸造完成后，包埋材料应易于被破碎和去除，且不黏附在金属修复体表面，提高铸造效率和铸件质量。

二、常用包埋材料的固化时间

美国牙科协会（American Dental Association，ADA）标准规定石膏类包埋材料的固化时间为 5 ~ 25 分钟，磷酸盐包埋材料的固化时间为 8 ~ 11 分钟，硅胶结合剂包埋材料室温下的固化时间为 10 ~ 30 分钟。

（四）调拌包埋材料

1. 器械准备　真空调拌机（图 5-4）、振荡器、调拌碗、调拌刀、量筒、电子秤等。

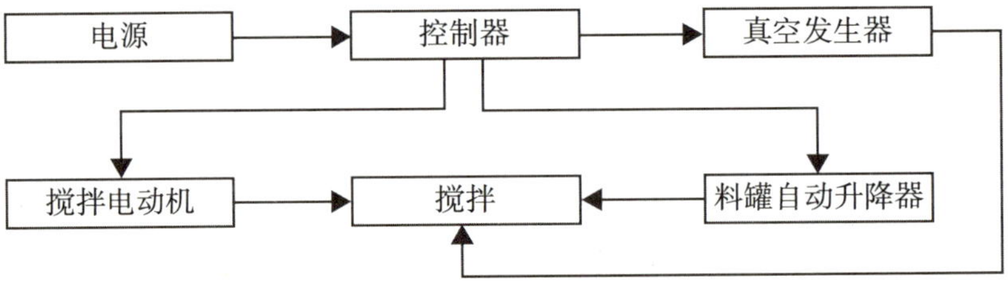

图 5-4　真空调拌机工作原理

2. 材料准备　一次性手套、口罩、包埋材料、包埋液等。

3. 手工调拌

（1）取洁净的调拌碗和调拌刀备用，严格按照厂家提供的水粉比例，将所需量的调拌液倒入调拌碗内，再慢慢加入包埋粉。

（2）至所有包埋粉浸入液体中后，用调拌刀按同一方向进行调拌，调拌时间通常为 40 ～ 60 秒。

（3）将调拌碗放在振荡器上，排除气泡，将调拌好的包埋材料准备注入铸圈内。

4. 真空调拌

（1）严格按照厂家提供的水粉比例，量取所需要的调拌液和包埋粉加入真空调拌杯中。

（2）用调拌刀初步调拌后，用真空调拌机调拌 30 ～ 60 秒（图 5-5）。

（3）取下真空搅拌杯，将调拌好的包埋材料准备注入铸圈内。

图 5-5　真空调拌包埋材料

（五）包埋方法

包埋方法通常分为一次包埋法和二次包埋法。一次包埋法常用于熔模结构简单、数目不多的嵌体、贴面熔模的包埋。二次包埋法则适用于结构较为复杂，数目较多的固定冠桥熔模的包埋。

1. 一次包埋法　又称插入包埋法，分为正插法与倒插法。

（1）正插法：先用毛笔蘸取少许包埋材料均匀涂布在熔模上，再将熔模连同底座放入铸圈内，然后将剩余包埋材料倒入铸圈直至注满（图 5-6）。

（2）倒插法：先将铸圈用包埋材料注满，然后手持熔模底座垂直向下插入铸圈内，直到底座与铸圈上沿接触。

图 5-6　填充包埋材料

2. 二次包埋法　分为内、外层，分别调拌包埋材料，进行内、外两次包埋。

（1）内包埋：按要求的比例取适量的内层包埋材料，调拌均匀，排出气泡，按一次包埋法涂抹熔模表面，厚度为 2 ～ 3mm。可在其表层撒布一层干的内包埋粉，以吸收水分，加速凝固，增加其表面强度。

（2）外包埋：待内包埋材料初步凝固或完成内包埋 15 ～ 30 分钟后，用水湿润内包埋层，浸湿铸圈，将铸圈套入熔模；根据比例调拌适量的外包埋材料，按一次包埋法完成外包埋。

【任务评价】

学生完成熔模包埋的任务后，参照评分标准进行评价（表 5-1），分析任务出现的问题，教师给予指导，学生及时改正。

表 5-1　熔模包埋技术的评分标准

序号	评分要点	分值
1	根据铸造合金的类型和熔点选择合适的包埋材料	20
2	包埋材料的粉液比例适当，混合均匀	20
3	包埋过程在规定时间内完成，无超时现象	10
4	模具中无气泡或气泡极少，不影响包埋效果	20
5	熔模被完全包裹，无裸露或遗漏现象	20
6	遵循安全操作规程，佩戴必要的防护用品	10

▶任务拓展

包埋的常见问题及处理

一、常见问题

（一）包埋材料与铸圈分离

1. 原因分析　包埋前未对铸圈进行充分干燥或预热，导致包埋材料与铸圈之间的结合力减弱。

2. 影响　易导致熔模在铸造过程中移位或变形，影响铸件质量。

（二）铸件表面出现凹陷或孔洞

1. 原因分析　包埋材料中混入气泡、杂质或包埋操作不规范。

2. 影响　降低修复体的美观度和强度。

（三）铸件表面或内部出现裂纹

1. 原因分析　包埋材料热膨胀系数与铸造合金不匹配，或铸造过程中温度控制不当。

2. 影响　导致修复体破裂或断裂，无法正常使用。

二、处理

1. 对铸圈进行充分干燥和预热，以增强包埋材料与铸圈之间的结合力。

2. 严格按照粉液比例调配包埋材料，包埋材料过稠则膨胀过度，包埋材料过稀则膨胀不足。同时在规定时间内调拌包埋材料并振荡排出气泡。

3. 根据修复体的材质和要求选择热膨胀系数相匹配的包埋材料和铸造合金。

任务二　烘烤焙烧技术

任务案例

【案例】

某义齿加工厂承接一批贵金属烤瓷冠订单，采用石膏包埋材料对金属基底冠铸型进行包埋。新入职技术员小张因不熟悉设备参数，将焙烧炉温度设定为500℃（标准温度应为800℃），且保温时间仅1小时（标准2小时）。铸造完成后，发现金属基底冠表面粗糙、存在蜂窝状气孔，部分区域甚至出现未铸满现象。

【问题】

1. 结合石膏包埋材料的热分解特性，分析温度不足为何会导致铸件出现气孔和未铸满。

2. 若改用磷酸盐包埋材料，是否能降低此类问题风险？说明两种包埋材料在焙烧过程中的差异。

3. 从设备操作角度，如何避免因人为失误导致的温度设定错误？

【任务分析】

烘烤与焙烧是一个连续、完整的过程。正确的烘烤和焙烧工艺，可以去除包埋材料中的水分和杂质，提高铸型的强度和稳定性，从而确保铸造出的修复体具有准确的形状和尺寸及良好的性能。

烘烤焙烧常通过在烤箱（图5-7）中加热升温的方法完成。

图 5-7　马弗炉

一、烘烤

（一）定义和目的

烘烤是指在口腔铸造过程中，使用烤箱或其他热源对铸圈和包埋材料进行加热，以去除其中的水分和挥发性有机物，确保熔模材料熔化外流，并为包埋材料的热膨胀做好前期准备。烘烤可以减少气孔等铸造缺陷的产生，从而提高铸造的成功率，延长修复体的使用寿命。

（二）操作方法

1. 准备工作　待包埋材料完全固化后（完全发热并冷却），去除铸圈和成型底座，将铸型铸道口朝下放入烤箱中（图 5-8）。

图 5-8　铸型倒置

2. 预热　烤箱缓慢升温至 350℃，升温时间不少于 60 分钟。再将铸型直立，铸道口朝上，维持 350℃烘烤 30 分钟，使铸型内外水分和残蜡均匀挥发。

3. 升温烘烤　在 1 小时内缓慢升温 400℃完成烘烤，继续加热升温进入焙烧阶段。

二、焙烧

（一）定义和目的

焙烧是指在高温条件下，继续对铸型进行烧烤，使熔模材料完全燃烧挥发，去净铸型中的水分和蜡质，并使包埋材料产生热膨胀，获得一个能够补偿铸造合金收缩的铸型腔。通过焙烧可以提高铸型的强度和硬度，提高其抗冲击能力，能够为后续的铸造过程提供稳定的支撑，更好地承受铸造过程中的冲击和振动。同时，焙烧可以提高铸型的温度，减少铸造时铸型与熔金间的温度差，有利于铸件在铸造过程中完全填充和凝固，从而提高铸件的质量和成功率。

（二）操作方法

不同的包埋材料焙烧的时间和速度各不相同。

1. 中低熔合金包埋材料

（1）焙烧温度：通常焙烧至 700℃左右。

（2）升温速度：从 350℃升温到目标温度的时间不少于 60 分钟，避免升温过快导致包埋材料开裂或膨胀不均匀。

（3）维持时间：在达到 700℃后，通常需要维持 15 ～ 20 分钟，以确保包埋材料充分膨胀并补偿合金的凝固收缩，然后进行铸造。

2. 高熔合金包埋材料

（1）焙烧温度：通常焙烧至 850℃左右或更高。

（2）升温速度：从 350℃升温到 800 ～ 850℃的时间不少于 90 分钟，以每分钟 5 ～ 6℃的速率升温。

（3）维持时间：在达到 850℃后，通常需要维持 30 分钟，然后进行铸造。

3. 铸钛包埋材料

（1）焙烧温度：通常焙烧至 850℃。

（2）升温速度：一般在 0.5 小时内升温至 250℃，持续 1 小时。再在 1 小时内升温至 850℃。

（3）维持时间：在达到 850℃后，维持 30 分钟，在烤箱内自然降温至 400℃左右后进行铸造。

三、烘烤焙烧的注意事项

烘烤焙烧的温度、时间、升温速率应按照厂家的规定进行操作，常规注意事项如下。

1．铸型摆放在烤箱中要避免与烤箱壁直接接触，防止局部过热。

2．烘烤与焙烧过程中要避免急剧升温，否则易导致包埋材料内部产生应力而变形或破裂。通常，从室温到 300℃的升温时间不少于 60 分钟。

3．烘烤与焙烧过程中要严格控制温度，确保温度在规定范围内波动。可根据铸圈颜色确定焙烧温度。400℃以下，铸圈颜色无明显改变，500 ～ 600℃时铸圈呈暗红色，700 ～ 800℃时铸圈为樱桃红色，900℃时铸圈则为赤红色。

4．烘烤与焙烧的时间需根据包埋材料的类型和铸造要求来确定。不能在升温到达预定温度时停留过久，或者降温后又升温再铸造，否则会影响包埋材料的强度，造成皲裂，降低铸件的精度和光洁度。

5. 在烘烤与焙烧过程中，尽量减少开启箱门的次数，保持烤箱温度，以降低温度波动和防止铸型突然遇冷空气后产生裂纹。

【任务评价】

学生完成烘烤焙烧的任务后，参照评分标准进行评价（表 5-2），分析任务出现的问题，教师给予指导，学生及时改正。

表 5-2 烘烤焙烧技术的评分标准

序号	评分要点	分值
1	熟悉并正确使用烘烤焙烧设备，如马弗炉、电热炉等	20
2	烘烤与焙烧步骤应清晰明确，按照工艺要求执行	10
3	温度和时间控制应精确，符合材料特性和铸造要求	20
4	烘烤与焙烧过程中应定期观察并记录温度变化	20
5	操作过程中应避免直接接触高温物体或有害气体	20
6	具有减排意识，降低烘烤与焙烧过程中的能耗和排放	10

▶任务拓展

口腔烘烤技术在义齿制作中的创新应用与安全规范

1. 创新应用 3D 打印义齿的后处理烘烤。

（1）树脂义齿的光固化后烘烤：部分 3D 打印树脂（如聚醚醚酮）需在 180~200℃烘烤 2~4 小时，消除打印过程中的内应力，提升材料韧性（断裂伸长率可增加 15%），同时减少残留单体释放。

（2）金属打印支架的脱脂与烧结：选择性激光熔化技术打印的钴铬合金支架需先在 400~600℃脱脂（去除支撑蜡材），再升温至 1300℃烧结，使粉末颗粒熔融致密化，孔隙率低于 1%。

2. 安全规范

（1）高温防护：焙烧炉需配备隔热层与自动断电保护，操作人员需佩戴防烫手套与护目镜，避免接触熔融金属飞溅。

（2）废气处理：金属焙烧时产生的氧化镍、铬蒸气需通过通风系统过滤（活性炭吸附），树脂烘烤释放的挥发性有机物（VOCs）需符合职业暴露限值（如苯乙烯≤ 50ppm）。

▶任务拓展

烘烤焙烧过程中的废气与废物处理

（一）废气处理技术原理与操作规范

1. 废气成分分析 在口腔烘烤与焙烧过程中，产生的废气成分复杂。

（1）金属焙烧废气：金属烤瓷、金属支架焙烧时会产生氧化镍、氧化铬、氧化锌等金属氧化物颗粒，以及微量的重金属蒸气，如镍、铬、钴等。

（2）树脂烘烤废气：树脂材料在高温下会释放挥发性有机物（VOCs），包括苯乙烯、丙烯酸酯类单体、甲基丙烯酸甲酯（MMA）等。

（3）粉尘类：石膏模型焙烧过程中产生的粉尘，以及陶瓷材料加工过程中产生的二氧化硅粉尘。

2. 废气处理技术

（1）物理过滤技术

1）旋风分离器：利用离心力分离废气中的较大颗粒粉尘，适用于石膏粉尘、较大的金属氧化物颗粒的初步分离。

2）高效空气过滤器（HEPA）：可过滤 0.3μm 以上的颗粒，常用于对废气进行精细过滤，去除细微粉尘和部分金属氧化物颗粒。

（2）吸附技术

1）活性炭吸附：通过活性炭的多孔结构吸附 VOCs 和部分异味气体。需定期更换活性炭，避免吸附饱和后污染物二次释放。

2）分子筛吸附：利用分子筛的选择性吸附特性，对特定的 VOCs 进行吸附处理，适用于处理成分相对单一的废气。

（3）燃烧处理技术

1）直接燃烧法：将废气加热至高温（800~1000℃），使 VOCs 等可燃成分完全燃烧生成二氧化碳和水。适用于高浓度、小风量的废气处理。

2）催化燃烧法：在催化剂作用下，降低 VOCs 的燃烧温（200~400℃），减少能耗，同时提高燃烧效率，降低二次污染风险。

（4）湿式洗涤技术：通过喷淋吸收液（如水或碱性溶液），去除废气中的酸性气体、水溶性 VOCs 和部分粉尘。例如，使用氢氧化钠溶液可有效吸收焙烧过程中可能产生的酸性气体。

3. 操作规范与维护

（1）设备安装：废气处理设备需安装在通风良好、便于维护的位置，确保废气收集效率。

（2）定期检查：定期检查过滤器的堵塞情况、活性炭的吸附能力、催化剂的活性等，及时更换耗材。

（3）运行记录：详细记录废气处理设备的运行参数，包括处理风量、温度、压力等，便于分析处理效果和排查故障。

（二）固体废物处理与资源化利用

1. 固体废物分类 ①无机废物：焙烧后的石膏模型残渣、破碎的陶瓷修复体、金属熔渣等。②有机废物：废弃的树脂材料、吸附饱和的活性炭、过滤下来的含树脂粉尘等。

2. 处理方法

（1）无机废物处理

1）石膏废物：可进行破碎、筛分处理后，作为建筑材料的添加剂，用于制作石膏板、水泥等。

2）金属熔渣：通过化学处理和熔炼，回收其中的金属成分，实现资源再利用。

3）陶瓷废物：经过粉碎后，可作为填料用于制作新的陶瓷材料或建筑材料。

（2）有机废物处理

1）树脂废物：采用热解技术，将树脂在无氧条件下加热分解，生成小分子化合物，可作为化工原料再利用。

2）活性炭再生：对吸附饱和的活性炭进行热再生或化学再生处理，恢复其吸附能力，延长使用寿命。

3. 安全与环保要求

1）分类存放：固体废物需严格分类存放，避免不同性质废物混合产生有害物质。

2）合规处置：委托有资质的单位进行废物处置，确保符合《中华人民共和国固体废物污染环境防治法》等相关法规要求。

3）风险防范：对有机废物储存区域需做好防火、防爆措施，配备必要的消防设施。

任务三　铸造技术

任务案例

视频：铸造技术

【案例】

一批钛合金支架铸造后，质检发现内部存在缩孔缺陷，导致支架强度不足。技术员小李检查发现，焙烧后的铸型未充分冷却即进行铸造，且铸造过程中真空度未达标。

【问题】

1. 铸型未冷却对金属凝固过程有何影响？如何避免缩孔？
2. 真空铸造时，真空度不足可能引发哪些其他缺陷？

【任务分析】

口腔铸造是一项重要的口腔修复技术，具有成本低廉、成型精度高、铸体密度大等优点。尽管随着数字化口腔技术的不断进步，一些传统的口腔铸造技术正逐渐被数字化技术取代，但在金属冠和桥、烤瓷熔附金属全冠及种植体上部结构等领域，口腔铸造技术仍然保持着广泛的应用，并且在某些特定情况下，它还具有不可替代的独特优势。

口腔修复工艺一般采用失蜡铸造法来制作固定冠桥等修复体。

一、铸造的定义

铸造是指加热熔化金属并通过一定的压力将液态金属注入铸型腔内，冷却凝固后得到具有预定形状、尺寸和性能的铸件的过程。

二、常见热源及操作方法

（一）氧气助燃火焰

1. 特点 使用氧气助燃时，火焰一般可分出两个燃烧带，最热点在还原带稍前方，最高温度可达 1600℃。

2. 应用 通常用于熔化高熔合金和中熔合金。通过调节氧气和燃料的比例，可以控制火焰的温度和特性，以满足不同合金的熔化需求。

（二）压缩空气助燃火焰

1. 特点 火焰由内向外形成四层，包括混合焰、燃烧焰、还原焰和氧化焰（图 5-9）。还原焰呈淡蓝色，尖端为最热点，最高温度可达到 1100℃。

2. 应用 主要用于中、低熔合金的熔化。通过调整压缩空气的流量和燃料的供给量，可以实现对火焰温度和特性的精确控制。

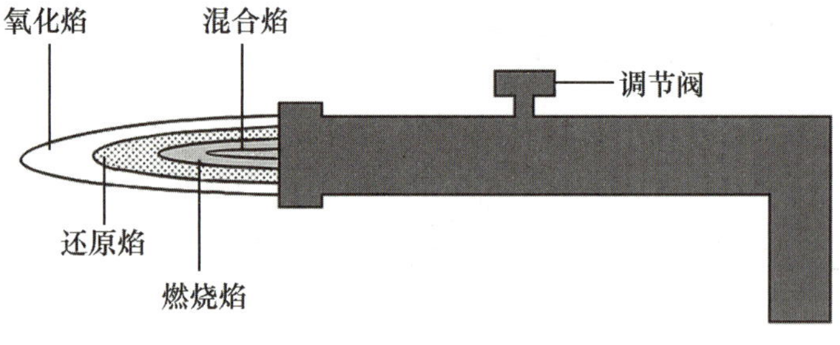

图 5-9 压缩空气助燃火焰

（三）高频感应熔化

1. 原理 利用高频交流电（1.2 ～ 1.9MHz）产生的磁场，在被加热的合金内部产生感应电流，因电阻效应产生高热能，使合金熔化。

2. 特点 温度可达 1400℃以上，无烟、无尘、无噪声，不会造成合金材料渗碳和元素烧毁，不改变合金的物理性能和化学性能，熔解速度快，被熔合金流动性好。

3. 应用 广泛应用于熔化中、高熔合金。将合金置于高频感应线圈内，通过调节高频交流电的频率和功率，可以控制熔化的速度和温度。

相较于高频感应热能，中频感应热能的优势在于工作频率更低、能耗更低、合金熔化更快、无电磁场干扰。

（四）电弧熔金

1. 原理　利用非自耗性电极钨棒与被熔合金之间产生放电，使合金被熔化。

2. 特点　最高温度可达 2500℃，主要作为熔化高熔合金的热源。

3. 应用　在电弧熔金设备中，通过调节电极与被熔合金之间的距离、电流和电压等参数，可以控制电弧的产生和熔化的速度。

（五）使用注意事项

1. 在操作熔化合金的热源时，务必遵守相关的安全规定和操作规程，确保人员和设备的安全。

2. 根据不同的合金类型和熔化需求，精确控制热源的温度和特性，以获得高质量的熔化效果。

3. 在使用某些热源时，可能会产生废气、废渣等污染物，应采取措施进行妥善处理，以保护环境。

▶任务拓展

熔解合金时的注意事项及不同合金的铸造时机

一、熔解合金时的注意事项

（一）熔金的保护

1. 目的　防止合金在大气条件下高温熔化时被氧化。

2. 方法　真空铸造或用惰性气体保护，同时可以在合金表面添加熔媒（如硼砂），以促进合金熔化，并防止合金氧化，同时增加其流动性。

（二）合金用量的估算

1. 目的　避免投入不足造成铸造不全，或投入过多造成浪费。

2. 估算方法　包括比重计算法、估算法、不规则物体体积计算法等。在实际操作中，一般采用估算法来确定合金的投放量。

估算法：应首先对铸件本身的重量进行估算，然后再根据竖立铸道柱的数量、粗度和长短对铸道柱的重量进行估算。将铸件重量和铸道柱重量相加，即为铸造合金的投放量。通常，合金的投放量应比两者相加量稍大，以保持一定的铸造压力；也可用铸件本身重量的 2.0 ~ 2.5 倍作为合金投放量。

（三）坩埚的选择和使用

1. 目的　不同材质的坩埚用途不同，熔解不同种类合金时，坩埚不能混用，以防止不同合金相互污染而改变合金性能。

2. 方法　熔金前，坩埚应进行预热，以缩短熔金时间，减少合金的氧化，并防止坩埚因瞬间加热过快造成爆裂。

（1）氧化铝坩埚用于非贵金属的熔化。

（2）石墨坩埚多用于贵金属的熔化，以防合金烧损。

（3）铜质坩埚用于钛的熔化。

（四）合金块的摆放

1. 目的　尽快获得热量，加快合金熔解，减少氧化。

2. 方法　使用块状合金时，可采取叠放法；使用柱状合金且需要量多时，应垂直摆放，并使所有的合金都紧密接触。

（五）铸造温度的控制

1. 目的　使合金完全熔化，增加其流动性，降低黏滞性，保证铸造成功。

2. 方法　不同的合金具有不同的熔解温度，合金的最佳铸造时机通常以在合金熔点基础上增加 100 ~ 150℃为宜，以避免铸造温度过高导致合金中某些元素烧损，增加铸件成孔性。

在实际操作中，可通过观察合金的颜色和流动性来判定最佳的铸造时机。

三、不同合金的铸造时机

（一）钴 - 铬合金

钴 – 铬合金是一种常用的口腔铸造合金，具有良好的生物相容性和机械性能。其铸造时机通常是在合金熔化呈球状，且表面氧化层刚冲破的瞬间。这一时机确保了合金具有良好的流动性和填充性，能够充分填充模具并获得良好的铸件质量。

（二）镍 - 铬合金

镍 – 铬合金也是口腔铸造中常用的合金之一，具有较好的耐腐蚀性和机械性能。对于镍铬烤瓷合金，其铸造时机通常是在合金熔化崩溃塌陷呈球状，但表层氧化膜未破时。这一时机保证了合金的流动性和填充性，同时避免了因氧化而导致的性能下降。

（三）铜基合金

铜基合金熔化时先为分散块状，逐渐熔成球状，表面有膜，呈不太光亮的橘红色，用石笔搅拌和探查，无块状物时为最佳铸造时机。如继续加热，则会出现熔金沸腾，四处喷射火星并发出炸裂声，表明已过熔，铸件会产生成孔现象。

（四）金合金

金合金在口腔铸造中具有优异的生物相容性和美观性。其铸造时机通常是在合金熔化后分散的合金块向坩埚底聚集，形成球面状，并呈淡黄色、光亮如镜时。这一时机表明合金已完全熔化并具有良好的流动性，适合进行铸造。

（五）高熔合金

高熔合金的铸造时机较为特殊，需要在烤箱内温度达到特定范围并维持一段时间后再开始铸造。通常，当烤箱内温度达到 900℃左右并维持约 30 分钟时，是开始铸造高熔合金的合适时机。这一步骤确保了合金在铸造前已达到均匀加热状态，有利于获得良好的铸造质量和性能。

四、口腔金属修复体的铸造方法

口腔金属修复体的铸造一般采用熔模铸造的方法。熔模铸造是一种精密铸造方法，通常用于制作形状复杂、精度要求高的口腔修复体。采用这种方法时，首先制作一个与修复体形状相同的熔模，然后在熔模表面涂覆耐火材料形成型壳，最后进行加热使熔模熔化并流出，留下型壳作为铸型。在铸造过程中，金属液被注入型壳内，冷却凝固后形成修复体铸件。

下面以熔模铸造法为例介绍口腔金属修复体的铸造方法。

（一）离心铸造法

离心铸造法是利用旋转的离心力将熔化的金属液注入铸型腔内，形成修复体的方法，可用于高熔和中、低熔合金类筒形或轴对称的口腔修复体部件制作。离心铸造机分为立式和卧式两种，旋转臂以旋转轴为中心，一端安放铸圈及坩埚，另一端为平衡侧，在铸造过程中，旋转臂带动铸圈以一定速度旋转，金属液在离心力作用下被均匀地分布在铸型内壁上，形成致密的铸件。

高频离心铸造机的操作方法和维护保养如下。

1. 操作方法

（1）接通电源，开机预热 5 ～ 10 分钟（图 5-10）。

（2）将铸型放在托架上，调整滑块及平衡，并锁紧（图 5-11）。

（3）滑台放到刻度位置。

（4）盖下保护板，按下熔化键，指示灯亮起。

（5）在观测窗中，通过金属的颜色和表面特性，判断是否达到沸点。在合适时机按下铸造键，指示灯亮起，根据材料厂商提供的说明控制铸造时间。

（6）按下停止键，铸造完成，风冷装置启动。等滑台静止后，打开保护板，取出铸件，等待 10 分钟后关闭电源（图 5-12）。

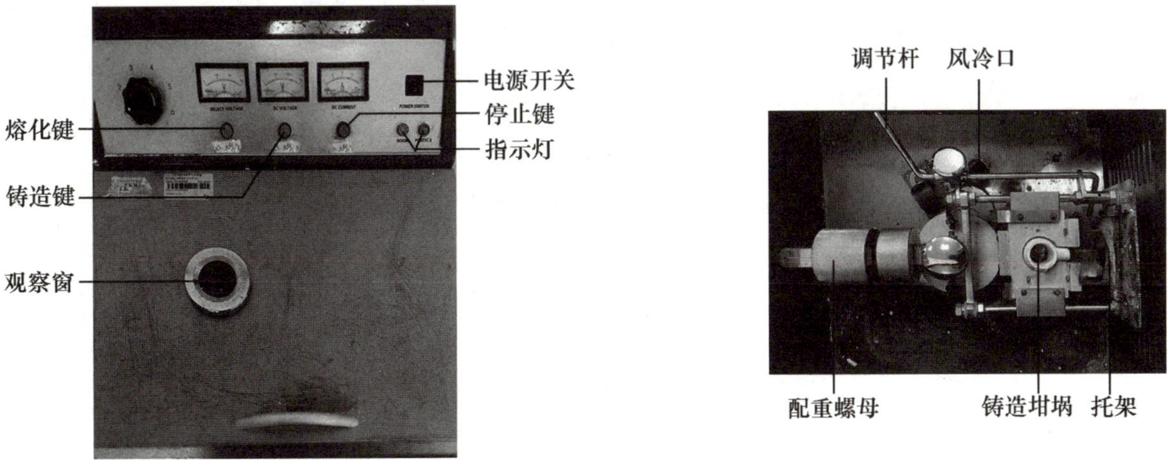

A　　　　B

图 5-10　高频离心铸造机

A. 操作台；B. 内部结构。

图 5-11　放置铸型

图 5-12　完成铸造后的铸型

2. 维护保养

（1）铸造后需及时清扫铸造残渣，维持仓室干净整洁。

（2）定期维护、更换石墨电刷，避免短路。

（3）定期检查仪表读数是否异常，按键有无松动。

（4）定期检查电路相关部件，尤其是绝缘电阻。

（5）定期维护振荡盒，如加注润滑油等。

（二）真空铸造法

真空铸造法是在真空条件下进行铸造的方法。这种方法可以有效地排除铸型腔内的气体，减少铸件中的气孔和夹杂物，提高铸件的致密度和机械性能。在真空铸造过程中，铸型被置于真空室内，金属液在真空状态下被注入铸型腔内。

1. 真空吸铸　将铸型浇口（或升液管）插入金属液中，再将铸型抽真空，使铸型型腔内形成负压。在负压作用下，金属液沿浇口（或升液管）上升并充满铸型，然后凝固成形。

2. 真空压铸　在压铸型型腔内建立一定的真空度后进行压铸。真空压铸可以显著减少压铸件内的气孔和溶解气体，提高压铸件的力学性能和表面质量（图 5-13）。

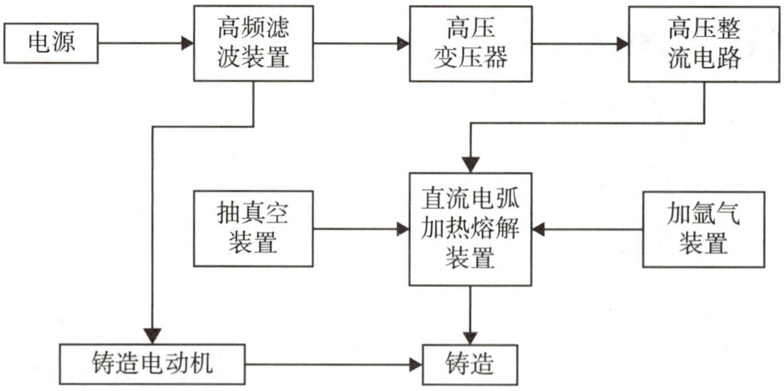

图 5-13　真空加压铸造机的工作原理

（三）加压铸造法

加压铸造法是在铸造过程中利用空气压力或机械加压的方式向铸型腔内施加压力的方法。这种方法可以提高铸件的致密度和机械性能，减少铸件中的缺陷。在加压铸造过程中，金属液被注入铸型腔后，立即向铸型腔内施加一定的压力，使金属液在压力下凝固成型。

（四）钛铸造技术

1. 钛铸造机的分类及工作原理

（1）加压铸造式铸钛机：在较低压力的惰性气体（如氩气或氦气）的保护下熔解钛金属。钛金属熔化后流到铸道口时，对液体钛加以较高的压力，使液体钛注入铸模腔内，完成铸造。

（2）加压吸引式铸钛机：依靠惰性气体的压力和铸造室真空状态形成的负压使钛液进入铸型腔，完成铸造。

（3）离心式铸钛机：利用离心力使液体钛注入铸模腔内完成铸造。离心类型主要有水平离心和垂直离心两种方式。

（4）压力吸引、离心式铸钛机：将离心力、抽吸、加压三种铸造技术结合起来，以提高铸钛件的成功率。

（5）真空加压铸钛机：这是较离心式铸钛机更为先进的一种微电脑控制的新型金属铸造机，可自动或手动完成金属的熔化压差式铸造。

2. 钛铸造冠桥修复体的制作工艺流程 铸造钛金属的基本工艺流程与非贵金属合金铸造并无实质区别，钛铸造冠桥修复体的制作依然遵循制作可卸代型模型→制作熔模→安插铸道→熔模的清洗→包埋→烘烤焙烧铸型→铸造→喷砂处理→切割铸道→酸处理→打磨→抛光→完成流程，但应注意以下差异。

（1）熔模厚度：由于钛金属流动性较差，为确保液态金属能充分注满型腔的各个部位，冠桥熔模制作时均应注意防止过薄，特别是采用室温铸造时，熔模的厚度应≥ 0.7mm。

（2）排气道的设置：在铸入钛金属液体时即产生凝壳，随同液态金属卷入的空气难以从凝壳内排出，为尽量排逸空气，排气道的设置十分必要，一般需在熔模靠近浇铸口的最外端、流铸方向发生改变的部位设置排气道或储气球。

（3）包埋钛的包埋材料种类包括：①磷酸盐系包埋材料。②氧化铝系包埋材料。③氧化锆系包埋材料。④氧化钙系包埋材料。⑤氧化镁系包埋材料。在实际操作中，包埋及后续的烘烤焙烧应严格按照材料生产说明书标注的温度及时间要求进行。

（4）铸造：应先打开氩气阀，调整氩气压力，并进行真空加压检测。钛金属铸造时机由全自动铸钛机根据设定好的参数自动识别并执行铸造，钛铸造的操作和参数设置应按照厂家说明指导进行。

3. 钛铸造机日常保养方法 以压力吸引离心式铸钛机为例。

（1）铸造前应检查真空度、氩气压力，以防氩气不足或真空度差导致铸造失败。

（2）设备应保持清洁，铸造室内不可放置杂物。

（3）如连续铸造，需按厂家要求间隔一段时间，防止设备损坏。

（4）按厂家要求的频率和处理方式清洁坩埚。

（5）定期检查设备部件是否需要维修或更换。

五、铸型冷却及开圈

1. 铸造后，铸圈必须置于空气中自然冷却，绝不可浸入水中冷却，以免金属产生内应力而造成冠桥变形及影响瓷材的附着力。

2．开圈时夹住铸道口反复振荡铸件，可使大部分包埋材料脱落，剩余的包埋材料可通过喷砂清理。中熔合金铸造包埋材料铸型冷却到室温后可投入冷水中浸泡，使包埋材料自行脱落后刷洗铸件。若使用磷酸盐系包埋材料包埋铸型，则通过振荡去除大部分包埋材料，再通过喷砂去除黏附在铸件表面的包埋材料。

六、喷砂或酸处理

喷砂处理适用于使用非贵金属铸件的清理，将金刚砂等专用砂高速喷射到铸件表面，以去除其表面残留的包埋材料、污染物及氧化膜（图 5-14）。贵金属铸件表面氧化层的清理常使用酸处理法，即将铸件加热到 300 ～ 350℃，投入浓盐酸溶液中。金属冠桥铸件通常选用 100 ～ 150 目的金刚砂颗粒，而烤瓷基底冠桥铸件通常选用 50 ～ 250 目的氧化铝颗粒。

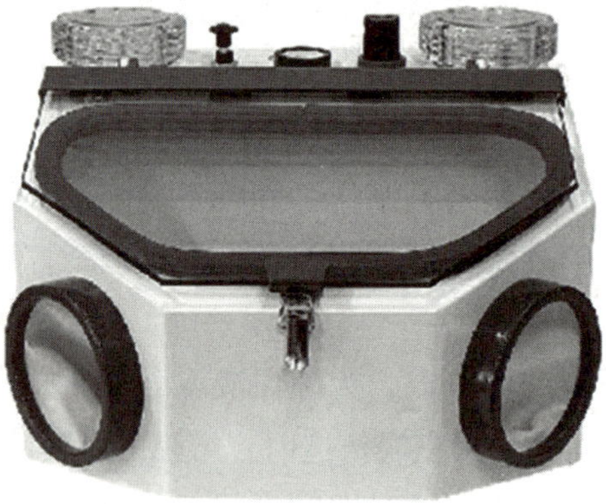

图 5-14　喷砂机

喷射压力及金刚砂的粒度应根据铸件的大小、厚薄进行调整。喷砂时将铸件对准喷嘴，与喷嘴的距离应在 5mm 以内，喷嘴方向应与铸件表面成 45°左右，不能垂直喷射以避免破坏薄弱的边缘，同时要不断改变喷射部位，使铸件各部分被均匀喷射，避免因局部过度喷砂而变薄，影响铸件质量。

【任务评价】

学生完成金属冠桥铸造的任务后，参照评分标准进行评价（表 5-3），分析任务出现的问题，教师给予指导，学生及时改正。

表 5-3　铸造技术的评分标准

序号	评分要点	分值
1	根据临床需求选择合适的铸造合金材料	10
2	铸造温度、时间和压力等参数控制准确	20

续　表

序号	评分要点	分值
3	铸造过程中无氧化、污染或变形等问题	20
4	冠桥铸件形态与预备体相匹配，无过大或过小的现象	20
5	冠桥铸件内部无气孔、裂纹或夹杂物	20
6	遵循安全操作规程，佩戴必要的防护用品	10

▶任务拓展

铸件常见缺陷及解决方案

一、铸造缩孔

1. 主要原因　合金凝固收缩导致铸造缩孔，或合金溶解时吸收了空气中大量的氧气、氮气等，合金凝固时放出气体造成铸造缩孔。

2. 解决办法

（1）放置储金球。

（2）加粗铸道的直径或减短铸道的长度。

（3）增加金属的用量。

（4）防止组织面向铸道方向出现凹陷：①在铸道的根部放置冷却道。②为防止已熔化的金属垂直撞击型腔，铸道应呈弧形。③斜向放置铸道。

二、铸件表面粗糙不光洁

1. 主要原因　型腔表面粗糙，或熔化的金属与型腔表面产生了化学反应，具体如下。

（1）包埋材料颗粒度粗，搅拌后不细腻。

（2）包埋材料固化后直接放入马弗炉中焙烧，水分过多。

（3）焙烧的升温速度过快，型腔中的不同位置产生膨胀差，使型腔内面剥落。

（4）焙烧的最高温度过高或焙烧时间过长，使型腔内面过于干燥等。

（5）金属的熔化温度或铸圈的焙烧温度过高，使金属与型腔产生反应，铸件表面烧粘包埋材料。

（6）铸型的焙烧不充分，已熔化的金属铸入时，引起包埋材料分解，产生较多的气体，在铸件表面产生麻点。

（7）熔化的金属铸入后，造成型腔中局部温度过高，铸件表面产生局部的粗糙。

2. 解决办法

（1）不要过度熔化金属。

（2）铸型的焙烧温度不要过高。

（3）铸型的焙烧温度不要过低（磷酸盐系包埋材料的焙烧温度为 800 ~ 900℃）。

（4）避免发生组织面向铸道方向出现凹陷的现象。

（5）在蜡型上涂布防止烧粘的液体。

三、铸件发生龟裂

1．金属凝固过快，产生接缝等铸造缺陷　可以通过控制铸入时间和凝固时间来解决。影响铸入时间的相关因素有蜡型的形状、铸道的粗细数量、铸造压力（铸造机）、包埋材料的透气性。影响凝固时间的相关因素有蜡型的形状、铸圈的最高焙烧温度、包埋材料的类型、金属的类型、铸造的温度。

2．高温产生的龟裂　与金属及包埋材料的机械性能有关。铸入温度高、强度高的包埋材料、延伸性小的镍－烙合金及钴－烙合金易产生龟裂。解决方法为使用强度低的包埋材料；尽量降低金属的铸入温度；不使用延展性小的较脆的合金。

四、铸件表面球状突起

1．主要原因　包埋材料调和后残留的空气（气泡）停留在蜡型的表面而造成。

2．解决办法

（1）真空调和包埋材料，采用真空包埋后效果更好。

（2）包埋前在蜡型的表面喷射界面活性剂。

（3）先把包埋材料涂布在蜡型上。

（4）采用加压包埋的方法，挤出气泡。

（5）包埋时留意蜡型的方向，蜡型与铸道连接处的下方不要有凹陷。

（6）防止包埋时混入气泡。铸圈与铸座缓冲纸均需密合；需沿铸圈内壁灌注包埋材料（使用振荡机）。

（7）灌满铸圈后不得再振荡。

五、铸件飞边

1．主要原因　铸圈龟裂，熔化的金属流入型腔的裂纹中。

2．解决办法

（1）改变包埋条件：使用强度较高的包埋材料。石膏类包埋材料的强度低于磷酸盐类包埋材料，故使用时应谨慎。尽量使用有圈铸造，无圈铸造时铸圈易产生龟裂。

（2）改变焙烧的条件：勿在包埋材料固化后直接焙烧（应在数小时后再焙烧）。应缓缓升温，焙烧后立即铸造，勿重复焙烧铸圈。

考试知识点总结

本章小结

协和云课堂……　拓展练习及参考答案

（张明著　周　凤　黄　波）

项目六　打磨和抛光技术

教学课件

学习目标

素质目标

（1）具有严谨细致的工作态度，严格遵守打磨抛光的操作流程和卫生标准，保证义齿形态和精度符合要求。

（2）树立安全防护意识，正确使用防护工具，避免打磨过程中产生的粉尘、碎屑对自身或设备造成伤害。

知识目标

（1）掌握：金属打磨和抛光的基本程序及要求。

（2）熟悉：打磨和抛光器械的选择及应用。

（3）了解：打磨和抛光的原理及生理意义。

能力目标

能够正确完成金属铸件的打磨和抛光操作，确保准确性和精确性。

任务一　金属打磨抛光技术

任务案例

【案例】

某义齿加工厂接到一批铸造金属全冠打磨抛光订单，技术员小张未按打磨流程操作，打磨抛光后，客户反馈多个铸造金属全冠出现边缘不密合、局部变形问题，导致临床试戴失败。

【问题】

如何按要求对铸件正确进行打磨和抛光？

【任务分析】

修复体的打磨、抛光技术，是指通过机械加工和电解等方法使修复体的表面达到高度光洁的技术，也是制作修复体的最后一道工序。各类修复体制作完成后，都必须经过磨光与抛光，从而使修复体的表面平整、光滑，以减少修复体对口腔组织的刺激，同时也使修复体易于清洁，增加其美学效果（图 6-1）。

图 6-1　打磨抛光后的金属冠

一、打磨和抛光的原理及生理意义

（一）原理

打磨包括切削和研磨。切削是指用刃状或粗粒度磨料的磨具磨切物体表面，以修整物体的外形或减小物体体积的过程。研磨是指用细粒度磨料的磨具对物体表面进行摩擦平整，以减小其表面粗糙度的过程。切削时往往磨去物体的量较多、速度较快，物体表面的磨痕较深；研磨时，磨具转动的速度可较切削时略快，但磨具施加于被磨物体上的压力较小，一般磨去物体的量较少，物体表面的磨痕较浅。研磨越细，物体表面光滑度越好。

抛光是指在高度磨光的基础上对物体表面进行光亮化处理，常用的方法包括机械抛光和电解抛光。机械抛光是利用抛光器具和材料反复摩擦物体表面，使物体表面温度升高，表面的原子重新排列，填满磨痕，并形成一层不定型的薄膜，使表面光洁如镜的过程；电解抛光则是通过电解液与金属之间的氧化 - 还原反应，使突起部分溶解，在金属铸件表面形成一层不定型的薄膜，从而使金属表面平滑光亮的过程，主要用于可摘局部义齿支架的抛光。

（二）生理意义

所有口腔修复体的共同要求都是无毒、无刺激、生物相容性好。表面粗糙、边缘锐利的修复体会直接刺激口腔组织并增加异物感，影响口腔器官的正常功能，还可导致软组织炎症，损伤口腔黏膜和舌，甚至诱发癌变。从口腔卫生的角度看，修复体表面粗糙度和表面积越小，食物残渣滞留就越少，口腔卫生就越好。因此，口腔修复体制作完成后都必须经过打磨和高度的抛光，以减小由表面粗糙带来的负面影响。

二、打磨和抛光的类型

打磨和抛光包括机械磨光、抛光，喷砂抛光，电解抛光，化学抛光。

视频：
抛光

（一）机械磨光、抛光

机械磨光、抛光是将打磨用的各种磨头安装固定于打磨机械上，通过磨头的高速旋转，磨切修复体的表面，使之表面平整光滑的方法。

打磨时用力要得当，严格遵循高转速、轻压力的原则。因为转速快、压力大，所形成的切痕就深；转速快、压力小，所形成的切痕就浅。切痕深，不仅会加重后续工作的负担，也易形成对修复体的过多打磨。因此，修复体的粗研磨、中研磨、细研磨乃至抛光的全过程，均应按照高转速、轻压力的原则来进行。

常见的影响机械磨光、抛光效果的因素主要有以下几个方面。

1. 手机的转速与工作压力　手机的转速与打磨、抛光的效率成正比，而磨具施加于被磨物体表面的工作压力与打磨、抛光的效率成反比。手机转速高、压力小，则打磨抛光的效率高。粗磨的工作压力应大于细磨，细磨的工作压力应大于抛光。

2. 磨具（磨料）的硬度　磨具的硬度应比被磨物体的硬度大。磨切硬度高的物体时，要求使用硬度也高的磨具与磨料；而磨切硬度低的物体时，则可采用硬度相对较低的磨具与磨料，节约成本。

3. 磨具（磨料）的粒度　不同的工作状态，要求磨具（磨料）的粒度粗细不同。整个打磨、抛光的过程，应遵循磨具（磨料）的粒度先大后小、由粗到细的原则。打磨时应采用粗粒度的磨具（磨料），这样工作效率也高；而抛光时则要求。使用较细粒度的磨具（磨料），使被磨物体表面光滑。

4. 磨料颗粒的外形　磨料颗粒的外形对研磨速度和质量也有影响。为了提高研磨速度，要求磨料颗粒的外形为不规则形，并具有锋利的尖、角、边、刃。如果磨料颗粒外形为圆形，且表面光滑，则打磨、抛光效率将大大下降。研磨效果也因磨料颗粒在磨具基底上排列方式的不同而不同（图 6-2）。其中图 6-2A 和图 6-2B 研磨平滑而少振荡；图 6-2C 研磨快，划痕深，磨屑不易堆积；图 6-2D 有效切割研磨面小，粘接剂被去除的机会大，磨具振荡明显，易产热。

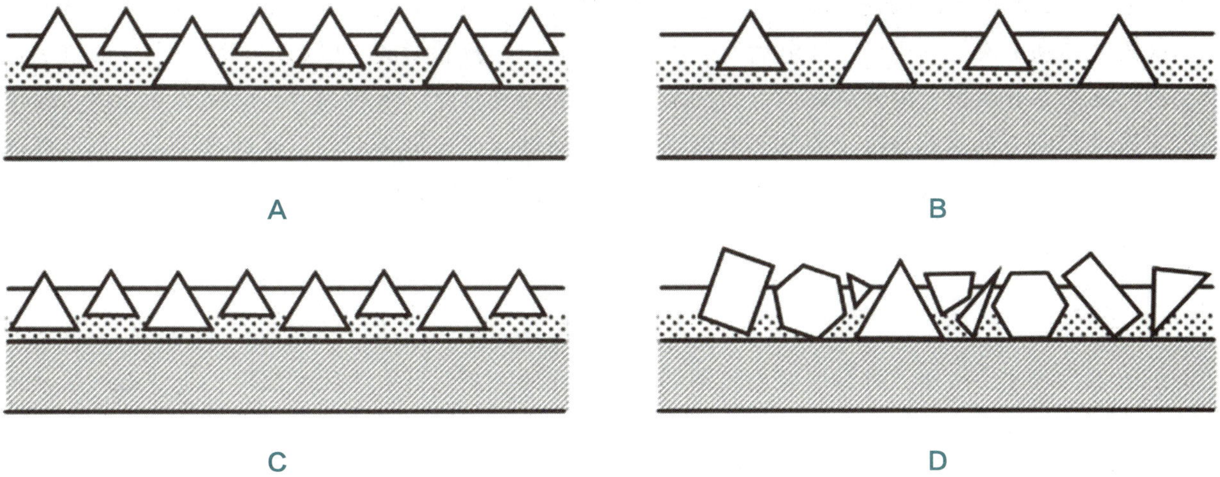

图 6-2　磨具表面磨料颗粒的排列方式

A. 颗粒大小差异较大，排列紧密；B. 颗粒较大，排列稀疏；C. 颗粒大小差异较小，排列紧密；D. 颗粒排列紧密，形态差异大。

5. 磨具的形状 根据口腔修复体表面不同的形态，使用相应形状的磨具，以便打磨出修复体的准确形态（图 6-3）。

图 6-3 磨具的形状

（二）喷砂抛光

喷砂是利用压缩空气的压力，驱动砂料从喷嘴中喷出，直接冲刷铸件表面，以去除铸件表面黏附的包埋材料及金属氧化膜。喷砂抛光适用于非贵金属高熔合金铸件的表面清理。贵金属及低熔合金铸件表面的黏附物多采用刷子清刷或用化学抛光，而不能用喷砂去除，否则会增加其表面的损耗。

应根据铸件所用合金的不同选用不同的喷砂材料：金属冠桥通常用 100 ～ 150 目的碳化硅（金刚砂），而烤瓷基底冠桥通常用氧化铝，一般颗粒大小为 50 ～ 250μm。

喷砂时压缩空气的压力应视铸件的厚度而定。例如，铸件的厚度为 0.5 ～ 1.5mm 时，工作压力应为 0.15MPa；铸件的厚度为 1.6 ～ 4.0mm 时，工作压力应为 0.25 ～ 0.35MPa。

在喷砂时要仔细观察，注意不断改变铸件的位置，使铸件的各面被均匀喷射，避免某处因冲刷过多而变薄。铸件与喷嘴的距离应在 5mm 以内。

（三）电解抛光

电解抛光也叫电化学抛光，主要用于 18–8 不锈钢、钴 – 铬合金和镍 – 铬合金铸件的抛光，是在仔细地磨平磨光后进行的进一步处理。电解抛光可使修复体形成光亮、美观的外观。其方法和原理是将铸件挂在电解槽的正极，通电后发生电解，金属被熔解后形成一层黏性薄膜。由于铸件表面不平整，突起部分所覆盖的薄膜较薄，而凹陷部分的薄膜则较厚。薄膜越厚，电阻越大，电流密度越小。铸件表面突起的部分由于膜薄、电阻少、电流密度大而被迅速熔解，逐渐变平坦，形成光滑的表面。电解的最终效果如何，与电解液的成分、温度及电流密度等因素有关。

（四）化学抛光

对非贵金属高熔钴 – 铬合金铸件，也可采用化学抛光方法处理铸件的表面。方法是将铸件放入 20% 的氢氧化钠水溶液中煮沸，使氢氧化钠与铸件表面的二氧化硅发生化学反应，生成硅酸盐从铸件上脱落下来，最后用热水冲洗铸件表面残留液。还可将铸件放入 15% 的氢氧化钾水溶液中煮沸，也可取得满意的效果。对镍 – 铬合金一般不采用碱处理法，以免影响将来的金 – 瓷结合。对贵金属铸件（如金合金），因其不能用喷砂机进行表面氧化层的清除，所以多采用酸处理法，常用的方法是将铸件加热到 300 ～ 350℃后投入浓盐酸中进行表面处理。

三、金属打磨和抛光的基本程序及要求

金属打磨、抛光的操作难度大，尤其是高熔合金，其硬度大，铸件结构复杂，研磨时粉尘多。因此，金属铸件的打磨、抛光需要配备较好的设备和磨具，以减轻工作强度，提高工作效率。

修复体金属部分常由高熔合金铸造而成，金属铸件须经过喷砂处理，去净包埋材料，然后用切割片切除无保留意义的铸道和排气道。嵌体的铸道因需留作口内试戴用的把柄，故应在试戴合适后才可切除；烤瓷熔附金属冠的金属基底冠上的排气道，是筑塑瓷时夹持的把柄，故应在筑塑瓷后才可切除。切除铸道后的铸件即可进行研磨工作。

（一）喷砂

视频：喷砂

金属修复体铸造完成冷却后，用木榔头等工具轻轻敲击铸型，使铸件从包埋材料中分离出来。再用铁钳夹住铸道口反复振荡铸件，使内层包埋材料大部分脱落，然后对高熔合金铸件进行喷砂处理。贵金属和中、低熔合金铸件多采用刷子刷或用工作刀手工去除表面黏附的包埋材料，而不进行喷砂处理。

1. 操作步骤

（1）接通气源，将空气压缩机的气管与喷砂抛光机管路接通。

（2）接通电源，箱内照明灯亮。

（3）将粒度为 80 目左右的金刚砂适量装入工作仓。

（4）调整喷砂压力为 4 ～ 6kPa。

（5）放入铸件。

选用自动喷砂机时，将铸件放入转篮，关好密封机盖；选用手动喷砂机时，先放入铸件，密封机盖，然后把手从套袖口伸入箱内，手持铸件，启动工作开关，将铸件以 45°对准喷嘴喷砂以清洁铸件表面，使铸件的每个部位都能均匀冲刷，避免某处因喷砂过多而变薄。喷砂后关闭工作开关，关闭电源，清洁工作台。

2. 注意事项

（1）金刚砂应保持干燥和清净，以防堵住吸管或喷嘴。

（2）喷嘴内孔直径为 3 ～ 5mm，长期使用会磨损扩大，造成喷砂无力，效率降低，应及时更换喷嘴。更换喷嘴时应断开电源，以防触电。喷嘴与铸件的距离应在 5mm 左右。

（3）经常清除滤清器中的水和油，定期清除过滤袋中的存留物。

（4）经常保养空气压缩机，保证喷砂抛光机有正常的气源供应。

（5）观察窗玻璃，被砂模糊后应及时更换玻璃，保证有良好的观察效果。经常注意密封件的好坏，防止砂外扬。

（6）换砂时将箱体下方的密封螺母旋开，放出砂，然后旋紧螺母，从箱体上面放入新砂。

（二）化学抛光

金合金不能用喷砂机进行表面氧化层的清除，因此多采取酸处理法。常用的方法是将金合金铸件加热至暗红色，随即投入浓盐酸中，以除去其表面的氧化物，并具有校正色泽的作用。

视频：粗磨

（三）粗磨

粗磨是利用各种磨具，在一定的压力、速度条件下，对铸件表面各部位进行不同方向、不同角度的反复磨切，使铸件厚薄适宜、边缘圆钝、外形美观并符合设计要求。由于砂石和磨料有粒度粗细之分，因此，对铸件表面的磨平效果也不一样。粗磨的原则应是由粗到细，手法为轻压力、快速度。粗磨的操作步骤如下。

1. 切割铸道

（1）操作步骤

1）将机器平放在工作台上。

2）扳动电源开关，接通电源。

3）检查切割砂片是否与机器其他部位可能发生碰撞或与防护罩相摩擦，确认为否再启动电动机。

4）双手拿稳铸件，切割砂片对准铸道根部，尽量平齐铸件表面，将铸道切断。

（2）操作注意事项

1）切割时，注意砂片转速不能过快，否则因离心力的作用易发生砂片飞裂事故。

2）切割金属不可用力过猛，或左右摆动，以防砂片折断或破裂。

3）操作者不可正面对准旋转的切割砂片操作，应位于与砂片有一定角度的部位操作，以免发生意外。

4）在整个操作过程中，应采用吸尘器收集砂灰，以防环境污染，并保护操作人员的身体健康。

5）砂片两面必须垫上软垫板（也可用石棉纸或有一定厚度的橡皮），防止砂片压紧时发生压裂或破碎。

6）砂片使用一段时间后，容易磨损或破裂，应及时更换同型号的砂片。

2. 修整外形

（1）要求：用微型技工打磨机配合各种磨具将铸道的残余部分逐渐磨平，还要磨除金属铸件表面的小瘤、边缘毛刺、铸道切痕等，达到表面平整，然后修整铸件边缘及外形，使铸件厚薄适宜，边缘圆钝，外形美观并符合设计要求。选用恰当的钻头磨除冠组织面的金属小瘤和修整殆面的沟、嵴等（图 6-4）。然后即可在模型或可卸代型上试合、调整，达到完全就位。

（2）操作步骤

1）接通电源。

2）选择电机的旋转方向及速度。

3）选用砂轮或磨头，并夹持到打磨夹头上。砂轮或磨头夹持柄的直径现通用的国际标准为2.35mm。

4）用脚控制电机的开关，按步骤和要求逐一打磨。

（3）操作注意事项

1）不能在夹持头松开的状态下使用电机。

2）砂轮等夹持柄如有弯曲切勿使用。即使是微小的弯曲，在高速旋转时，也会产生剧烈抖动，既影响打磨铸件的质量，也会缩短轴承的寿命。

3）每次启动电机时，一定要从最低速开始，并仔细检查砂轮等有无抖动现象，以免发生危险。

4）使用直径较大的砂轮时，要降低电机转速，以免影响铸件的打磨质量。

5）打磨时用力要均匀，且不宜过大。

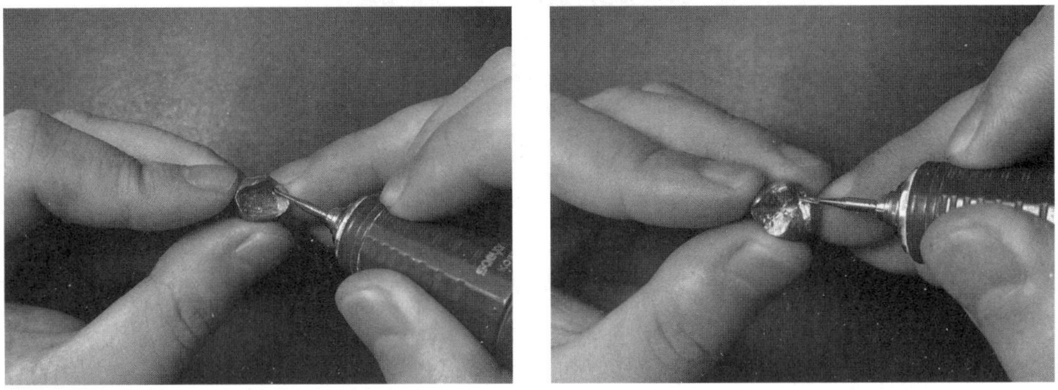

A B

图 6-4 修整外形

A. 用小球钻磨除组织面的小瘤；B. 用金刚砂修整金属冠𬌗面的沟、嵴。

（四）细磨

金属修复体的外形修改完成后，各部位厚度基本符合要求，即可进行细磨。

1. 操作步骤

（1）用粒度较细的金刚砂磨头（磨料粒度 120 ～ 200 目）将铸件表面反复磨平整（图 6-5A），对磨头不易到达或表面凹凸不平的部位，如牙冠面的尖、嵴、窝、沟处，冠桥的连接体、外展隙、邻间隙等处，应换用较细小的砂石轻轻打磨，但牙冠邻面接触区不能打磨。

（2）将砂布条卷曲在砂纸夹轴柄上，用较慢转速，对铸件打磨面进行进一步的细化磨平，此时的工作压力不宜过大，并不断转动修复体，反复打磨。对砂布卷不易到达的部位，可选用各种不同的金刚砂橡皮轮进行抛光（图 6-5B、C）。

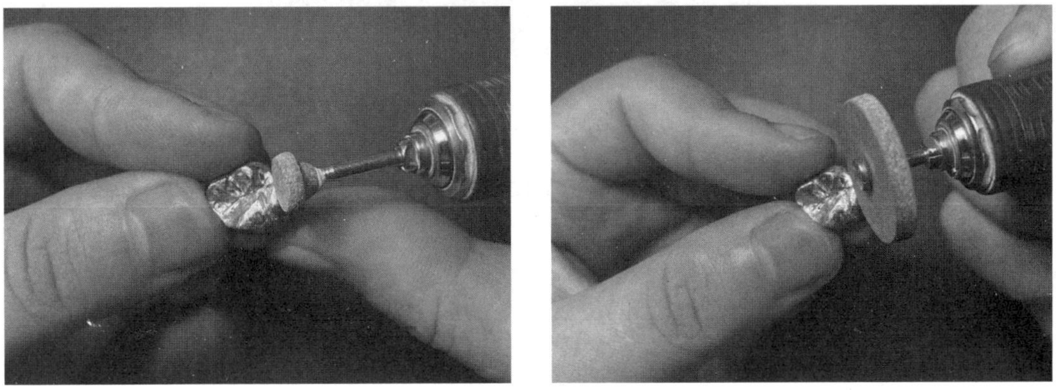

A B

图 6-5 细磨

A. 用金刚砂磨头打磨金属冠；B. 用橡皮轮抛光；C. 用橡皮棒抛光。

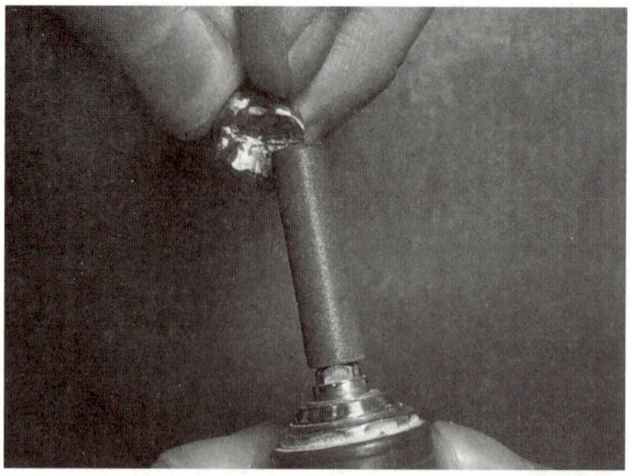

C

图 6-5 （续图）

（3）用布轮、毛刷等磨具加浮石粉糊剂反复摩擦铸件表面，在摩擦过程中，要经常变换方向，从不同的角度摩擦被打磨的部位，使修复体表面高度平整。

2. 操作注意事项

（1）对不同金属的修复体，应使用专用的磨头、砂石，防止污染。

（2）在修整打磨过程中，应采用冷水降温或使用不产热的磨头、砂石，防止铸件产热变形。

（3）注意对铸件细小部位（如连接体、牙尖、冠边缘、邻接点）的保护，打磨时用力要得当，应在修复体完全就位的情况下，再进行表面磨平。

（4）加强个人卫生和安全防护，防止金属粉末及打磨器材对人体造成危害。

（五）金属表面的光亮处理

主要采用机械法对金属表面进行光亮处理，先用橡皮轮进行抛光，消除磨痕，使铸件更加平滑，再用布轮蘸抛光膏做最后抛光，使铸件表面出现均匀的光泽，光亮如镜（图 6-6）。抛光后的铸件用酒精棉球擦洗，去除表面黏附的抛光膏。

图 6-6　用布轮蘸抛光膏抛光

（六）钛及钛合金的打磨抛光

钛及钛合金导热性能差，在打磨过程中，具有散热慢、易氧化的特点，若采用常规方法打磨、抛光，金属表面易出现研磨性硬化现象。因此钛及钛合金铸件表面的打磨、抛光是否得当，将直接影响铸件表面的光亮度、耐腐蚀性和机械强度。

1. 喷砂　喷砂处理钛及钛合金铸件表面时，不能使用石英砂，以避免在喷砂处理时一边去除反应污染层，一边又形成新的污染层。必须使用氧化铝砂，氧化铝砂的粒度为 50 ~ 80 目，进行喷砂处理后，铸件表面露出银灰色。最好采用湿性喷砂，以降低表面温度，以免再次生成反应污染层。

2. 酸处理　钛及钛合金铸件经过化学酸处理后，在后期研磨时，可明显缩短研磨时间，降低劳动强度。经过化学酸处理的铸件，再用直径小于 25μm 的玻璃珠喷砂后才可进行抛光处理。常用的酸处理配方是氢氟酸 10ml、硝酸 45ml、蒸馏水 45ml。酸处理的时间应控制在 30 秒内，避免因时间过长而影响铸件的精度。酸处理后要用清水充分清洗铸件。

3. 粗磨　粗磨钛及钛合金铸件时，应注意尽量选用产热少或不产热的砂石。打磨的手法是间歇性的、顺时针方向、由点到面的磨改方法。要求打磨面积要小，压力要轻，使铸件不产生研磨性硬化现象，同时还要防止磨头的砂石嵌入铸件的表面。

4. 细磨

（1）金刚砂橡皮轮研磨法：是采用常规的各类金刚砂橡皮轮对钛及钛合金铸件进行研磨的方法。

（2）筒研磨法：是将被加工铸件、研磨料、水及添加剂放入筒式研磨槽内，研磨筒在运动中产生转动和振动，使研磨料的混合物和被加工铸件之间产生摩擦，将铸件表面研磨平滑、平整的方法。该方法的特点是不产生粉尘污染，劳动强度低，不会发生常规打磨过程中的产热现象。

5. 抛光　机械抛光法是采用软布轮或黑毛刷，蘸钛及钛合金专用抛光膏对合金表面进行抛光的方法。使用抛光绿膏对钛及钛合金铸件进行抛光的效果也比较理想。经抛光后的钛及钛合金铸件不能立即进行水洗，要使表面氧化膜完全形成后方可进行水洗，否则其表面会产生变暗的现象。

（七）中熔合金的打磨抛光

中熔合金的打磨比高熔合金的打磨要容易。打磨的马达或手机为中等转速，磨具多为中等硬度的金属磨头或砂石磨头。打磨、抛光的要求及步骤与高熔合金的要求及步骤基本一致。中熔合金的抛光膏为氧化铁（红铁粉）。金合金等贵金属在打磨时，应注意保留打磨后留下的铸道及金属屑，以利合金的回收利用。

▶任务拓展

铸造金属全冠打磨抛光后的表面形态要求

1. 冠边缘与基牙代型颈缘完全密合，过渡自然，不能形成悬突。冠的边缘光滑、圆钝。
2. 冠的邻面接触区为椭圆形，与邻牙接触松紧适宜，不能存在肉眼可见的缝隙。
3. 外展隙形态自然，磨牙有清晰的食物溢出沟，有利于食物排溢。
4. 冠与对颌牙的咬合关系正常，殆面无咬合高点，侧方运动没有明显咬合障碍。
5. 殆面无锐利牙尖，尖、窝、沟、嵴清晰自然，殆面适当减径。
6. 冠表面形成高度抛光的镜面，表面粗糙度 Ra 值应≤ 0.025μm。

四、打磨和抛光的器材及其应用

（一）常用器械

1. 技工用微型电机 又称微型技工打磨机。在电动机的旋转轴上装上打磨工具，用于打磨和抛光。转速可调，最高可达 30000r/min。体积小，质量轻，工作时振动和噪声小，携带方便（图 6-7A）。

2. 涡轮机 利用压缩空气为动力驱动手机微型轴承，使钻头和车针旋转，振动小、效率高。

3. 打磨机 在工业电动机的旋转工作轴上安装打磨工具，主要用来抛光。

4. 喷砂机 利用压缩空气将砂粒喷射到金属修复体的表面，达到清除修复体铸件表面残留物的效果。气压需达到 0.2 ～ 0.8MPa。砂粒分为锐角状金刚砂和球状金刚砂，前者多用于铸件表面氧化膜的去除，后者则更容易获得比较光洁的表面。目前有笔式图（6-7B）和立式两种喷砂机。

5. 金属切割磨光机 主要用于铸件的切割和义齿的打磨、抛光等。

6. 电解抛光机 用于金属修复体的抛光。把被抛光的修复体作为阳极浸入电解液中，通电后将其表面腐蚀溶解而达到抛光的目的（图 6-7C）。

7. 超声清洗机 在洗涤槽中注入蒸馏水，加入洗涤液，利用超声振荡使污物与修复体分离，超声不损伤修复体（图 6-7D）。

8. 高压蒸汽清洗机 用压缩空气使洗涤液形成微粒或蒸汽，喷射到修复体表面，去除机械研磨后的各种附着物（图 6-7E）。

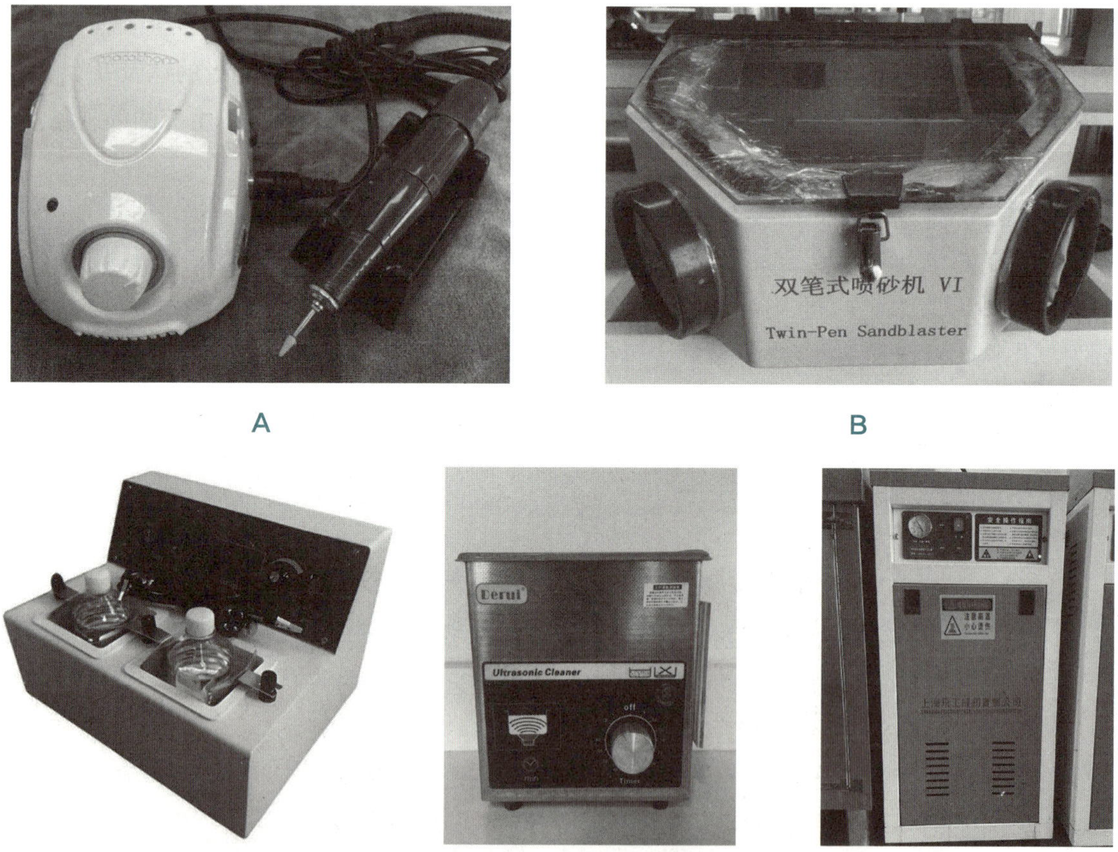

A B C D E

图 6-7 打磨和抛光的常用器械

A. 技工用微型电机；B. 双笔式喷砂机；C. 电解抛光机；D. 超声清洗机；E. 高压蒸汽清洗机。

（二）切削用磨具

切削用磨具有用于切割铸道的切割砂片和用于切削的磨头（图 6-8）。磨头是由碳素钢制成的不锈钢钻，在钨、钛、钽等的碳化物粉末中加入钴，经高温烧结而成。磨头的形态多种多样。

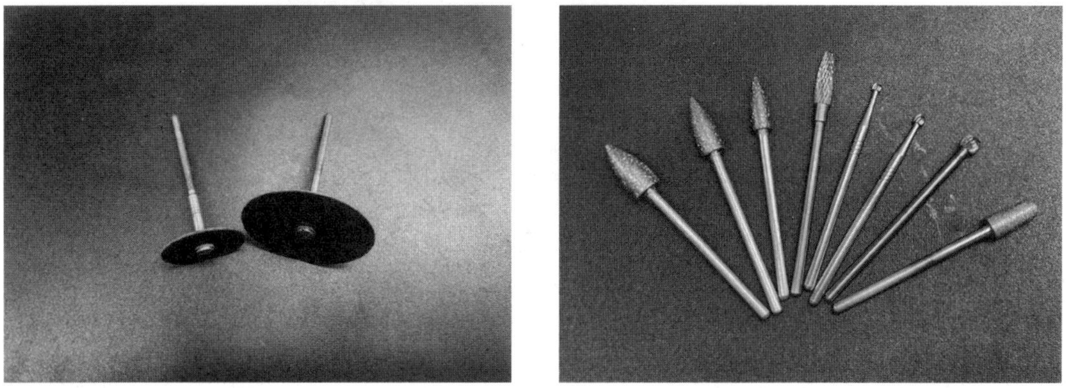

A　　　　B

图 6-8　切削用磨具

A. 切割砂片；B. 各种形状磨头。

（三）研磨用磨头

研磨用磨头是用粘接剂把金刚砂、碳化硅、氧化铝，固定于金属杆一端，制成的各种形状的磨头。

1. **金刚砂磨头**　硬度最高，用于打磨金属或切削牙釉质，切割效率高。
2. **碳化硅磨头**　是用碳化硅制成的齿科磨头，主要用于塑料、金属的粗磨（图 6-9）。

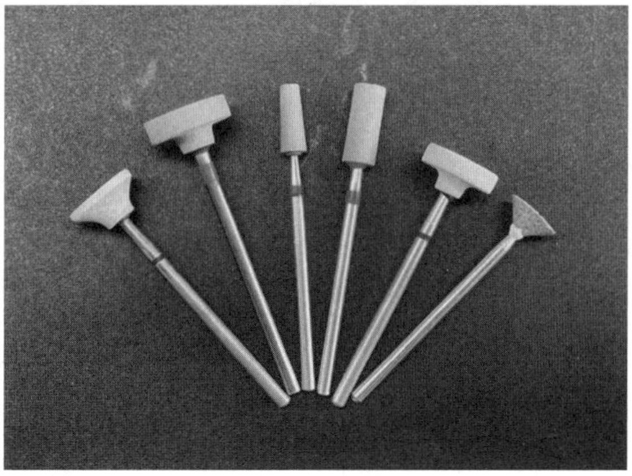

图 6-9　碳化硅磨头

3. **氧化铝磨头**　是用氧化铝制成的磨头，用于瓷牙形态的打磨与修整。

（四）抛光工具及材料

1. 由碳化硅、氧化铝的微粉及金刚砂结合到橡胶里制成的各种形状的橡胶磨头（图 6-10），分别用于树脂、陶瓷、金属的抛光。

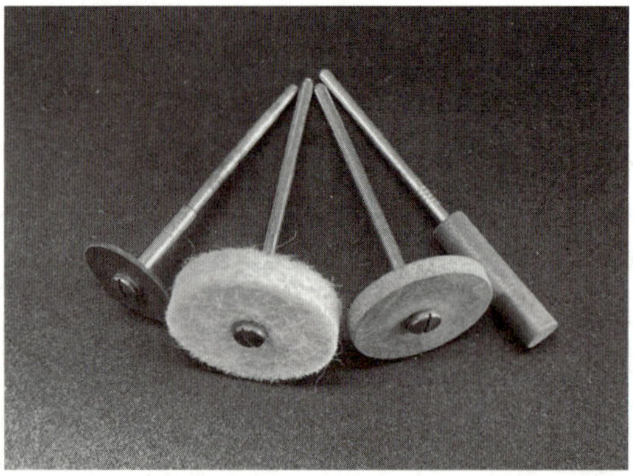

图 6-10　橡胶磨头

2．用棕毛刷、毡轮、绒锥蘸取抛光膏可对金属修复体进行抛光。常用的抛光膏是氧化铬或氧化铁粉末与蜡和硬脂酸等混合后制成的。一般氧化铬抛光膏也称绿膏（抛光绿），适用于高熔合金的抛光，也适用于其他合金的抛光。氧化铁抛光膏也叫红膏（抛光红），适用于金合金和铜合金的抛光。

【任务评价】

学生完成金属修复体的打磨抛光任务后，参照评分标准进行评价（表 6-1），分析任务出现的问题，教师给予指导，学生及时改正。

表 6-1　金属打磨抛光技术的评分标准

序号	评分要点	分值
1	喷砂处理后去除铸件表面包埋材料及氧化膜，不破坏铸件各组织面形态	10
2	切割铸道时，不损伤铸件	10
3	去除铸件各面金属小瘤，保证铸件在模型上正确就位	10
4	修整正确邻接区形状，达到适宜邻接关系	10
5	修整铸件颈缘形态，去除飞边、悬突，达到良好边缘密合性	10
6	调整咬合。调合后与邻牙、对颌牙、牙列相协调	10
7	平整铸件表面，不损伤铸件细小部位	10
8	注意冷水降温，防止产热变形	10
9	消除磨痕，使铸件表面光亮如镜	10
10	加强卫生防护，防止金属粉末等对人体的伤害	10

▶**任务拓展**

金属打磨和抛光的常见问题

1. 切割铸道时，如切削量过大，则易损伤铸件，使修复体的形态受到破坏。

2. 抛光后铸件表面仍有打磨的划痕，主要是由于打磨时没有达到表面平整的要求便急于抛光。应按照由粗到细的原则，耐心细致地逐步进行打磨。

3. 电解抛光后，仍有粗磨的痕迹，主要原因是研磨不细致就急于电解抛光。此外，不同材料的金属铸件应使用不同的电解液。

4. 电解后铸件固位差、强度差，主要是因为电解抛光时间过长，又没有对铸件的冠桥邻接点及冠边缘进行保护。要求掌握好电解时间，并用指甲油、胶布等对铸件的细小部位进行保护。

5. 义齿损坏，指由打磨、抛光操作不当造成的义齿各部件变形、穿孔甚至断裂。打磨方法不当是造成义齿损坏的主要原因，例如，金属冠桥调验时，要随时用卡尺测量，防止穿孔；电解抛光时，须控制好电流和时间，防止金属的过度溶解。一旦义齿出现损坏，则需要修理甚至返工。

任务二　陶瓷打磨抛光技术

任务案例

【案例】

某义齿加工厂接到一批陶瓷全冠打磨抛光订单，技术员小李未选择正确的打磨工具操作，打磨中，陶瓷全冠出现边缘不密合、崩瓷等问题，导致陶瓷全冠修复体验收失败。

【问题】

如何正确打磨抛光陶瓷修复体？

【任务分析】

陶瓷修复件表面的最终光泽度是经由上釉并随后进行高温烧制形成的。在标准条件下，光泽度的优劣主要取决于上釉前对陶瓷表面进行打磨的质量。鉴于瓷质材料具有较高的脆性，易碎裂，因此，在对陶瓷修复体进行抛光时，需采用振动幅度较小的中速气动工具，同时，所使用的磨料应为中等至细粒度的氧化铝磨头和碳化硅橡胶轮。

（一）去支撑

严格按修复体材料厂家的要求，采用专用技工车针规范去除连接柱等支撑结构，尽可能减少这一步骤对修复体形态完整的影响。

（二）粗磨

采用中等粗细的氧化铝磨头来修整牙冠的外形轮廓。对于陶瓷修复体的牙冠形态，对其精致度和细腻度有着极高的要求：初步的形态塑造通过粗磨阶段完成，而烧结后的牙冠，无论是颊面、舌面、𬌗面还是前牙的唇面，都需要进一步精心调整和完善。此外，还需将可卸代型放回至完整牙列模型中，以审视整个牙列的美学效果，确保修复牙的尺寸、形态及排列与对侧牙、对颌牙相匹配，达到自然、和谐、左右均衡的状态。同时，在𬌗架上对上下颌牙的咬合关系进行检验，要求在牙齿正常咬合时，牙尖之间有广泛且充分的接触面积，而在非正常咬合状态（如前伸𬌗及侧方𬌗）下则不应有提前接触。最终，还需确认陶瓷修复体与相邻牙齿之间是否具备恰当的邻接关系，在正式送入临床试戴前，于模型上的检查应以略紧为合适标准。

（三）细磨

用细粒度的氧化铝磨头平整牙冠表面，消除所有磨痕。但应注意保留牙冠上的发育沟及唇面的生长线等纹理形态。

（四）抛光

用粗细两种碳化硅橡皮轮依次抛光，使陶瓷修复体的表面初具光泽。

（五）上釉

抛光后的陶瓷修复体经过超声或高压蒸汽清洗后上釉烧结，才能得到光亮的表面。

采用数控切削的软质氧化锆陶瓷修复体，在切削时为密度疏松的石膏状材料，切削成形后需按不同厂家的材料要求进行二次烧结。烧结之后的氧化锆陶瓷修复体呈现高强度、高密度的最终形态，仍需打磨、抛光处理。

【任务评价】

学生完成陶瓷修复体的打磨抛光任务后，参照评分标准进行评价（表 6-2），分析任务出现的问题，教师给予指导，学生及时改正。

表 6-2　陶瓷打磨抛光技术的评分标准

序号	评分要点	分值
1	能选择正确的陶瓷打磨抛光器械	10
2	切割连接柱时，不损伤修复体	10

续　表

序号	评分要点	分值
3	去除修复体表面突起，保证修复体在模型上正确就位	10
4	修整正确邻接区形状，达到适宜邻接关系	10
5	修整修复体颈缘形态，去除飞边、悬突，达到良好边缘密合性	10
6	调整咬合。调合后与邻牙、对颌牙、牙列相协调	10
7	平整修复体表面，不损伤修复体细小部位	10
8	注意手机转速，防止修复体碎裂	10
9	正确二次烧结，使修复体表面光亮如镜	10
10	加强卫生防护，防止粉末等对人体的伤害	10

考试知识点总结

本章小结

协和云课堂……　拓展练习及参考答案

（单长丽　尹晓斌　周　凤）

教学课件

项目七　烤瓷熔附金属修复技术

学习目标

素质目标

（1）具有严谨、细致的工作态度，严格遵循烤瓷熔附金属修复技术的操作规范和流程，确保修复体的质量与安全性。

（2）培养审美意识，在进行烤瓷熔附金属修复时，充分考虑患者的面部整体协调性和个性化美观需求，为患者打造自然、美观的修复效果，提升患者生活质量。

知识目标

（1）掌握：金瓷界面处理技术；堆瓷技术。

（2）熟悉：常用的堆瓷工具及设备；瓷致密的方法。

（3）了解：上釉技术及色彩的控制。

能力目标

能掌握金－瓷结合的机制；上釉技术；色彩的控制。

任务一　金瓷界面处理技术

视频：全瓷界面处理技术

任务案例

【案例】

患者，男，45岁。因左上第一磨牙大面积龋坏，残冠仅存少量牙体组织，影响咀嚼功能，且牙齿外观不佳，遂就诊于某口腔诊所，寻求修复治疗。经口腔检查及X线检查评估，医师建议采用烤瓷熔附金属修复体进行修复。该诊所修复团队制订治疗方案后，进入修复体制作流程，打磨组工作人员负责金属基底的前期处理工作。

【问题】

铸件检查合格后，如何按要求对铸件正确进行的基底部预处理？

【任务分析】

基底部的表面处理是烤瓷熔附金属修复体制作过程中非常重要的一个环节，如果处理不当，会造成基底部与瓷结合面存在缺陷，导致金－瓷结合不良，发生崩瓷等问题。

因此，打磨组工作人员拿到铸件后，应检查模型是否完整，铸件是否有缺损，并对金属基底表面进行预处理。

一、基底部的检查

首先，清洁模型，仔细去除模型上的金属残屑和污物，以免堆瓷时污染瓷粉。其次，检查基底部是否为饰面瓷留出了合理的空间（一般为 1.0 ～ 1.5mm），边缘是否与模型密合，就位时有无阻力，就位后有无翘动，表面是否有锐棱、锐角，有无缩孔等铸造缺陷（图 7-1）。如果发现问题，必须及时处理。

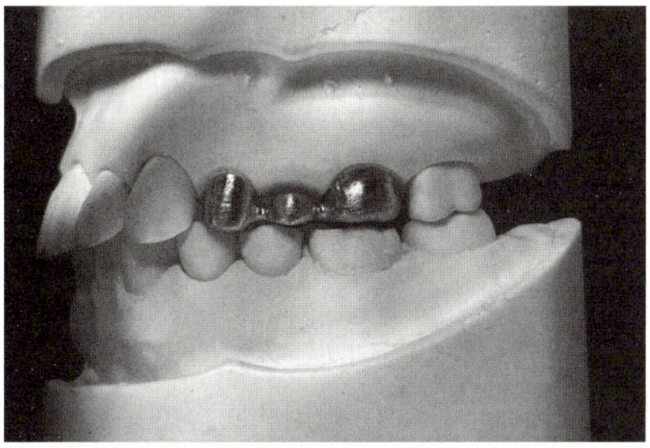

图 7-1　检查基底部

二、表面喷砂与清洗

基底部表面喷砂与清洗的目的是清洁和粗化金属表面，借助金属表面的凹凸以增加金－瓷结合力，使金属与瓷相互嵌合，起到锁结作用，提高结合强度。金－瓷结合是烤瓷熔附金属修复体成功的关键。

（一）金－瓷结合

1. 结合力　金－瓷结合的结合力由大到小排序为化学结合力、机械结合力、压缩结合力和范德瓦耳斯力。

（1）化学结合力：是金属基底部表面的氧化物与饰面瓷中的氧化物发生化学结合而产生的结合力，在金－瓷结合中起关键作用，占金－瓷结合力的 2/3。基底部表面的氧化层是产生化学结合的必要条件。基底部通过预氧化处理后，合金中的一些被氧化的微量元素扩散到表面形成氧化膜，在烧结过程中与饰面瓷中的一些氧化物产生化学结合。

（2）机械结合力：瓷粉熔融后流入经粗化处理后的凹凸不平的合金表面，凝固后形成机械结合力，机械结合力在金－瓷结合力中约占 6.7%。合金表面经过加工后会变得粗糙，这既增加了接触面积，也有利于熔融瓷粉对合金表面的润湿性，从而大大提高金－瓷间的机械结合力。机械结合力的大小依赖于粗化方法和粗糙程度。

（3）压缩结合力：瓷粉烧结后，温度降至室温时，由于合金收缩率大于瓷粉，在合金表面对瓷层形成压应力，从而增加金－瓷之间的结合力，即压缩结合力。

（4）范德瓦耳斯力：当熔融的瓷粉覆盖在合金表面，且两者密切接触时，分子之间产生的静电引力，称范德瓦耳斯力。熔融的瓷粉对合金表面的润湿性越好，范德瓦耳斯力则越大，此力仅占金－瓷结合力的 3% 左右，但对启动化学结合有重要意义。

2. 影响金－瓷结合的因素

（1）合金与瓷粉的线胀系数：合金与瓷粉的线胀系数必须匹配以获得良好的金－瓷结合，否则容易产生瓷裂等问题。合金的线胀系数应等于或稍大于瓷粉。合金的线胀系数一般比较稳定，而瓷粉的线胀系数会因烧结温度、烧结次数、冷却时间等因素引起变化，影响基底部和咬合部的结合。

（2）合金表面的氧化膜：合金表面氧化膜的厚度以 0.2 ～ 2.0μm 为宜。由于非贵金属烤瓷合金比贵金属烤瓷合金更容易形成氧化膜，因此使用非贵金属烤瓷合金时可以不进行预氧化。合金表面氧化膜的厚度影响金－瓷之间的结合强度，氧化膜过薄会降低结合强度，氧化膜过厚会由于其线胀系数与合金或瓷粉不同，冷却时产生的应力使界面出现裂缝，也会降低金－瓷结合强度。

（3）合金表面的粗糙度：通常用氧化铝喷砂以获得粗糙的合金表面。熔融的瓷粉流入表面的凹坑内，形成良好的机械嵌合。

（4）金－瓷结合面的润湿性：金－瓷结合面良好的润湿性，是保证金－瓷结合的重要因素之一。

（二）表面喷砂（图 7-2）

1. 喷砂目的 消除表面附着物及氧化物，获得所需要的表面粗糙度。喷砂有助于增加机械固位力及瓷粉与基底部之间的润湿性，从而增强咬合部与基底部的结合力。

2. 喷砂方法 使用纯度及硬度较高的氧化铝（50 ～ 100μm）进行喷砂。喷砂时应转动基底部使表面均匀粗化。喷嘴距基底部表面 1cm，约成 45°。喷砂的压力通常为 0.2 ～ 0.4MPa，压力不宜过高，否则砂粒有可能嵌入基底部表面，导致瓷粉烧结时出现气泡和崩裂。氧化铝不可重复使用，以免造成基底部表面污染。

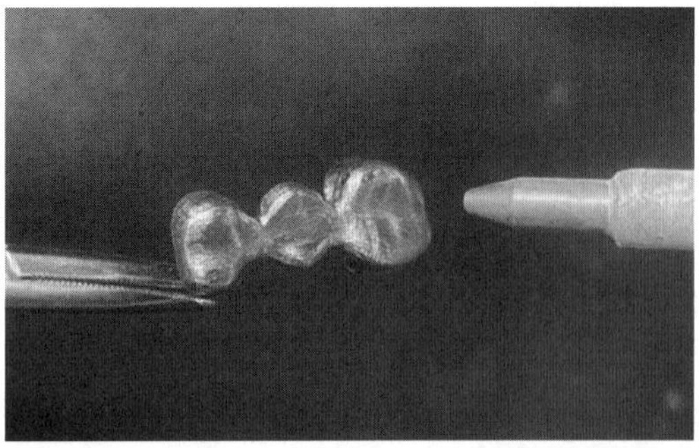

A

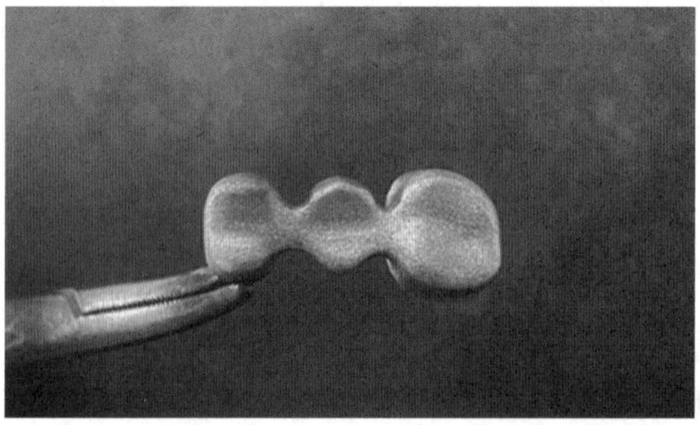

B

图 7-2 基底部表面喷砂

A. 喷嘴距基底表面 1cm，约成 45°；B. 喷砂完成。

（三）清洗

采用超声及蒸汽清洗机去除基底部表面的污物（图 7-3）。清洗时不可夹持需要饰面的部位。清洗后的基底部，只能用干净的镊子或钳子夹取，避免污染而影响瓷粉的润湿性。

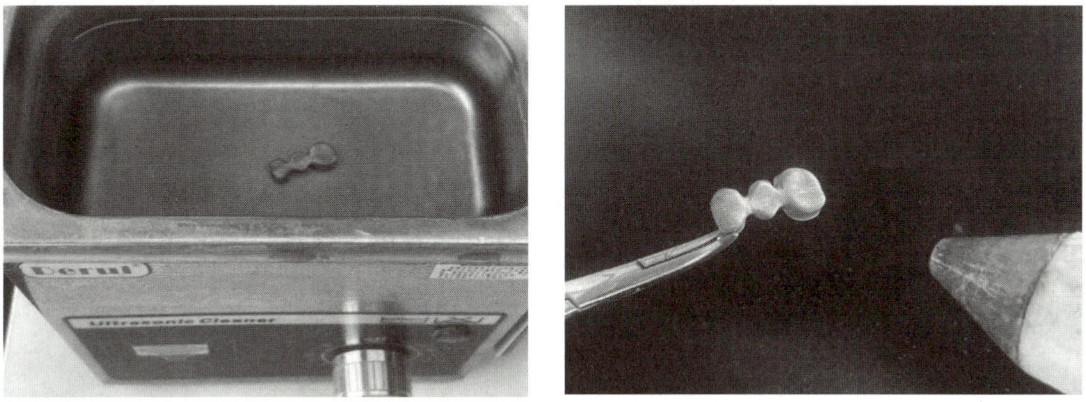

A　　B

图 7-3　清洗基底部

A. 超声震荡清洗基底部；B. 蒸汽清洗基底部。

三、除气预氧化

除气预氧化是金属基底部进行烤瓷饰面前的重要步骤，是将金属加热至略低于金属的熔点，以释放应力和气体，同时在金属表面形成氧化膜，以利于金－瓷间的化学结合。

（一）除气

除气是指用加热方法去除合金表面的有机残屑及合金内的气体。熔化的合金在铸造过程中，晶体间会吸入少量气体。烤瓷烧结过程中，高温条件可使气体体积增大约 50 倍。气体从金属基底中逸出进入瓷层，形成气泡，会降低金－瓷结合力，造成瓷层的裂纹。

（二）预氧化

金属表面的氧化层是金属与瓷层形成化学结合的关键。一般来说，0.2 ～ 2.0μm 厚的氧化层，可达到最大的结合强度。加热温度过高或时间过长，会造成氧化层过厚。

预氧化也是烤瓷前对金属基底的最后一次检查，金属基底上的污染物或孔洞，会使氧化层呈现特殊颜色。一旦出现色斑，就必须重新进行喷砂、清洗和预氧化，以防烤瓷时瓷层内出现气泡。

预氧化结束后，将金属基底置于空气中缓慢冷却。之后的操作只可使用夹持钳或干净的镊子，避免污染。

【任务评价】

学生完成金瓷界面处理任务后，参照评分标准进行评价（表 7-1），分析任务出现的问题，教师给予指导，学生及时改正。

表 7-1　金瓷界面处理质量的评分标准

序号	评分要点	分值
1	铸件与设计单一致，标记缺失牙位相符	10
2	金属基底部检查，检查铸件是否完整，有无缺陷、损伤、脱模等现象	20
3	金属表面打磨光滑	10
4	喷砂操作正确	10
5	清洗、除气和预氧化处理得当	20
6	任务实施过程中体现专业素养	30

▶任务拓展

金瓷界面处理质量对口腔修复体美观度的影响

一、颜色呈现方面

1. 瓷层底色　金瓷界面处理质量会影响瓷层的底色。金属基底的颜色会透过瓷层影响最终的修复体颜色。如果金瓷界面处理得当，如金属基底表面的氧化膜均匀，能为瓷层提供稳定的底色。

2. 颜色均匀性　良好的金瓷界面处理能够保证瓷层颜色均匀。如果界面不平整，在烧结瓷层时，可能会导致瓷层厚度不均匀。在光线照射下，颜色不均匀的修复体可能会出现局部色斑，会明显影响修复体的美观度，让修复体看起来很不自然，与周围牙齿不协调。

二、边缘贴合方面

1. 边缘密合性　金瓷界面处理质量与修复体边缘的密合性密切相关。如果金瓷界面处理不好，可能会导致修复体边缘与牙体组织之间出现缝隙，不仅会影响修复体的美观，还会使食物残渣、菌斑等容易堆积在缝隙中，进一步引发牙龈炎症等问题。

2. 牙龈健康与美观　高质量的金瓷界面处理可以使修复体边缘与牙龈组织良好接触，不会对牙龈产生刺激。当修复体边缘贴合良好时，牙龈组织能够保持健康的粉红色，并且与修复体边缘形态相协调。

三、表面平整度方面

1. 光泽与质感　金瓷界面处理后的表面平整度对修复体的光泽和质感有很大影响。如果金瓷界面处理使得瓷层表面平整光滑，修复体在口腔内就能够呈现出良好的光泽，就像天然牙齿表面一样有自然的光泽感。

2. 避免瑕疵　良好的金瓷界面处理可以减少瓷层表面的瑕疵。如果界面处理过程中出现问题，如瓷层内有气泡、杂质等，会导致表面不平整。

在金瓷界面处理制作时应追求完美，每一次精细打磨金属基底、精准调控瓷粉烧结，不仅关乎患者重拾自信笑容，更是对职业责任的担当。

任务二 色彩控制及堆瓷技术

任务案例

视频：堆瓷技术

【案例】

患者，女，34 岁。因外伤导致右上颌中切牙牙体缺损较大，影响美观和咀嚼功能。经口腔检查及 X 线检查评估，医师建议采用烤瓷熔附金属修复技术进行治疗。

口腔检查：46 缺失，牙槽嵴宽度、高度尚可，牙龈未见明显异常；45、47 存，叩（-），松（-），牙龈未见明显异常。

影像学检查：46 牙槽骨高度充足。

计划 45、46、47 行烤瓷熔附金属固定桥修复。

【问题】

铸件检查合格后，如何按要求对基底冠进行正确的堆瓷制作？

【任务分析】

堆瓷的工作环境必须干净卫生，避免瓷粉在操作过程中混入异物，影响材料的强度和美观。堆瓷区域应为独立区域，与模型制作、代型制作、金属表面加工等易产生粉尘和碎屑的区域完全分开。堆瓷区域需安装空调和加湿器，使室内温度和湿度保持稳定，避免因温度高或过于干燥使调好的瓷粉过快变稠、变干。

一、工具

（一）堆瓷工具（图 7-4）

1. 毛笔 堆塑瓷粉专用，一般用貂毛或人造毛制作而成，其中貂毛制作的毛笔性能最佳。根据不同的操作要求，可使用不同型号的毛笔。一般来说，小号用于染色；中号用于细微处的操作；较大号用于瓷粉的堆塑；大号用于平滑瓷层表面。

2. 雕刻刀 刀状的一端可用于堆塑和填压瓷粉外形，另一端成小勺状，用于形态的细节雕刻。柄身的锯齿状沟纹部分主要用于振动吸水操作。

3. 回切刀 刀片薄而具有一定韧性，厚度 0.1mm 左右。刀的一侧为刃状，用于牙本质瓷的回切；另一侧为锯齿状，用于测试瓷层厚度。

4. 调拌刀 用于取出瓷粉并进行调拌，材质以玛瑙为最佳。

5. 夹持钳或镊子 用于夹住基底部进行堆塑、振动等操作

6. 小锤 用于轻微敲击模型，使瓷粉致密化。

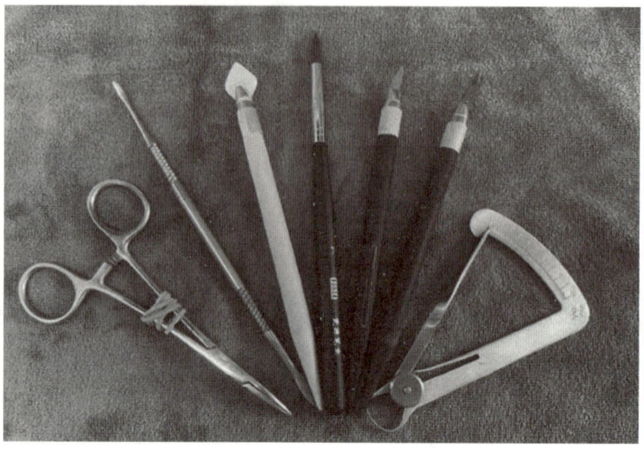

图 7-4 堆瓷工具

（二）其他器材

1. 比色板 用于瓷粉烧结后颜色的检查及调整，一般由瓷粉厂家提供，与瓷粉配套。

2. 调瓷板 用于调拌瓷粉，通常使用玻璃板或专用的调瓷板。

3. 面巾纸 用于操作时吸收瓷粉中排出的水分。

4. 水杯 用于清洁毛笔及刷子等。

5. 吸水毛巾 用于吸收毛笔中多余的水分，并可保持毛笔的湿润。

二、烤瓷炉

（一）结构

1. 炉膛 有垂直型和水平型两类，是陶瓷烧结的场所。炉膛又分为膛体和炉台两部分，其间以密封圈实现密封。

2. 产热装置 多用铂丝作为产热体。

3. 电脑调控装置 用于控制炉膛内的温度及升温速率，包括显示窗及按键区等。显示窗显示运行的程序、温度、时间、真空状态和故障的位置。按键区用于程序的设定及升降炉膛、启动、中断、更改程序等操作。

4. 真空装置 使炉膛内部保持真空。

（二）操作流程

烤瓷炉的操作流程主要包括程序的设定及运行。

1. 程序的设定 先调出所要更改的程序，再选择要更改的内容。将炉台降至底位以便放置需要烧结的修复体，按下启动键使烤瓷炉开始工作（图 7-5）。

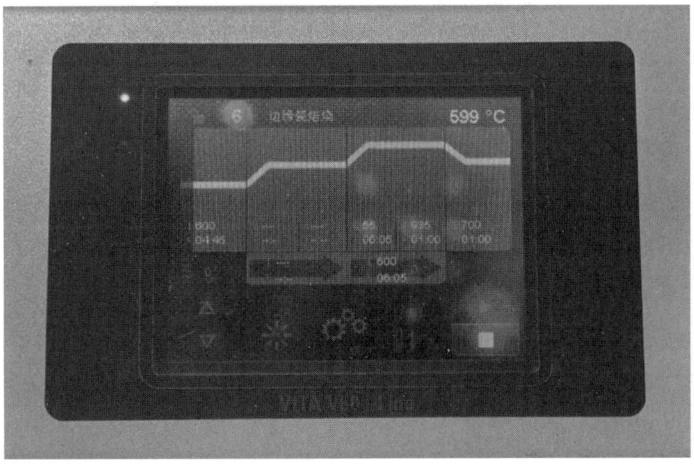

图 7-5　烤瓷炉程序设定面板

2. 程序的运行　分为以下四个阶段。

（1）干燥：起始温度保持一段时间，使瓷粉内部的水分彻底干燥，否则烧结过程中易引起瓷裂等现象。

（2）升温：以恒定的速率升温，使瓷粉基质软化、流动并发生凝聚。升温过快，容易引起瓷裂等现象。瓷裂、瓷体剥脱容易导致瓷层不致密；升温过慢，烧结时间过长会导致瓷粉失去必要的水分，影响最终烧结效果。

（3）保持最高温度：升温至最高温度保持一定时间，一般不超过 1 分钟，使瓷粉颗粒完全聚集，形成一个牢固的结晶整体。不同种类的瓷粉，需设定不同的最高温度。

（4）降温：匀速缓慢降温至设定温度后离炉冷却，此阶段修复体的体积收缩趋于稳定，如果降温速率过快，瓷粉与基底部材料收缩不一致，会导致瓷裂等现象。

（三）维护及保养

烤瓷炉要定期清洁和维护。

1. 保持清洁，定期清洁炉盖和密封圈表面、隔热材料、耐火盘、键盘区等，并定期使用活性炭进行炉膛清洁。清洁工作必须等烤瓷炉冷却后方可进行，以免烫伤。
2. 烤瓷炉的机械系统如出现运转不灵或噪声大等情况，需加少许润滑油。
3. 定期用银棒测试材料进行炉内温度校正，以保证炉内温度与显示温度一致。
4. 定期检查真空装置的连接是否良好，并清洁其中的过滤器。
5. 烤瓷炉发生异常现象时，应及时切断电源，请专业维修人员进行维修处理。

三、堆瓷方法

在洁净的调瓷板上用调拌刀将专用液体和瓷粉调和至冰激凌状，稀稠度以毛笔可少量挑起为佳，调和时避免混入空气形成气泡。

堆瓷前，用石膏封闭剂将瓷粉与模型接触的区域封闭。封闭范围包括缺牙区牙槽嵴、邻牙及对颌牙。如果不封闭，干燥的石膏模型会吸收瓷粉中的水分，使瓷层过干，表面产生空气间隙，阻止水分进入，影响其后的瓷层结合与外形堆塑，烧结时容易出现裂纹或气泡。

（一）塑形方法

常见的塑形方法有笔积法和调刀法。

1. 笔积法 用毛笔将调好的瓷粉一点一点涂塑在基底部，形成所需形态的方法。此法较易掌握，适用于遮色瓷、牙本质瓷、牙釉质瓷的堆塑，为目前最常用的堆瓷方法。此法有以下特点。

（1）毛笔含有适量水分，堆塑时可保持瓷粉的湿润，有利于塑形。

（2）毛笔灵活，力度容易控制，在瓷层颜色的微妙变化处理上，有不可替代的优势。

2. 调刀法 用调刀将瓷粉堆塑在基底部以构建形态的方法。此法有以下特点。

（1）堆塑瓷粉量大，效率高，操作速度快，埋入气泡的概率较少。

（2）不易有水分过多现象，不必反复吸水。

（3）调刀可压、可切，塑形速度较快。

（二）致密和吸水方法

咬合部的堆塑，需用压力、振动、吸水等方法使瓷层致密化，其目的是析出多余的水分并排出混入的空气，以提高瓷层透明度、减少烧结时瓷粉的收缩，增加咬合部强度。主要有以下几种方法。

1. 笔积致密法 用毛笔堆瓷时的压力使瓷粉致密，挤出的水分用面巾纸吸干。

2. 调刀致密法 堆塑瓷粉时，调刀的压力使瓷粉压缩致密，多余水分用面巾纸吸干。

3. 振动致密法 用小锤敲击模型或用雕刻刀柄的刻纹振动夹持基底部的夹持钳，使瓷粉颗粒移动、沉积，从而致密化。超声振荡器振动效果好，但易造成不同瓷层间的混合，使堆塑的牙体外形发生改变，只能用于调和瓷粉过程的致密化。

致密化时，水分析出后要及时进行吸水操作。应注意以下几点。

（1）吸水时，手指按压吸水纸要轻柔、小心，防止堆塑形态改变、瓷层混合。

（2）从舌侧进行吸水操作，避免影响唇侧的瓷层结构。

（3）不能反复地加水、吸水，这样不仅延长操作时间，而且会降低烤瓷的透明度。

（4）吸水不可过度，以防瓷层过干而裂开。

四、堆瓷步骤与方法

（一）涂布烧结遮色瓷

遮色瓷（图 7-6）又称为不透明瓷，是牙冠底色的主体部分和烤瓷熔附金属全冠的颜色基础，直接涂布于金属基底表面，主要作用是获得良好的金 - 瓷结合、遮盖金属颜色并提供不透明的底层色彩。遮色瓷对牙齿的最终颜色效果至关重要，烧结后的基本色调应和修复体最终色调一致。

1. 涂布方法 目前市场上分粉剂和糊剂两种。选用稍硬的小号毛笔挑起少量糊剂，稍用力涂布，使之形成均匀且极薄的一层遮色瓷。遮色瓷涂布烧结后必须能完全盖住金属颜色，同时为进一步的瓷层堆塑提供正确的基底色。通常采用二次烧结法，即第一次涂得很薄，比规定温度高 20℃左右烧结；第二次根据情况进行涂布并烧结，以达到最佳的厚度与遮色效果（图 7-7）。

粉剂用相应稀释液混合成冰激凌状，用毛笔挑起，涂布在金属基底部。糊剂可以直接进行涂布操作。由于金属表面粗糙，涂布时应稍加振动以保证最微细的坑凹也能充满遮色瓷，从而使瓷层与金属形成良好的机械嵌合。烧结完成的遮色瓷表面呈蛋壳样效果，不能有裂纹、气泡等，薄厚和颜色均匀一致。

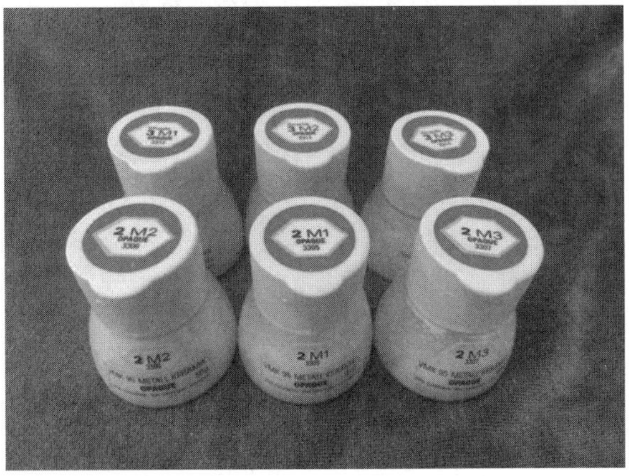

图 7-6　遮色瓷

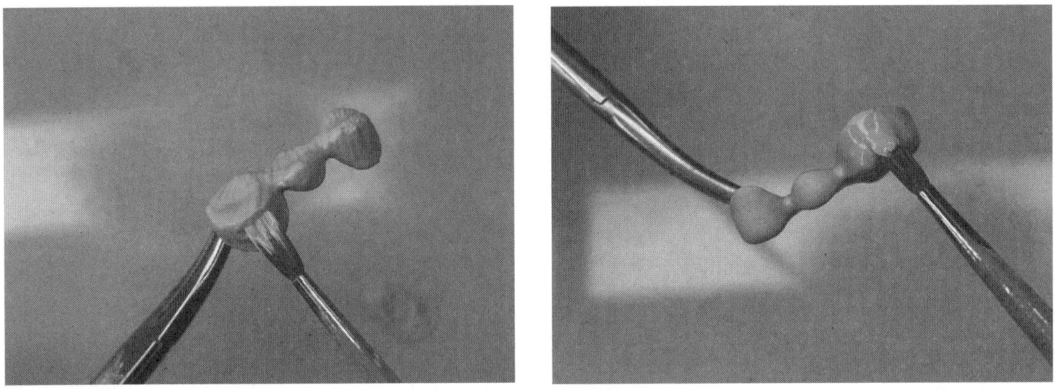

A　　B

图 7-7　涂布遮色瓷

A. 涂刷第一层遮色瓷盖住部分金属色；B. 涂刷第二层遮色瓷盖住全部金属色。

2. 烧结　涂布后进行遮色瓷的烧结。不同种类的瓷粉有不同的烧结程序，需参照厂商提供的说明书来设定。固定桥在烧结时，容易因高温和自重而变形，所以必须对基底部进行合理的支持和固定。安放于烤瓷盘支撑钉上时，应设置尽可能多的支撑，每个支撑钉都必须准确地位于相应冠的中心，不能倾斜，也不能产生应力。

3. 注意事项

（1）遮色瓷的稠稀度要合适：遮色瓷过稀会导致流动性过大，易堆积于凹陷的部位，且烧结后易形成裂纹、气泡；过稠会导致操作不便，造成厚度不均匀并形成气泡。

（2）涂布厚度要均匀：基底部突起部分因流动性大，易变薄，应厚涂。边缘部位、外展隙等凹陷部位容易堆积过厚，应薄涂。

（3）遮色瓷厚度要合适：糊剂厚度约为 0.15mm，粉剂厚度为 0.2 ～ 0.3mm。必须将金属完全遮住并呈现均匀一致的底色。

（4）清除瓷粉：烧结前检查金属冠内面是否有瓷粉流入，检查金 - 瓷交界处金属面上是否有瓷粉，如有应仔细去除。烧结完成后，在放大镜下检查是否有瓷粉流至冠的内表面，进行修整并在模型上检查能否完全就位（图 7-8）。

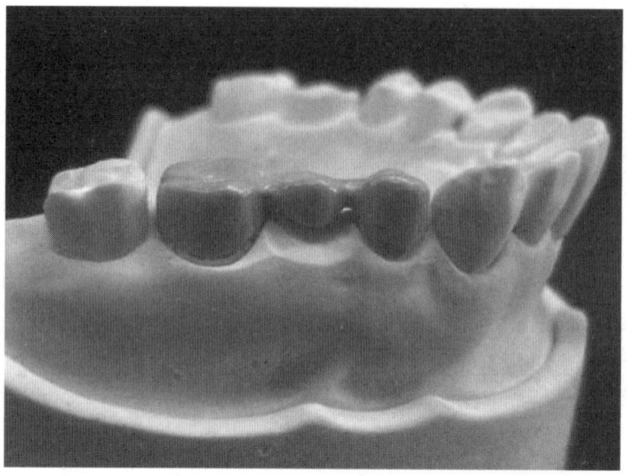

图 7-8　在模型上检查烧结完成的遮色瓷

（二）堆塑与回切牙本质瓷

牙本质瓷是构建牙体形态、形成仿真色调最主要的瓷层，该层的堆塑是整个堆瓷操作的主体部分。

为了使饰面瓷有清晰的层次结构，牙本质瓷的堆塑分为堆塑和回切两个步骤。先将牙本质瓷堆塑成实际修复体外形，再通过回切为切端瓷、透明瓷留出空间，同时模拟生长叶的个性化结构特征。

1. 堆塑颈部瓷　对整个牙体而言，牙颈部是颜色饱和度最大的区域，应使用饱和度较高的牙本质瓷或牙颈部瓷进行堆塑。将专用液滴在适量瓷粉旁边以便液体渗入，调拌成均匀冰激凌状。调和过稀会导致不易塑形，同时大量吸水还会影响工作效率和瓷层颜色；过稠则易产生瓷层裂或者混入气泡。

堆塑牙颈部瓷时，先用毛笔在桥体牙颈部位置堆塑少量瓷粉（图 7-9），然后把桥体戴到模型，轻压瓷粉或轻轻敲击模型，使堆塑的瓷粉流至牙槽嵴上，形成密实、光滑的龈面（图 7-10）。

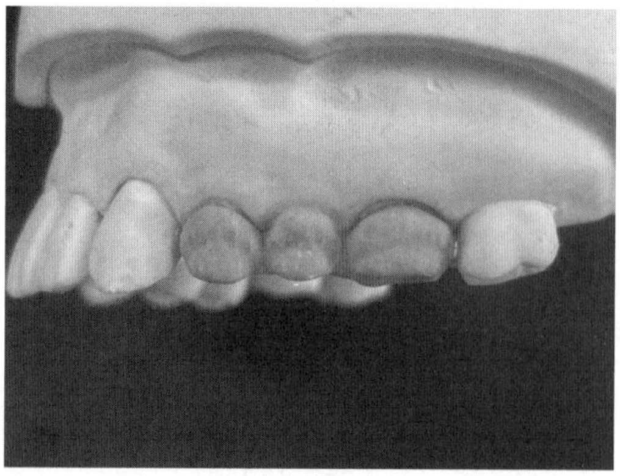

图 7-9　堆塑颈部瓷

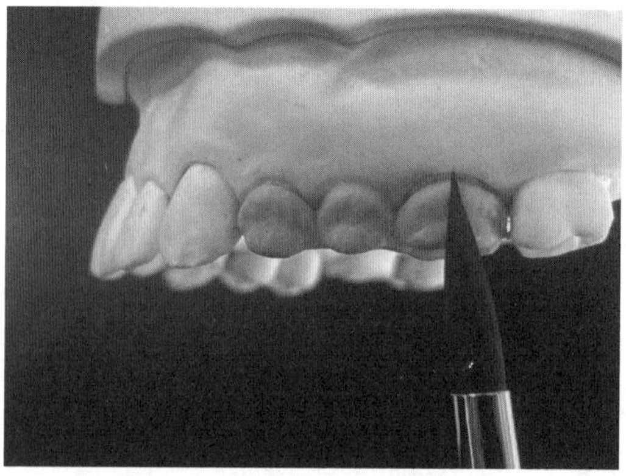

图 7-10　颈部瓷堆塑完成

2. 堆塑体瓷　用毛笔取瓷粉，堆塑时笔尖呈尖形，保留一定水分。堆塑牙齿唇颊面时，将挑起瓷粉的笔尖无瓷粉侧贴于待涂处轻轻一抹，湿润已涂过的瓷层，把笔尖转180°，将挑起的瓷粉堆塑到该处，再用笔尖稍稍抹压，致密瓷粉（图7-11）。注意必须在湿润的表面涂瓷，以便产生良好的结合，避免形成气泡。唇颊面体瓷堆塑完之后，再堆塑舌腭面（图7-12）。堆塑外形时尽量减少操作次数，这需要大量的练习来实现。

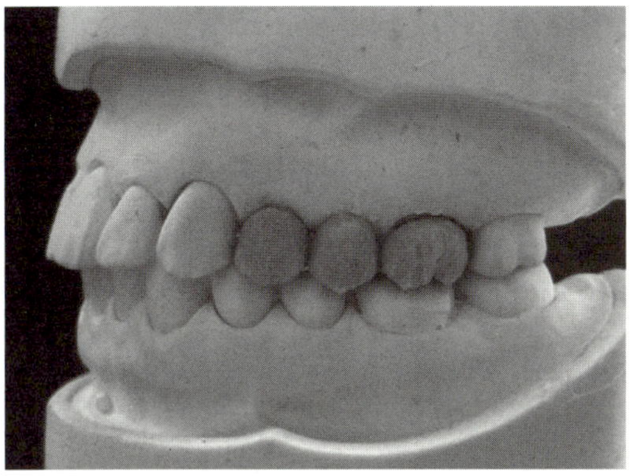

图7-11　堆塑颊侧瓷

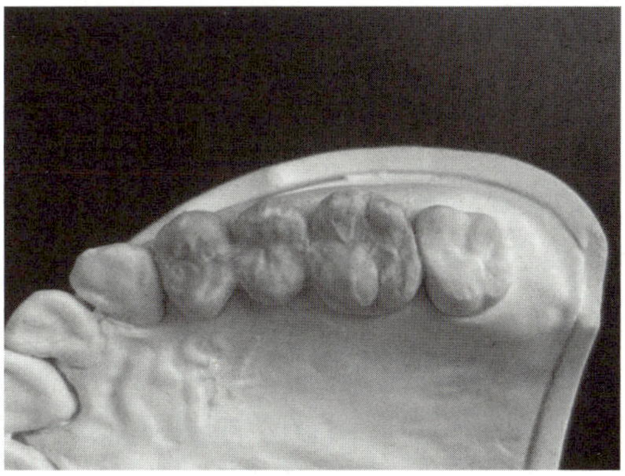

图7-12　堆塑舌侧瓷

堆塑过程中应随时在𬌗架上检查，根据对颌牙的牙尖位置、高度及运动方向，进行牙尖定位和外形堆塑。

从颊尖开始，依次堆塑出各个牙尖的瓷锥，其高度根据曲线来确定，堆塑完成的牙尖高度应与整个牙弓的横𬌗曲线及纵𬌗曲线相协调，位置根据覆𬌗、覆盖及咬合关系等来确定，应尽量建立正常的覆𬌗、覆盖，功能尖对应对颌的被动中位，为后期咬合接触点的实现打好基础。最后在𬌗架上检查并精确调整每个牙尖瓷锥的位置和高度，确保功能运动无干扰（图7-13）。

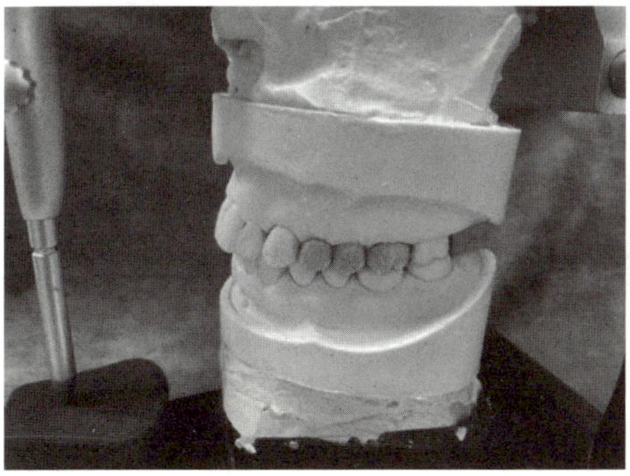

A

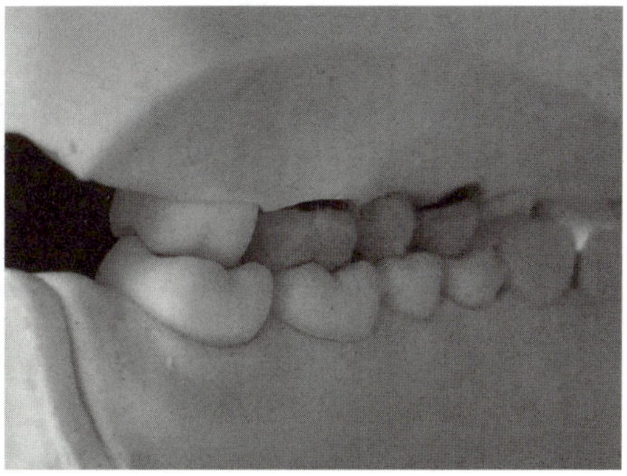

B

图7-13　在𬌗架上检查

A. 检查颊尖位置；B. 检查舌尖位置。

𬌗面堆塑时，应尽可能模拟天然牙的特征，此时对面的尖窝沟细微结构和触点要求不高，此阶段只用毛笔来修整形态，不做雕刻和刮削。在𬌗架上检查牙尖交错𬌗，确保咬合高点，且无咬合过低的现象。模拟下颌功能运动，确保下颌前伸运动时，前牙区均匀接触，后牙区能无障碍地脱离咬合接触；侧方运动时，工作侧尖牙接触，其余牙能无障碍地脱离咬合接触。如果出现𬌗干扰，应及时进行调整。

检查完成后，轻轻敲击模型底座，使瓷层致密化，表面如有水分析出，可用吸水纸吸干。

牙本质瓷堆塑完成后，必须与最终牙冠外形、大小一致。牙本质瓷的透光率约为30%，厚度大于0.7mm是保证义齿色调正确的关键之一。过薄的牙本质瓷会使底色透出，造成色调偏差。特殊情况下，如瓷层空间不足，无法满足牙本质瓷0.7mm厚度要求，可酌情选用遮色瓷，该瓷粉透光率稍低，可避免瓷层过薄造成底色透出的问题。

3. 回切 牙本质瓷的回切是在牙本质瓷上切去牙釉质瓷所需要的厚度及位置，以获得堆塑出层次结构和包绕效果所需的空间。

（1）目的：为其表面的牙釉质瓷留出空间，制作出类似天然牙本质生长叶的个性化结构特征，能够形成准确的瓷层结构。

（2）方法：牙本质瓷的回切通常分为以下三个步骤进行。

1）唇（颊）的回切：通常牙齿的唇（颊）面从切端到颈部有一定的弧度，因此不能一次性从切端到颈部进行回切，应分别在切1/3和中1/3处进行两次回切。把牙齿三等分，用回切刀进行标记，以保证回切量的适当。注意标记时不可破坏堆塑好的外形。回切时，应注意保持稳定的支点，根据所需牙釉质瓷的厚度沿牙面外形均匀切除。

2）邻面及𬌗面的回切（图7-14）：为了表现出切端瓷和透明瓷对牙本质瓷的包绕效果，邻面同样需要回切。用回切刀在两个邻接面间回切约1mm，越向牙颈部切除量越少。多个联冠烤瓷修复时，邻面也需要充分回切。𬌗面回切量一般较小，靠近窝沟中央的位置不可进行回切，只用雕刻刀的勺端进行适量刮除。

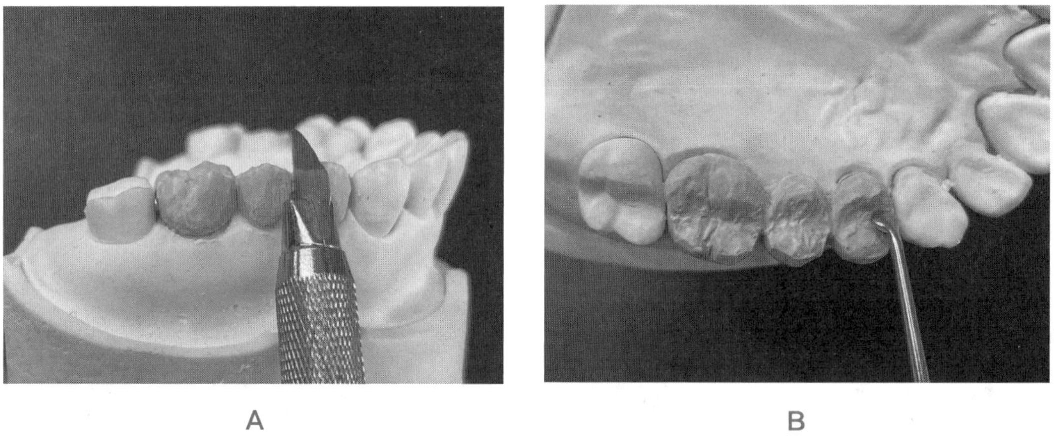

图7-14　邻面及𬌗面的回切

A. 邻面的回切；B. 𬌗面的回切。

3）形成指状结构：天然牙上生长叶发育融合的部位形成指状突起结构，在切端常表现出自然的波浪状透明区域。堆塑时在牙本质瓷相应的部位形成指状结构，以模拟天然牙生长叶的特点。一般前牙较为明显，后牙不太明显。天然牙发育叶的位置、形状是个性化的，因此形成牙本质瓷指状结构的位置、形态也是个性化的，需要在回切时做好标记。从切端到中1/3处用回切刀在牙本质瓷上形成V形，再用湿润的毛笔移行，制作出表面细微结构，使形态更为生动逼真。

（三）堆塑牙釉质瓷

为了模仿天然牙的半透明特征，需要在牙本质瓷外面堆塑切端瓷和透明瓷。

1. 堆塑切端瓷　在颊面1/3区域，用毛笔堆塑切端瓷，应注意精准控制笔尖的位置和力量，取少量瓷粉，轻置于牙本质瓷层上，在𬌗缘其高度略盖过牙本瓷，从𬌗缘向颈部方向逐渐变薄，不得超过中1/3区域，其厚度为0.2～0.3mm。用切端瓷堆塑的牙冠与最后完成的牙冠大小应一致或稍小。注意避免压力过大或者水分过多，造成牙本质瓷移位、形态改变。

2. 堆塑透明瓷　根据医师要求或参考患者年龄，选用不同透明度的透明瓷，通常患者年龄越大，选用的透明瓷透明度越高，透明层越薄。

用毛笔将调好的透明瓷从𬌗缘盖过切端瓷一直堆塑到颈部，覆盖整个牙冠表面，完整恢复牙体形态，且比标准外形放大15%～20%（图7-15）。只有这样，在烧结收缩后呈正常形状的烤瓷熔附金属全冠表面才会形成0.2～0.3mm的透明烤瓷。需要注意的是，透明瓷不能过厚，否则牙冠颜色会变暗而稍呈蓝色调。

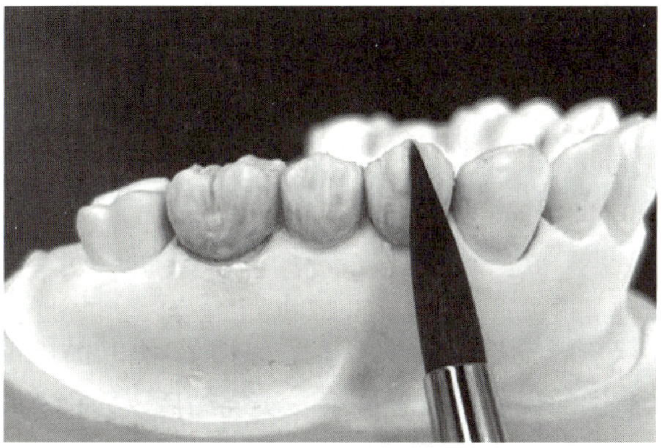

图7-15　堆塑透明瓷

堆塑完成后再次在𬌗架上检查牙尖交错𬌗，确保功能运动无干扰（图7-16）。将修复体从模型上取下，在邻面接触区逐层追加堆瓷，恢复外形（图7-17）。注意该区域牙本质瓷的饱和度可改变牙唇面的立体感。

烧结前，用回切刀切开外展隙瓷层较厚处，以减小瓷层收缩对基底部产生的应力。

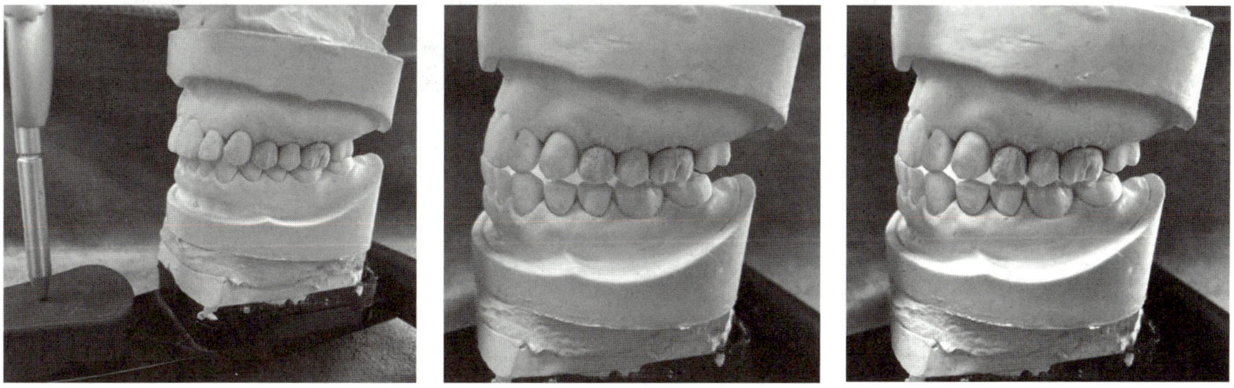

A　　B　　C

图7-16　在𬌗架上检查

A. 检查牙尖交错𬌗；B. 检查侧方运动无障碍；C. 检查前伸运动无障碍。

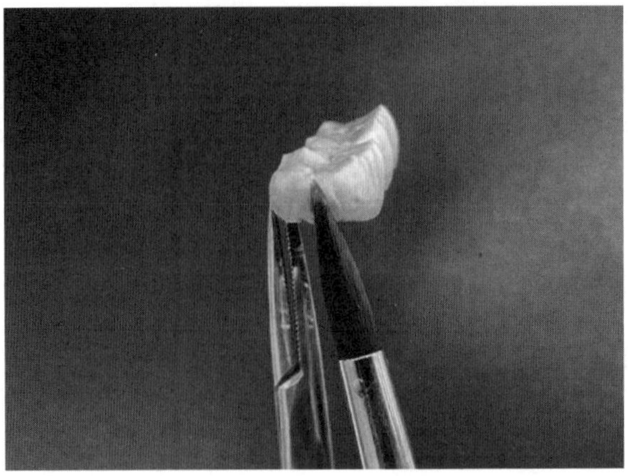

图 7-17　逐层恢复邻面外形

实践证明，牙体形态的构筑一是依赖基底部的准确外形，二是依赖牙本质瓷的准确恢复，不可依赖大量的牙釉质瓷来恢复形态，过厚或过薄的透明瓷对修复体明度的影响较大，而牙本质瓷厚度增加对色调影响较小。如果牙本质瓷堆塑合理，留下厚度均匀的牙釉质瓷层，那么最终完成的烤瓷修复体颜色就会自然和谐。

（四）烧结

将堆塑完成的修复体放入烤瓷炉进行烧结（图 7-18）。不同品牌的瓷粉和烤瓷炉，烧结程序设定不同，应根据材料厂家提供的说明来设置。第一次烧结后，瓷面光滑，无裂纹和突起。若邻面切开处有收缩裂纹，可在第二次堆瓷时进行弥补。

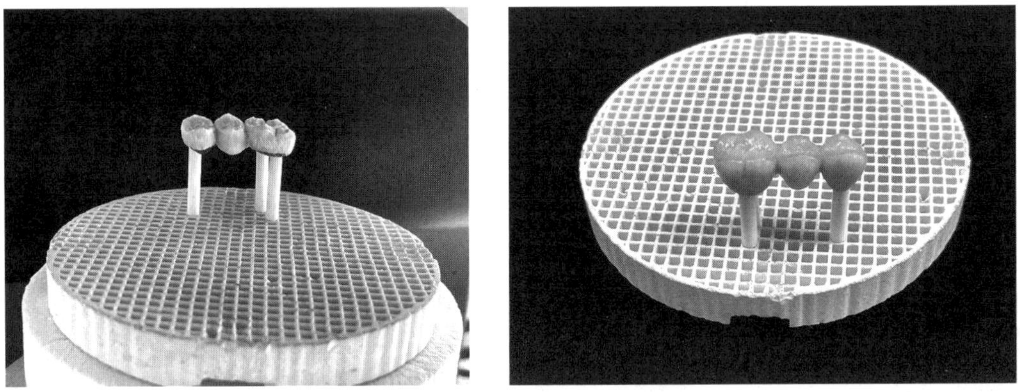

A　　　　B

图 7-18　烧结

A. 修复体放入烤瓷炉准备烧结；B. 烧结完成的修复体。

（五）堆瓷时的注意事项

不断地涂塑带来的压力、填压操作的振力、吸水压力有可能使瓷层产生位置的移动交错。尤其是牙釉质瓷、透明瓷，涂塑后产生的瓷层变形会造成牙冠色调的不自然。因此，堆瓷时应注意以下事项。

1．堆瓷过程中动作要轻柔，不能挤压。

2．瓷粉不宜调得太稀。

3．毛笔上含水要少。

4．避免过度振动、吸水和挤压。否则，可能会导致正常层次结构的变形和崩塌。

5．瓷粉搅拌时不宜太干，堆瓷后应立即烧结。否则，烧结后的瓷冠缺乏清晰明了的层次结构，表面会出现裂纹或微孔。

6．应严格按照烤瓷烧结程序进行操作，不得随意改变。

【任务评价】

学生完成堆瓷任务后，参照评分标准进行评价（表 7-2），分析任务出现的问题，教师给予指导，学生及时改正。

表 7-2　堆瓷技术的评分标准

序号	评分要点	分值
1	瓷层厚度均匀	20
2	修复体摆放平整	20
3	表面平整	20
4	边缘密合	20
5	金－瓷结合强度良好	10
6	操作规范	10

▶任务拓展

堆瓷过程中的吸水技巧

堆瓷过程中的吸水是通过之前的致密填压操作，产生振动而使瓷层内的水分析出，再用面巾纸吸去水分。吸水操作应注意以下几个问题。

（1）振动和吸水操作使瓷粉中的水分产生流动，从而带动遮色瓷或颜料的微粒渗入其他瓷层中，有可能影响最终成品的色调。因此，调拌瓷粉时不宜加水过多。

（2）吸水时可吸走遮色瓷或颜料的微粒，增加烤瓷的透明度，减少颜料的遮色作用，烧结后会使烤瓷冠金属颜色外透而呈暗黑色。因此要避免反复加水、吸水的操作。

（3）在用面巾纸吸水时，用力过大会使堆瓷的瓷粉各层变位变形。操作时动作要轻柔，面巾纸轻靠瓷层表面，不能用力压。

任务三　修形及抛光技术

任务案例

【案例】

患者，男，50 岁。左下第一磨牙因慢性根尖周炎行根管治疗后，牙体组织剩余较少，临床选择烤瓷熔附金属全冠修复以恢复咀嚼功能与牙列完整性。义齿加工厂完成烤瓷烧结后，修复体送达车瓷组进行修形、抛光等最终处理。车瓷组接到堆瓷组人员送来的铸件及加工单。

【问题】

检查烧结后修复体形态，如何对修复体形态进行制作和抛光？

【任务分析】

烤瓷熔附金属全冠烧结完成后，还需要经过试戴、外形修整、上釉等一系列操作，才能使修复体功能与美观达到临床要求。

一、工具和材料

见图 7-19。

1. 打磨车针　用于修整外形和调磨咬合接触点，常用的有碳化硅车针和金刚砂车针，通常有不同的形态和直径可供选择。

2. 薄砂片　用于固定桥的修整，如桥体和外展隙的磨改操作。种类、直径和厚度也有多个规格可以选用。

3. 抛光轮　用于精细抛光陶瓷表面。

4. 咬合纸　调整咬合及邻面接触区的印记材料。

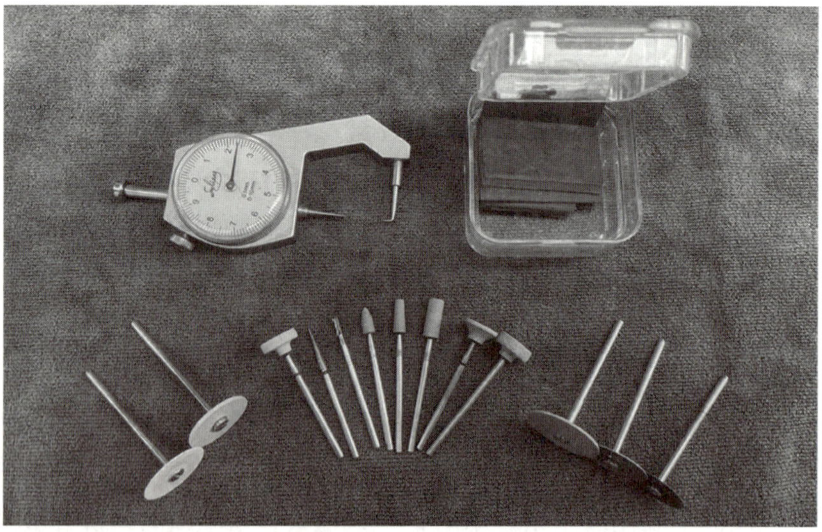

图 7-19　修形及抛光常用的工具和材料

5. 放大镜　用于就位及边缘处理过程中的精细检查和操作。

二、修形

1. 试戴就位　检查烤瓷修复体边缘，看是否完全就位。在放大镜下检查冠内有无杂质。用小球状或小柱状金刚砂石无压力、慢速调磨，避免引起瓷裂。要求能准确无阻力地就位到模型上，边缘密合，无翘动。

2. 调整盖嵴区　在模型底座上只保留盖嵴区两侧的工作代型，用柱状砂石调整，使盖嵴区光洁、圆滑，与模型密贴、无缝隙、无翘动，冠边缘密合（图 7-20）。

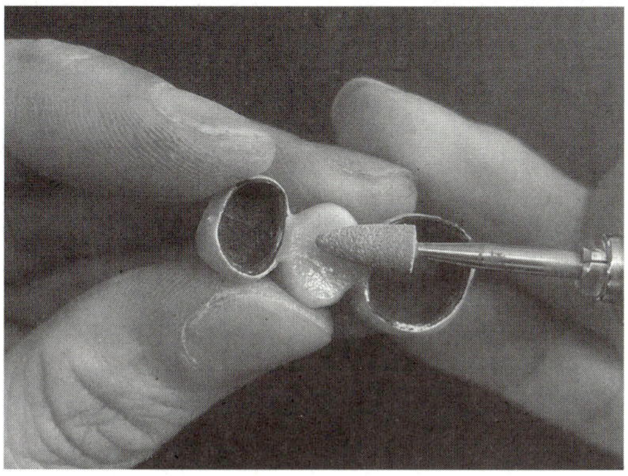

A

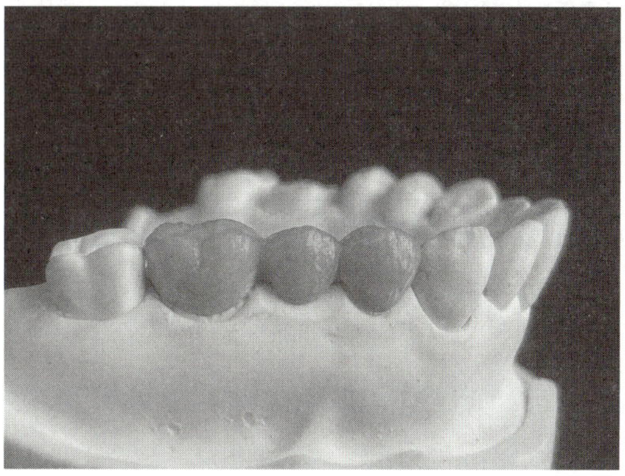

B

图 7-20　调整盖嵴区

A. 用柱状砂石调整；B. 调整完成检查确认就位，边缘密合。

3. 调磨邻面接触区　青年人的邻面接触区呈点式接触，随着年龄增长，生理性磨耗使牙齿邻面变成近中凹、远中凸的面式接触。应参考天然牙患者年龄、邻面接触位置及功能要求进行设计。如果外形和位置不合理，会引起食物嵌塞、殆力传导中断，甚至引起咀嚼系统功能紊乱。形状和位置正确的邻面接触区是保证咬合稳定的重要前提。检查邻面接触区时，只保留修复体一侧的邻牙，分别调整近中和远中。调整时，用厚度为 20μm 的咬合纸标记阻挡点，在代型上不要加太大的侧向力，避免引起邻牙代型移动，影响接触区的松紧度。用金刚砂石仔细调磨，要求集中注意力体会手感，咬合纸拉出时稍有阻力但不会撕破，即表明邻面接触松紧度合适（图 7-21）。注意两侧的松紧度要保持一致。

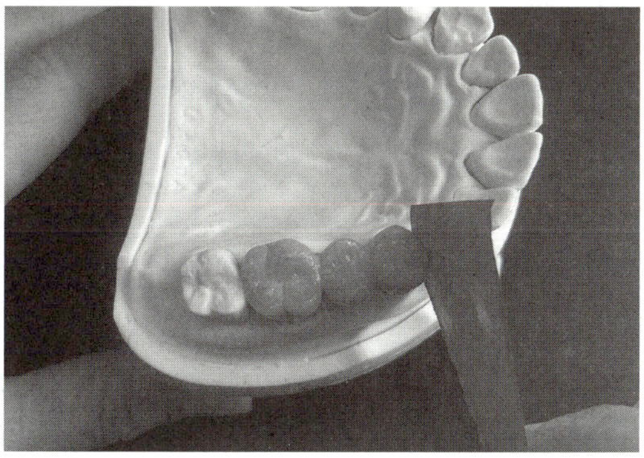

A

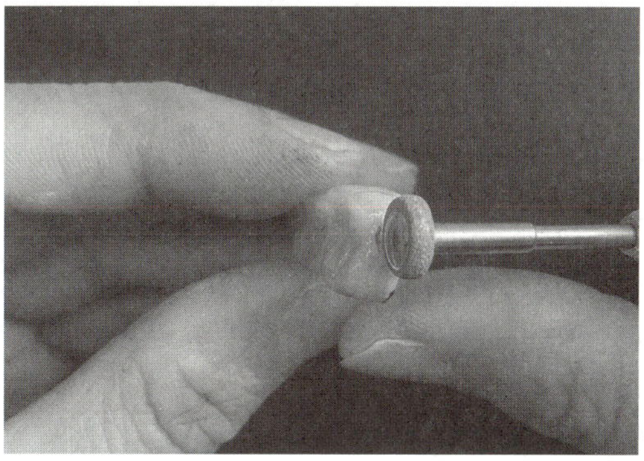

B

图 7-21　调磨邻面接触区

A. 用咬合纸检查邻面接触区；B. 调磨邻面接触区阻挡点。

4. 调整咬合 在𬌗架上，检查就位完全的修复体的牙尖位置、覆𬌗、覆盖是否合理，分步骤进行精细的咬合调磨（图 7-22）。应注意必须在湿水条件下少量、多次调磨，不可使遮色瓷或金属暴露，亦不可损坏对颌模型。

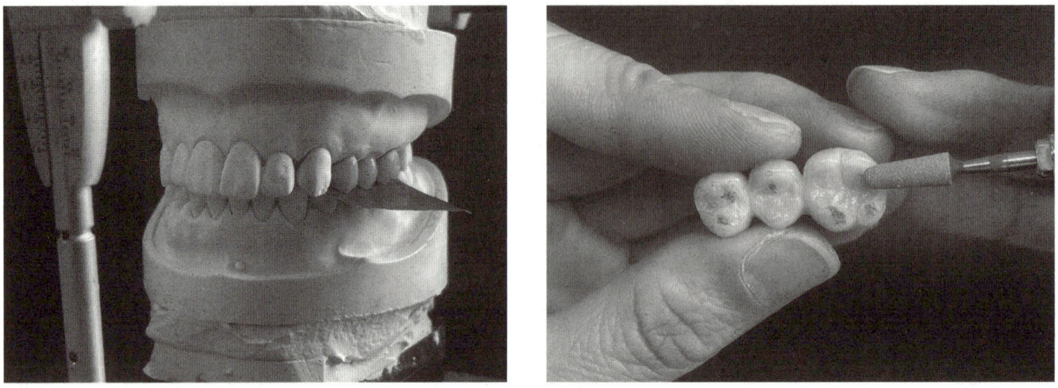

A　　　　B

图 7-22　调整咬合

A. 用咬合纸检查咬合关系；B. 用砂石调磨咬合接触点。

5. 修整最终外形

（1）修整外展隙：用薄砂片调整修复体的外展隙。外展隙不仅是食物的排溢通道，还是对颌牙尖的运行通道，注意外展隙的形态、深度应与对颌牙相协调。修复体的外展隙应与天然牙协调一致，过大会导致𬌗面近远中径变小，影响咀嚼效率；过小会导致𬌗面近远中径变大，增加咀嚼负荷并影响食物排溢。舌侧外展隙应适当加大，便于食物排溢，而颊侧外展隙不可过大，以免过多食物排入口腔前庭。用较细的打磨车针将牙齿颊面颈部的近远中缩窄区塑形，使其与天然牙一致。龈外展隙牙面呈凹形，为龈乳头提供空间，应参照人工牙龈的外形进行修整。龈外展隙过小，会挤压龈乳头；龈外展隙过大，会影响美观，且易发生食物嵌塞。外展隙的正确成形有赖于医师充分的备牙和技师准确的调整。

（2）修整轴面：参照天然牙标记出轴面及𬌗缘轮廓线，用砂石修整出外形轮廓和轴面突度，使牙体倾斜度与同名牙对称，并与邻牙相协调。应注意外形高点的位置与突度，位置不当、突度过大或过小都会对牙龈健康造成不良的影响。

（3）修整𬌗面：根据尖、窝、沟、嵴的走向，用裂钻雕刻窝沟点隙，尽量模拟天然牙的形态，保证对颌牙尖运行顺畅，并检查是否影响下颌后退运动。选用合适的调磨工具进行细微的修整，形成𬌗面轮廓。注意不可破坏调整好的咬合触点。

（4）修整表面细微结构：从各种不同角度仔细观察修复体与天然牙的细微差异。根据天然牙的形态特点仔细进行修整，形成修复体表面的细微纹理结构，使每个细节特征都与天然牙一致。

当外形修整完成后，必须再次在𬌗架上检查咬合关系，避免外形修整时咬合触点造成破坏（图 7-23）。

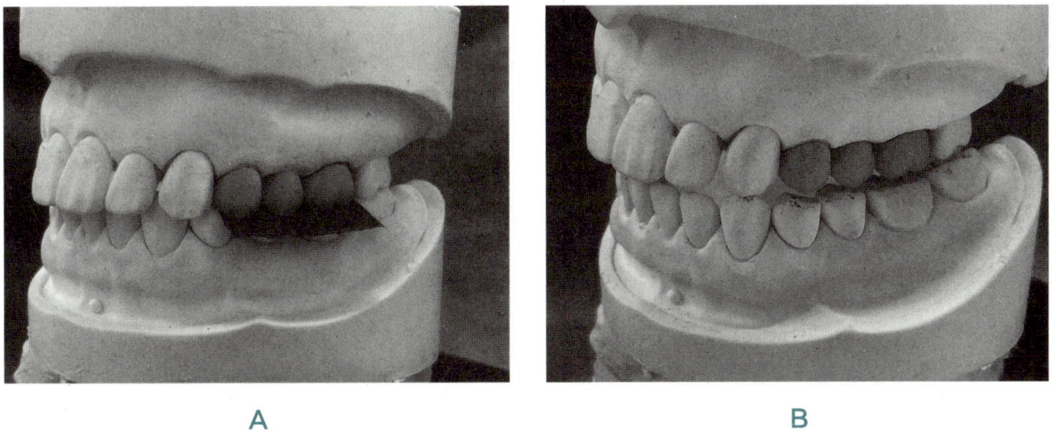

图 7-23　再次在殆架上检查
A. 检查牙尖交错殆；B. 检查侧方运动。

三、抛光

形态修整完成后，再用精细的抛光材料处理，然后用小毛刷蘸氧化铝抛光膏抛光修复体的表面和细微结构。

【任务评价】

学生完成修形及抛光处理任务后，参照评分标准进行评价（表 7-3），分析任务出现的问题，教师给予指导，学生及时改正。

表 7-3　修形及抛光质量的评分标准

序号	评分要点	分值
1	铸件与设计单一致，试戴就位	10
2	牙体形态修整，无缺陷、损伤、脱模现象	20
3	牙冠表面打磨光滑	10
4	各个轴面按要求完成修形	30
5	任务实施过程中体现专业素养	30

▶任务拓展

修复体形态修整不佳的后果

牙齿修复的最终目的是恢复患者口腔功能、使患者重拾自信笑容，这背后是对患者的关爱与责任担当。若修复体形态、修整效果不佳，会导致以下问题。

（一）形态不佳导致的功能问题

1. 未形成正常覆𬌗、覆盖，导致咬颊、咬舌问题，邻面接触区位置和形态不合理，导致食物嵌塞。

2. 未形成正确的外形高点，导致牙龈创伤或萎缩。

（二）形态不佳导致的美观问题

1. 形态过大或过小，与患者面形不协调。

2. 不符合患者天然牙的形态特征。

3. 牙体长轴方向或中线与患者不一致。

4. 牙冠形态不对称。

5. 缺失重要的个性化特征。

任务四　上釉技术

视频：上釉技术

任务案例

【案例】

患者，男，48 岁。因长期不良咀嚼习惯及口腔卫生维护欠佳，致使上颌后牙 456 严重龋损。45 龋坏累及牙髓，引发反复疼痛；6 龋坏程度更为严重，牙体大部分缺失，仅存少许残根。这不仅严重影响了患者的咀嚼功能，导致其进食困难，营养摄取受影响，而且长期的病痛折磨使他精神状态不佳，生活质量大幅下降。经口腔检查与影像学评估后，决定采用烤瓷熔附金属全冠修复，以恢复患牙功能与美观。义齿加工厂完成修复体的外形修整与初步抛光后，进入上釉环节，以最终实现修复体的自然光泽与功能稳定性。

【问题】

铸件检查合格后，如何按要求对修复体进行染色上釉？

【任务分析】

上釉技术是口腔修复中的一个重要环节，它关系到修复体的美观、耐用性和患者的舒适度。

经过外形修整后，修复体还需通过上釉才能形成天然牙的光泽。烤瓷熔附金属全冠上釉的主要目的是在冠的表面形成一层光滑、坚硬的保护层，以提高其耐磨性、抗污性和美观性。由于涂层很薄，修复体外形不会发生改变，上釉还可以填补烤瓷熔附金属全冠表面的微小瑕疵，使其更加完美。

一、上釉前的准备

1. 烤瓷熔附金属全冠的试戴与修整　在上釉前，需要对烤瓷熔附金属全冠进行试戴，检查其邻接、咬合及边缘密合情况。如有不合适之处，需进行适当的调磨或加瓷，并重新烧结直至试戴合适。

2. 清洗与擦干　使用超声波清洗机对修整好的烤瓷熔附金属全冠进行清洗，以去除表面的污渍和杂质。清洗后，用干净的毛巾将烤瓷熔附金属全冠擦干，确保表面无水分残留。

二、上釉方法

1. 自身上釉　指将修复体烧结到一定温度的过程，这个温度常与原来的烧结温度相同或比原来的烧结温度稍高。具体的操作需按照厂家规定的操作要求进行。在烧结过程中，瓷表面会充分熔融，充填不规则的或多孔的表面。

2. 釉液上釉　是涂一层薄而清亮的釉液，使其在修复体上产生光亮效果的过程。釉液使用的是低熔瓷粉，其烧结温度比牙本质瓷烧结温度低 20 ～ 60℃。上釉结束自然冷却后，修复体形成天然牙的光泽，至此，整个烤瓷熔附金属全冠的制作步骤完成。

三、上釉步骤

1. 调和釉瓷　将釉瓷与适量的瓷粉调拌液混合，调和成均匀、无气泡的釉浆。釉浆的稠度应适中，以便于刷涂。

2. 刷涂釉瓷　使用专用的毛笔（如 2 号毛笔）将调和好的釉浆均匀地刷涂在烤瓷熔附金属全冠的表面（图 7-24）。刷涂时应注意力度均匀，避免产生气泡或刷痕。

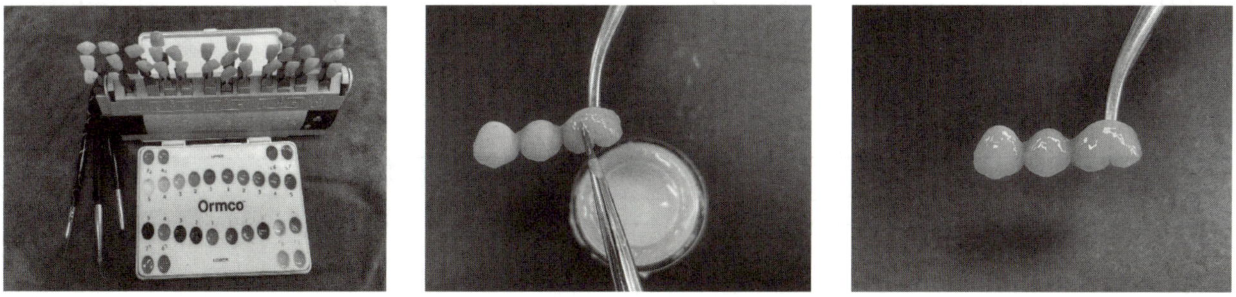

A　　　　B　　　　C

图 7-24　刷涂釉瓷

A. 上釉工具；B. 在修复体表面均匀刷涂釉浆；C. 刷涂完成。

3. 烧结　将刷好釉瓷的烤瓷熔附金属全冠放入烤瓷炉内，按照预定的程序进行烧结。烧结过程中，烤瓷炉内的温度和压力需严格控制，以确保釉瓷能够均匀地熔融并附着在烤瓷熔附金属全冠的表面（图 7-25）。

4. 冷却与打磨　烧结完成后，让烤瓷熔附金属全冠自然冷却至室温。然后，使用金属打磨抛光工具对金属颈缘进行打磨抛光，以确保其光滑、无瑕疵。

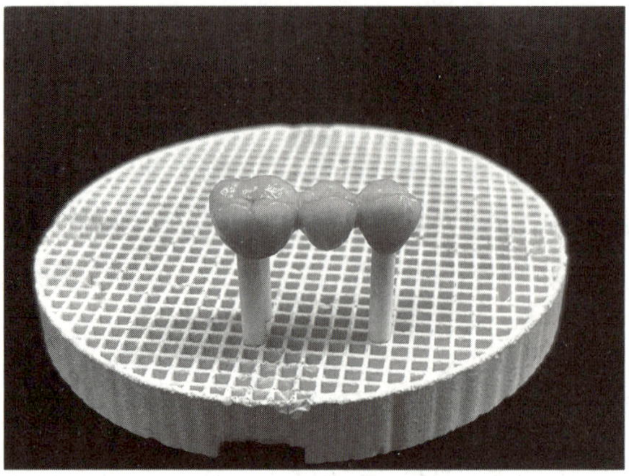

图 7-25　上釉烧结完成的修复体

四、注意事项

1. 釉瓷的刷涂　上釉前一定要把烤瓷熔附金属全冠清洗干净，釉瓷应刷涂均匀、无气泡。刷涂时需注意力度和速度，避免产生刷痕或影响釉瓷的附着效果。

2. 烧结过程　烧结过程中需严格控制温度和时间，以确保釉瓷能够完全熔融并附着在烤瓷熔附金属全冠的表面。同时，应避免烧结过程中产生裂纹或变形。

3. 冷却与打磨　冷却时应让烤瓷熔附金属全冠自然冷却至室温，避免急冷导致瓷裂。打磨时应使用合适的工具和力度，避免损伤瓷结构。

【任务评价】

学生完成上釉处理任务后，参照任务评分标准进行评价（表 8-4），分析任务出现的问题，教师给予指导，学生及时改正。

表 8-4　上釉技术的评分标准

序号	评分要点	分值
1	上釉前清洁牙冠	10
2	按照订单颜色要求调拌釉液	20
3	染色时参考制作单	10
4	各个轴面光滑、无瑕疵	30
5	任务实施过程中体现专业素养	30

▶任务拓展

医技交流对色彩的控制

精确的色彩控制是修复体美学和谐及整体成功中不可或缺的部分。传统比色中大部分的颜色确定是由医师和技师用眼睛完成的，这种包含主观的颜色获取过程是医师与技师之间交流的障碍之一。

在常规比色时，临床医师只提供了比色板色型这一简单记录；而使用比色仪比色时，所提供的数据又有限，因此最好是将比色记录、比色仪采集的色彩信息和细节，连同参考照片一同发送给技师，这样技师就能够有足够的信息精确地制作修复体。

技师在拿到参考照片时，首先要确定照片颜色还原，观察其与实际颜色有无差异，简单的判断方法是拿选定的比色板与照片中的比色板比较有无色彩差异，如无差异，则可信任照片所提供的颜色信息。此外，还要注意照相机不同的闪光会影响比色板色彩。技师近距离地观察研究照片，如果条件许可的话，安排技师与患者见面，让技师直接近距离观察患者的牙齿颜色细节，最后技师综合各方面数据开始制作修复体。

—• 考试知识点总结 •—

—• 本章小结 •—

—• 协和云课堂……　拓展练习及参考答案 •—

（张倩雯　周　凤）

教学课件

项目八　焊接技术

学习目标

素质目标

树立诚实守信的价值观，养成善于沟通的习惯，对待焊接学习与操作，始终保持认真、严谨、求实的态度，不断提升自己的操作技能，提高解决实际问题的能力，形成精益求精的职业素养。

知识目标

（1）掌握：焊接的定义及类型。

（2）熟悉：焊料焊接的原理及特点，各类固定修复体的焊接。

（3）了解：激光焊接的应用范围及影响因素。

能力目标

能正确进行焊料焊接。

两个或多个金属物体发生原子（分子）间结合而连接成一个不可拆的整体的方法称为焊接。目前最常用的焊接技术为焊料焊接（钎焊）、熔接、铸接三大类，其中焊料焊接及熔接中的激光焊接应用最为普遍。

任务一　焊料焊接

任务案例

【案例】

患者，男，60 岁。右下后牙缺失数年，要求固定义齿修复。检查发现，46 缺失，现以 45、47 为基牙，制作烤瓷固定桥。在修复过程中，将连接体部分与基牙部分进行焊接，确保连接的强度和稳定性。

【问题】

1. 如何选择合适的焊料？
2. 如何选择焊接方法对金属固定桥铸造缺陷和邻接点进行焊接？

【任务分析】

一、焊料焊接的原理及特点

（一）原理

焊料焊接是目前口腔修复体常用的焊接方法，在工业上又称为钎焊，它是采用比母材熔点低的焊料，加热温度低于被焊金属熔点而高于焊料熔点，使焊料熔化并填充焊缝，形成一种连接的方法。焊接时焊料熔化为液态，而被焊金属为固态，液态焊料在被焊金属的间隙中或表面上润湿、毛细流动、充填、铺展与母材相互作用、冷却凝固形成牢固的接头，从而将被焊金属连接在一起。

（二）特点

1. 焊料焊接加热温度较低，被焊金属不被熔化，对其材料性能影响较小。
2. 焊件焊接的焊口平整光滑，外形美观。
3. 焊件的变形较小，尤其是采用均匀加热（如炉内焊）的焊接方法，焊件的变形可减少到最低限度，容易保证焊件的尺寸精度。
4. 由于焊料与被焊金属间成分及性质的差异，焊接后难免存在轻微的电化学腐蚀，但不会影响焊件的使用质量。

二、焊料及焊媒

（一）焊料

1. 液态焊料应具有对焊件表面良好的湿润性，并能在焊件表面均匀铺展。
2. 焊料的熔点低于被焊合金熔点 50 ～ 100 ℃为宜。后焊焊料熔点比瓷粉烧结温度低 50 ～ 100℃。
3. 焊料的强度、成分、膨胀系数等应尽可能与被焊合金接近，并且应有良好的抗腐蚀性和抗污性。
4. 口腔临床上应用的焊料有金合金焊料、银合金焊料、金银钯系焊料等。

（二）焊媒

1. 作用　清除焊接面上的金属氧化物及其他杂质，并防止焊接时氧化物的形成，改善焊料对焊件的湿润性。

2. 性能　熔点低于焊料熔点 50℃；具有良好的流动性，易清除，不腐蚀焊料焊件。

3. 常用的焊媒 中熔合金的焊媒是硼砂，高熔合金的焊媒是高氟碱性焊媒。焊合金不同，所用焊媒也不相同。

三、焊料焊接的操作要点

（一）处理焊缝和焊接面

1. 研磨焊接面 根据要求沿着焊料流动方向用碳化硅砂石对焊件进行磨改，增加焊接面的粗糙度，同时预备出 0.2 ～ 0.3mm 的焊接间隙，促进焊料的流动，增大焊接强度。

2. 清洁焊接面 清洁焊件表面，去除氧化物、油脂和各种异物附着。焊接面清洁方法如下。

（1）焊接面及周围区域做喷砂处理，去除氧化膜。

（2）用与被焊金属相对应的酸进行酸处理。

（3）高压蒸汽清洗。

（二）固定焊件

1. 加蜡固定方法 确定接触关系，在焊隙的内外两侧滴蜡，初步固定其位置，保护焊隙的清洁，并为焊料的流入留有间隙。焊件周围加蜡，有利于焊接区局部温度迅速提高。

2. 包埋固定方法 根据不同的焊接要求选用不同的包埋材料，将焊件固定在适当的位置。包埋材料的选择：一般冠桥的焊接用石膏和石英砂各半加水调拌包埋。金烤瓷桥焊（金瓷固定桥堆瓷前基底冠的焊接）时，温度高达 1000℃，应选用耐高温的磷酸盐包埋材料，使其焊接具有足够的强度。后焊（金瓷固定桥完成后的焊接）则采用中温包埋材料，而不能使用磷酸盐包埋材料，这是由于磷酸盐中含有氨的成分，在高温下产生氨气会使上釉的瓷失去光泽。

（三）充分预热

对焊件进行预热，以提高焊接区的温度，去除蜡质和包埋材料的水分。预热时，加热速度要慢而均匀，并且预热的温度不宜过高，以防止焊件被氧化。

（四）火焰引导

充分预热后，用焊针蘸取少量焊媒放于焊接区，当焊件被加热至暗红色时，用焊镊夹取小块焊料，继续加热焊件，不要撤离火焰，准确放在焊隙中间，使焊料迅速熔化流入焊隙。然后根据焊隙的大小增添足够的焊料，加热熔化使之充满焊隙。

预热后加热过程中火焰一定要尖细，同时密切注意两个被焊金属的颜色，要使二者温度一致（颜色相同），若温度不同，则焊料只与温度高的一侧金属结合而造成流焊。焊接过程中应利用火焰尖端引导焊料的流布方向。

（五）选择焊料

一般镍铬合金冠桥焊接临床多采用银合金焊，金属烤瓷桥的焊接根据焊接时机对焊料的熔点要求不同，前焊的焊料熔点应高于基底瓷烧结的温度，一般在 1000℃左右，后焊焊料熔点应低于釉层烧结的温度，一般在 780 ～ 850℃。

（六）抗氧化

1．要使用吹管的还原火焰。
2．尽早在焊接区加上焊媒。
3．尽量缩短焊接时间。
4．有条件时可用惰性气体（如氩气）保护或在真空中焊接。

四、焊接的方法

（一）固定桥连模焊接法

固定桥连模焊接法是根据咬合关系调整好桥体在模型缺隙中的位置，包埋固定后，直接在模型上焊接的方法。该方法的优点是准确性高，不易变位；缺点是翻制的焊接模型与工作模型之间存在误差，一般来说焊接模型大于工作模型。

（1）第一次焊接：将铸造桥体放入工作模型的缺牙区，根据对颌模型调整好咬合关系，加蜡固定位置并包埋固定（通常选用磷酸盐包埋材料包埋）。注意保护冠的边缘和缺牙区牙槽嵴。前牙桥要暴露舌面的焊接区，后牙桥要暴露殆面及颊、舌面的焊接区，包埋块最薄不能低于5mm。包埋材料经自然干燥或烘干后，在模型上进行焊接，将固位体和金属桥体的舌面焊接在一起。

（2）第二次焊接：将第一次焊接的固定桥在模型上焊接后取下，在焊隙的内外两侧加蜡。后牙桥的龈面向上，前牙桥的唇面向上，压入调和好的包埋材料中包埋固定。固位体内填满包埋材料，结固后进行第二次焊接。第二次焊接是在前牙桥的唇面、后牙桥的龈面上进行的，目的是进一步增大固位体和桥体之间的焊接强度。

固定桥焊接完成后洗刷干净，放回原模型上验证，检查有无移位、损坏等问题，如有问题及时补救，然后投入煮沸的清水中1～2分钟，以清除表面氧化层，用清水洗净，进行初步磨光。

（二）固定桥离模焊接法

固定桥离模焊接法是将固位体和桥体的接触关系从工作模型上转移下来，再进行焊接的方法。先从工作模型上取下固位体，去除冠内的蜡，修去基牙倒凹后，再将固位体放回原位，将铸造的桥体放入工作模型的缺牙区，根据对颌模型调整好咬合关系，加蜡固定，桥体的龈面亦加蜡填满。然后将固位体和桥体的接触关系从工作模型上转移下来。

转移接触关系的方法有两种：一种是采用石膏印模法来转移；另一种是直接转移；即采用黏蜡粘住固定桥各部分位置关系后，直接从模型上取下调拌包埋材料包埋固定，包埋材料结固后进行焊接。离模焊接法的优点是只焊接一次，模型完好；缺点是在转移接触关系的过程中容易移位。

（三）金瓷固定桥的焊接

金瓷固定桥发生变形；金瓷固位桥的一个固位体颈缘有缺陷，且需要重新制作并加以焊接；金瓷固定桥跨度太大，铸造时发生较大收缩等情况，需要将固定桥切开，并加以焊接。

金瓷固定桥的焊接有以下两种情况。

1．金瓷固定桥堆瓷前基底冠的焊接　首先切割分段，即在模型上将金瓷基底冠桥切割成两段，并用复合树脂将两段基底冠桥连接在一起，其后方法同金属固定桥。

2. 金瓷固定桥完成后的焊接 在模上用超薄盘状砂片将金瓷固定桥切割成两段，并将其分别戴于患者口中，检查其就位和固位情况。从患者口内取下分段的金瓷固定桥，用铅笔画出焊接区，再将其重新戴入口。用复合树脂固定切割部位，转移接触关系，隔离瓷颈缘，即在金瓷固定桥的固位体和桥体的瓷颈缘加蜡，防止焊接加热时包埋材料与颈缘瓷发生反应。包埋固定，在包埋块舌侧面刻V形引流沟，沟的一端通向焊接部位，焊接位置只能设计在邻接面上，前牙焊接面应位于接触区的靠舌侧位置，焊接面直径2.0～2.5mm；后牙焊接面应位于邻面中1/3至殆1/3，颊舌向的中1/3，直径3.0～3.5mm。用沸水冲去瓷颈缘的蜡，确认瓷颈缘与包埋材料之间留有间隙。将包埋块放置于烤瓷炉平台边缘，缓慢加热10分钟，再将烤瓷炉门打开，继续加热10分钟。

涂焊媒、加焊金后，将包埋块置入烤瓷炉中，在真空状态下以每分钟42℃的速率加热至815℃。如果焊金未熔化，则继续加热至870℃。应根据材料性能控制加热温度和冷却速率。

【任务评价】

学生完成焊料焊接任务后，参照评分标准进行评价（表8-1），分析任务出现的问题，教师给予指导，学生及时改正。

表8-1 焊料焊接质量的评分标准

序号	评分要点	分值
1	判断金属桥是否需要焊接，部位是否准确	10
2	焊件接触面处理方法合理	20
3	焊接材料、焊媒选择准确	10
4	包埋方法正确、包埋材料选择准确	20
5	焊件光滑、无氧化	20
6	任务实施过程中体现专业素养	20

▶任务拓展

常见的焊接失败情况及原因分析

在焊料焊接的过程中，只有具备诚信的品质、敬业的精神、创新的意识，才能获得高质量的精准焊件。

一、焊接模型破裂

造成焊接模型破裂的原因如下。

1. 灌制焊接模型的材料比例不当。

2. 焊接模型厚度不足，过薄。

3. 焊接时升温过快，水分急剧气化使包埋材料破裂。

二、焊接不完全

焊料未完全流入焊缝内，只是部分焊接，使焊接处强度低，极易折断。可能是由于焊接面有氧化膜，或焊料过少、焊媒用量过多。

三、移位或变形

造成移位或变形的原因如下。

1. 固位体从口内取出放入印模中，未能准确复位。
2. 在灌注模型时抖动过重而移位。
3. 焊接过程中转移接触关系时焊件移位。
4. 焊接时间过长，烧坏模型。
5. 包埋的砂料碎裂，造成焊件移位。
6. 在加热过程中因金属受热膨胀而造成焊件的变形。

四、假焊

焊料未能充满整个焊隙而形成相互扩散的结合，只是在焊缝表面堆砌一部分焊料的现象称为假焊。造成假焊的原因如下。

1. 焊件的焊接性能差或两个焊件为异质合金。
2. 焊件接触面有氧化层。
3. 焊接时间过长使接触面重新氧化。
4. 焊接火焰不好，焊料未熔透。
5. 焊媒质量不好。

五、流焊

焊料在焊缝以外的焊件表面上广为流布的现象称为流焊。造成流焊的原因如下。

1. 砂料包埋不当，未掌握好大件少包、小件多包的原则。
2. 火焰掌握不好，两个被焊金属的温度上升不一致，焊料向温度高处流布。
3. 第一块焊料放的位置不准，流向焊缝以外，以后再放的焊料熔化后易向已有焊料处流布。
4. 焊媒摊放的面太广。

六、烧坏焊件

造成烧坏焊件的原因如下。

1. 包埋不当，对细小的焊件和焊件的薄边保护不够。
2. 火焰掌握不好，焊料完全熔化后没有迅速撤开火焰。
3. 焊料熔点过高或焊接时间过长。

七、焊缝有微孔

造成焊缝有微孔的原因如下。

1. 焊接温度过高。
2. 焊接时间过长，使焊料中部分熔点低的成分气化蒸发。
3. 焊料的质量不高。
4. 焊媒中混有杂质。

任务二　激光焊接

任务案例

【案例】

患者，男，68岁。因后牙缺失数年要求进行固定义齿修复。义齿加工厂根据订单信息采用激光焊接技术制作烤瓷固定桥，在焊接过程中，要严格控制激光的功率、焊接时间和焊接速度，使焊接部位均匀受热，达到良好的融合效果。

【问题】

如何用激光焊接修复冠桥？

【任务分析】

一、激光焊接的定义和特点

（一）定义

激光焊接是利用辐射激发光放大原理而产生一种单色程度高、方向性强、光亮度大的光束，经聚焦获得高功率密度的能量来轰击金属，并利用光束的光致发热作用使金属表面熔解而进行的焊接。

（二）特点

1. 焊接热源为光束，无灰尘、环保，无须与焊区直接接触。
2. 热影响区小，定点精确，在靠近烤瓷或树脂贴面的部位可直接焊接。
3. 无须包埋，可直接在工作模上焊接，省时、快速，并可以减少包埋过程产生的误差。
4. 激光焊接为金属间的熔接，通常不加入焊料等异种金属，因此焊件具有良好的抗腐蚀性。
5. 激光焊接操作简便，容易掌握。

二、激光焊接的应用范围

（一）修复体的冠、桥焊接

虽然现阶段的口腔修复工艺技术已经基本取消了老式锻造的固位体和桥体，改为整体铸造式的冠、桥，但是对一些过长的铸造桥，为减少合金的铸造后收缩，多采用分段制作的方式，需要激光焊接将其连接成一个整体。CAD/CAM 制作各修复单位的连接也需激光焊接。此外，铸造冠、桥修复体的𬌗面磨穿、破损、铸造缺陷等的修补及全冠边缘加长、邻接点的恢复、冠桥升高咬合等的修补焊接在临床上也是很多见的。

（二）附着体预成件的焊接

口腔附着体修复技术是目前一种工艺复杂、精度要求高的修复方法。以往的火焰焊接方式对精密修复体的损坏和致变形率较高，很容易造成精密附着体的修复失败。激光焊接技术对被焊接的修复体损伤小，致变形率很低，无须包埋固定，特别是对微小部件和齿科精密附着体的焊接更具优越性。此外，激光焊接还可应用于种植义齿上部支架的连接。

（三）异种合金材料修复体的焊接

异种合金材料修复体的焊接中，激光焊接能被广泛应用，主要源于其独特的技术优势，能适配异种合金的特性和修复需求。激光能量集中且可控，激光束能量密度极高，可精准聚焦在微小区域，减少对非焊接区域的热影响，避免异种合金因热膨胀系数差异大而产生变形或开裂；激光适应性强，能焊接不同熔点、导热性差异大的异种合金（如钛合金与不锈钢），激光的高能量可快速熔化接头处材料，形成稳定熔池；激光质量高，焊缝窄且均匀，热影响区小，能减少合金元素的氧化和烧损，保证修复体的力学性能和耐腐蚀性，符合修复体对精度和强度的要求。

（四）纯钛修复体的焊接及其内部铸造缺陷修补

由于钛遇热后容易氧化，普通的火焊无法对钛进行焊接。激光焊接具有能量高、定点精确、热影响区小等优势，瞬间可将被焊金属加热到熔融状态，而钛的导热性能很低，有利于其焊接。因此，采用激光焊接技术可以较好地修复和弥补铸钛修复体表面缺损和内部缺陷。

三、影响激光焊接的因素

（一）焊接参数

激光焊接机上的两个重要参数是电压和脉冲持续时间，焊接参数的选择决定焊接强度。其中电压决定焊接能量，电压升高会使焊接深度加大。脉冲持续时间决定焊接面积，脉冲持续时间延长，焊接面积增加，焊接能量亦随之增加。因此，在一定范围内，随着电压和脉冲持续时间的增加，脉冲能量增加，峰值功率也增大，试件焊接的机械强度随之增加，焊接参数选择合适时其焊接强度接近或达到母材机械强度。但若电压选择过高，焊接能量过大，焊接时会产生汽化现象，使焊区表面有着色并有微孔形成，对试件焊接强度及耐腐蚀性影响较大。应根据被焊金属的组成成分、厚度、表面特性和焊接任务来决定合适的焊接参数。

（二）气体保护

激光焊接过程中，空气中的 O_2、N_2、H_2 等的污染会使焊件特别是钛件变脆，甚至产生气孔、裂纹，所以焊区周围需要气体保护，常用气体为氩气。激光焊接中保护气体喷嘴的位置，一般主张小角度、对称性侧吹式设置为好。这样可以避免产生涡流，并降低空气浓度。同时，保护气体喷嘴与焊口间距离在 2cm 以内为好。一般的保护气体喷嘴内径多为 3mm，其保护气体流量要求不低于 8L / min 或压力不低于 60mmH_2O。

（三）焊接技巧

对于一般的对接焊接，为保证焊接强度，1 个焊点须覆盖相邻焊点面积的 2/3。被焊金属较厚时，应使用双面焊接，此时焊接参数的设置能使焊接深度达到金属厚度的 60%。对焊口存在一定间隙的，不填料焊接要求间隙不得大于被焊金属厚度的 15%（或间隙不大于 2mm），上下错位不得大于厚度的 25%，否则需进行填料焊接。焊丝应选择同种材料金属丝或随修复体同炉铸出的金属丝，亦可采用激光焊接专用无碳焊丝。焊接区磨平抛光后应进行喷砂处理，以免金属表面反射更多的激光束。焊接最后阶段应使用软焊接，即参数设置为低电压、长脉冲持续时间进行焊口处理，以达到更好的焊接性能和表面光洁性。

四、激光焊接与焊料焊接技术的比较

激光焊接是将激光的能量高度集中，瞬间即可将被焊金属加热到熔融状态，随后被周围的组织快速冷却而达到焊接效果，不需要包埋固定，整个焊接过程在 1 ～ 2 分钟内即可完成。因而具有温度高、能量密度大、穿透能力强、热影响区小（距焊口 1mm 以外的树脂及瓷不受任何热影响）、定位精确、操作简便、安全卫生、不降低材料机械性能和耐腐蚀性等优点，非常适合口腔修复体的焊接，特别是附着体义齿及钛的焊接。

焊料焊接是将焊料加热熔化成为液态后流布于被焊金属的间隙之中，冷却凝固后即连接为一个整体。通常要将被焊修复体包埋固定，以免焊接错位影响精度，整个模型充分预热 60 分钟，焊接时用火焰持续加热至被焊金属温度一致，还要采取防氧化措施，且仅适用于同种金属间的连接，对异种金属之间焊接强度较差，不适用于钛的焊接及精密附件的焊接。因而这种方法有加热时间长、加热范围宽、易变形、焊接强度较弱且易腐蚀变色、操作烦琐等缺点，但使用设备简单。

【任务评价】

学生完成激光焊接工作的任务后，参照评分标准进行评价（表 8-2），分析任务出现的问题，教师给予指导，学生及时改正。

表 8-2　激光焊接质量的评分标准

序号	评分要点	分值
1	判断金属桥是否需要焊接，部位是否准确	20
2	焊缝长度、宽度符合要求	20
3	焊件表面光滑、气泡少，气孔比例不大于整个焊缝的 5%	20
4	焊缝窄，熔深比大，焊接接头热影响区小，焊后工件变形小	20
5	任务实施过程中体现专业素养	20

▶任务拓展

焊接缺陷产生的原因及检验

焊接缺陷是指焊接过程中在焊接接头处产生的金属不连续、不致密或连接不良的现象，焊接缺陷的出现势必影响焊件的强度，直接影响到口腔修复体的质量，因而在实际临床应用中，应尽量避免焊接缺陷的产生。焊接缺陷的类型按照产生焊接缺陷的主要成因分为以下几种：①构造缺陷，包括错边、应力与裂纹、缺口效应。②工艺缺陷，包括咬边、焊瘤、未熔合、未焊透、烧穿、未焊满、凹坑、夹渣、焊料过多、焊角尺不合适。③冶金缺陷，包括性能恶化、夹杂物、裂纹、气孔。

通过焊接检验可以有效地控制焊接缺陷，防止废品产生，提高口腔修复体的质量。常见的焊接检验方法有射线探伤、超声探伤、磁粉探伤和渗透探伤。

—• 考试知识点总结 •—

—• 本章小结 •—

—• 协和云课堂…… 拓展练习及参考答案 •—

（张 雪）

项目九　全瓷技术

教学课件

学习目标

素质目标

通过了解全瓷技术的不同工艺，认识各类工艺的独特价值与适用场景，树立“因需施治、择优应用”的理念。明确技术核心是为患者提供适配的修复方案，在实践中兼顾各类工艺的规范要求与应用特点，以患者利益为出发点，践行精益求精的职业承诺。

知识目标

（1）掌握：热压铸瓷技术的操作流程。

（2）熟悉：粉末法全瓷技术、铸造玻璃陶瓷技术。

（3）了解：粉浆涂塑玻璃渗透技术。

能力目标

能正确完成热压铸瓷技术的操作流程，制作出可以应用于临床的修复体。

全瓷技术包括粉末法全瓷技术、失蜡法全瓷技术、CAD/CAM 全瓷技术。本项目主要介绍前两种经典技术，CAD/CAM 技术详见项目十一。

任务一　粉末法全瓷技术

任务案例

【案例】

患者，男，25 岁。因上前门牙之间缝隙要求修复治疗。无其他不适，未做过治疗。既往体健，否认药物过敏史。

口腔检查：11、21之间缝隙约1mm，探痛（–），叩（–），其余牙未见异常，全口牙龈无红肿，有牙石。

影像学检查：未见异常。

计划全口洁治后，瓷贴面恢复间隙。临床比色2M2，颈部染色，牙体预备、取模后填写修复体加工厂单，送至加工车间。加工单要求制作全瓷贴面。

【问题】

1．全瓷技术包括哪些？

2．不同全瓷贴面的制作工艺有哪些？

3．选用哪种全瓷贴面更适合这个病例？

【任务分析】

一、概述

粉末法全瓷技术是一种牙修复技术，主要是通过将精细的陶瓷粉末进行特定的处理和加工，以制作全瓷修复体。按工艺也可称其为粉浆涂塑技术，包括常规粉浆涂塑技术与粉浆涂塑玻璃渗透技术两种类型。

二、粉末法全瓷技术的分类

（一）常规粉浆涂塑技术

常规粉浆涂塑技术与烤瓷熔附金属全冠的制作方法颇为类似，即将一定量的瓷粉用蒸馏水调拌成粉浆，直接涂塑于铂金箔基底或特种耐火材料上，经高温烧结制成全瓷修复体的技术。这种工艺的全瓷不足以承受全冠的抗力，技术要求较高，但美观效果好，因此目前临床上多用于美容性瓷贴面或双层瓷全冠的饰瓷部分。

（二）粉浆涂塑玻璃渗透技术

粉浆涂塑玻璃渗透技术又称粉浆涂塑及玻璃渗透工艺，其核心在于高强度的玻璃渗透氧化铝、氧化锆或者尖晶石等陶瓷底层材料。粉浆涂塑是把液状氧化铝或者其他粉浆涂抹并塑造在复制所得的专用耐火代型之上，随后耐火代型上的孔隙借助毛细管作用吸收粉浆里的水分，促使粉浆变得致密，进而形成基底冠雏形。接着，将其与耐火代型一同置于高温环境下进行烧结，以此形成多孔的基底冠底层。之后再涂上玻璃料进行烧烤，当熔化后的玻璃渗入氧化铝、氧化锆等微粒的孔隙当中时，便能够消除微粒间的孔隙，并且限制可能出现的裂纹扩展，从而增强材料的强度。在基底冠形成以后，再按照常规方式堆塑饰瓷材料，最终完成修复体的制作。该工艺存在核不透明、加工需要特殊设备、花费大、制作时间长等问题，故目前已不常用。

三、粉末法全瓷技术的制作工艺

（一）常规粉浆涂塑技术

下面以在耐火材料上应用常规粉浆涂塑技术制作贴面为例介绍本技术的制作工艺。

1. 制作主模型 使用专用液处理印模，可降低印模与石膏间的表面张力，减少灌注时产生气泡的概率。采用超硬石膏灌注主模型，模型灌注后，先让石膏初步硬固30分钟，接着将模型从印模中取出，以便进一步干燥并完全硬化。

2. 涂间隙材料 制作耐火模型前，可于模型基牙唇面仔细涂布一层间隙材料（间隙漆），这一操作可以为贴面的粘接提供空间。需要注意避免涂布到预备边缘处，以免造成修复体边缘不密合。

对于间隙材料的选择需谨慎，贴面的后期处理（如应用陶瓷封闭剂、喷砂、酸蚀等）可能会形成15～20μm的空隙，在这种情况下，涂布间隙材料的作用仅仅是为特殊病例（如严重变色牙）额外提供0.1mm的间隙。医师可借助此间隙，利用树脂进行遮色操作。

3. 制作耐火代型 耐火代型材料的热膨胀系数应与瓷贴面材料的热膨胀系数一致，否则会导致瓷贴面与基牙间不匹配，甚至导致修复体的折裂。

采用局部托盘，用硅橡胶翻制工作区局部印模，注意贴面仅需制取基牙唇/切区域的印模，然后用耐火代型材料灌制耐火代型，待代型硬固后打磨修整代型。

4. 耐火代型除气 为避免堆塑瓷贴面时气体从耐火代型材料中溢出，残留于瓷贴面与代型表面之间，从而影响修复体的适合性，必须在堆瓷前将耐火材料内的气体去除。除气程序应参考耐火代型材料生产厂家的说明。

5. 封闭边缘 为避免耐火代型从瓷粉浆中吸收水分，可在瓷承接面及边缘区域涂抹专用的耐火代型封闭剂。封闭剂的涂布范围应当超过唇面边缘，从而获得良好的边缘封闭效果。按照所用瓷粉的烧结周期对处理后的耐火代型进行烧结。当耐火代型从炉中取出时，其表面应形成一层壳膜，若没有，则需重新进行封闭。

6. 堆塑瓷贴面 堆塑瓷贴面时，尤其是在耐火代型上进行操作时，通常需要经过2～3次的过程才能够获得理想的形状。在堆瓷之前将耐火代型放置于蒸馏水中浸泡4～5分钟。第一次堆瓷的厚度为0.3～0.4mm，此层比较薄，在烧结后可能会出现收缩或者裂纹；第二次堆瓷应当覆盖第一次不够准确的区域，并构建出整体的轮廓。将瓷粉压紧后放置在特定的烤瓷炉内进行烧结和上釉。

7. 分离贴面与耐火代型 在贴面上釉且缓慢冷却后，使用合适的车针仔细进行修整，尽可能去除贴面周围残留的耐火代型材料。接着，用20～50μm的氧化铝在0.3MPa的压力下进行喷砂，以彻底去除贴面界面处的耐火材料。

把贴面放置在清洗剂中超声清洗3分钟，利用橡皮轮轻轻去除飞边及边缘延伸过度的部分，随后将贴面放回主模型上进行调试。

（二）粉浆涂塑玻璃渗透技术

粉浆涂塑玻璃渗透技术虽然已经不常应用，但在其出现年代也解决了常规粉浆涂塑技术中全瓷材料的强度问题，根据材料强度的不同可制作不同修复体，例如，低强度的材料适合制作嵌体、高嵌体和前牙单冠；中等强度的材料适合制作前牙冠、后牙冠和前牙三单位固定桥；高强度的材料适合后牙三单位固定桥。下面以 In-Ceram Alumima 系统为例介绍本技术的制作工艺。

1. 模型加工

（1）模型制作：临床取模后将硅橡胶印模送至车间，需灌注两副超硬石膏模型。其一用于制作可拆卸代型，其二用于试戴、转移及在最终检查完成后服务于底冠制作。若临床上已灌注超硬石膏模型，则需再翻制一副相同模型。同样地，制作一副可拆卸代型和一副不进行代型分割的模型。

（2）修整代型：填平缺损和倒凹。

（3）涂布间隙材料：在可拆卸代型上均匀涂布 2 ～ 3 层间隙材料（约为 45μm），每涂一层至少间隔 5 分钟，最后一次涂完等待 10 分钟，注意间隙材料不能涂到预备体边缘处。

（4）制作蜡型：制作固定修复体时应在桥体制作缺牙蜡型支柱，以帮助基底材料定型，同时加快基底材料应用过程中液体的挥发，蜡型支柱不能有任何的倒凹。

2. 复制耐火代型 使用硅橡胶复制工作代型，待材料硬化后脱模，喷表面张力去除剂，搅拌专用代型石膏，1 小时后脱模，用彩铅笔标出预备体的边缘线。涂布分离剂待干燥 10 分钟后进行粉浆涂塑。

3. 粉浆涂塑基底材料 将混合液、添加剂与氧化铝瓷粉依据规定比例进行混合，置于振荡器上振动，使其成为无黏性的均质体，随后进行 20 秒的抽真空操作。该粉浆具有一定的流动性，在特定压力下能够硬固。

使用毛笔将粉浆涂塑至代型上，以形成预计的冠核形态。代型易吸收液体，这有助于氧化铝颗粒紧密堆积。在涂塑过程中，动作要迅速且保持不间断，以防涂层表面因过度干燥而出现“洋葱皮效应”。

对于前牙冠而言，其冠厚度至少应为 0.5mm；后牙冠的内冠厚度至少为 0.7mm，颈缘处为 0.5mm。连接体应尽可能做到最大尺寸，以避免形成深沟而导致应力集中。

4. 干燥 涂塑完成的内冠与蜡类似，可借助雕刻刀等工具塑造出最初的内冠形态。完成的氧化铝冠核在干燥 30 分钟后，涂上液体稳定剂，以便在烧结后易于进行修改。

5. 烧结 将底冠素坯放入全瓷炉中进行第一次烧结，从室温用 6 小时升温至 120℃，再用 2 小时升温至 1180℃，保持 2 小时，然后炉内自然冷却至 400℃，打开炉膛后再降至室温。

6. 试戴 烧结完成后的铝瓷底冠强度较素坯有所提高，可以在工作模型上试戴。首先去除间隙材料，然后小心地将烧制好的铝瓷底冠放在模型上试戴。如有必要，可以使用低速、细粒金刚砂车针少量调改，但应注意不要加力，特别是在底冠边缘区域。

7. 玻璃渗透 将渗透陶瓷玻璃粉与蒸馏水混合成糊状，用刷子涂刷在底冠表面（注意不能涂刷在底冠边缘）。涂好后，放在铂金针上进行第二次烧结。

在 600℃左右的炉膛口干燥数分钟，然后用 30 分钟左右时间从 600℃升温至 1140℃，再在 1140℃保持 2.5 小时，然后炉内冷却。

8. 去除多余的玻璃粉 先用粗金刚石车针或其他不产热的打磨工具去除多余的玻璃粉，调磨深度不要到达底层冠表面。然后用 50μm 的氧化铝颗粒在 0.6MPa（颈部减为 0.3MPa）压力下喷砂去除打磨后仍残余的玻璃粉。

9. 饰面 在渗透好的内冠表面涂塑饰面瓷，其制作过程同烤瓷熔附金属修复体。

【任务评价】

学生完成全瓷贴面制作的任务后，参照评分标准进行评价（表 9-1），分析任务出现的问题，教师给予指导，学生及时改正。

表 9-1　粉末法全瓷技术的评分标准

序号	评分要点	分值
1	对照设计单，标记修复体位置，选择正确技术	10
2	制作主模型，主模型完整，无气泡、损伤	10
3	涂代型间隙材料，注意厚度适宜	10
4	翻制耐火代型，确保耐火代型的精确度	10
5	耐火代型的除气，按厂家说明进行操作	10
6	边缘封闭，出现封闭膜	10
7	堆塑瓷贴面（仅要求堆塑形态）	10
8	分离贴面与耐火模型，去除多余耐火材料	10
9	任务实施过程中体现专业素养	20

▶任务拓展

学全瓷技术，做创新人才

深入了解全瓷技术的前世今生，不仅能拓宽专业视野，还对塑造科学思维、培育创新精神具有重大意义。通过探寻全瓷技术从过去到现在的发展历程，能够学会以发展的眼光看待问题。在这一过程中，可以见证无数技术人员的智慧与努力，了解技术突破背后的艰辛与坚持。全面理解全瓷技术，有助于培养自身的创新意识，学会从历史中吸取经验教训，激发对未知领域的探索欲望。同时，这种对技术发展的深入了解也能提升科学素养和批判性思维能力，在面对新的挑战时，能够运用所学知识进行分析和创新，为未来的科技进步贡献自己的力量。

任务二 失蜡法全瓷技术

任务案例

【案例】

患者，男，33岁。右上前门牙外伤治疗后，要求进行冠修复治疗。既往体健，否认药物过敏史。

口腔检查：11冠折切1/3缺失且有变色，叩（–），松（–），21、12外形未见异常，牙龈未见明显异常。

影像学检查：11根管内可见致密充填物，恰充；21、12根尖未见异常。

经患者同意，拟行11铸瓷冠修复，比色见图9-1。牙体预备后取模，填写义齿加工厂单，送至加工车间。加工单要求：制作铸瓷全冠。

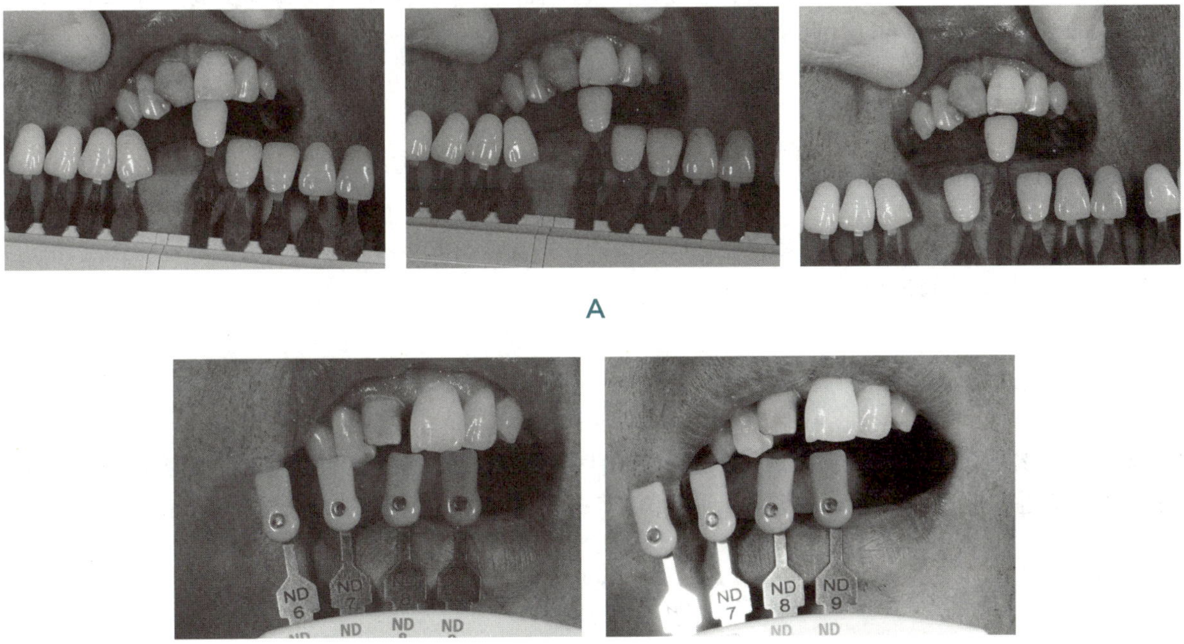

图9-1 备牙前后不同光线下的比色

A. 备牙前不同光线比色；B. 备牙后不同光线比色。

【问题】

1. 铸瓷全冠的种类有哪些？
2. 试述热压铸瓷技术的工艺流程。

【任务分析】

铸瓷技术的实质是失蜡法全瓷技术，它包括铸造玻璃陶瓷技术和热压铸瓷技术两大类，制作方法和步骤均与铸造金属修复体相类似，其工艺流程为代型制作、蜡型制作、包埋、烘烤、焙烧、铸造、调磨和抛光。两种类型的区别在于前者是将陶瓷材料高温熔融铸造，后者是将陶瓷材料低温加热挤压成型。

一、铸造玻璃陶瓷技术

（一）定义

铸造玻璃陶瓷技术是通过特定的铸造方法让材料呈现出类似玻璃的状态，接着对其进行加热处理，在这个过程中材料会出现结晶的部分，进而变成类似陶瓷的状态。

（二）铸造陶瓷材料的分类

1. 云母系铸造玻璃陶瓷 其晶化前玻璃体含 SiO_2、MgO、K_2O 较多，晶化后生成物主晶相为四硅氟云母。

2. 磷酸钙结晶类铸造玻璃陶瓷 其晶化前玻璃体含 CaO、P_2O_5、SiO_2 较多，晶化后生成物是磷灰石类结晶（$CaO-P_2O_5-MgO-SiO_2$）。

（三）制作过程

1. 在高温（1350 ～ 1400℃）下将晶化前玻璃体进行熔化，通过失蜡技术进行玻璃的铸造成型，制成修复体的坯体。
2. 将坯体进行结晶化热处理使之瓷化形成玻璃陶瓷修复体，此步可明显提高玻璃陶瓷的强度和韧性。
3. 在模型上试戴修复体。
4. 着色和上釉。

（四）铸造玻璃陶瓷的特点

该材料在物理机械性能、导热率、透明性和半透明性（透明性达 50%）、折光率和硬度等方面均与牙釉质接近，但其制作费时、复杂，强度较差，操作技术敏感性强，已经不被临床应用。

二、热压铸瓷技术

（一）定义

热压铸瓷技术又称注射成型铸瓷技术，即采用注射成型法或热压工艺制作全瓷修复体。热压铸的过程在某种程度上高度类似于铸造玻璃陶瓷的铸造过程。先常规制作修复体或基底冠蜡型并包埋，然后在一定压力下将软化而非熔化的瓷，注入或压铸到因失蜡形成的蜡型空腔中形成修复体雏形或基底冠，最后上色或在基底冠上涂塑烧结饰瓷材料。

（二）热压铸瓷陶瓷材料的分类及应用

1. 白榴石增强型长石瓷 此类材料的抗弯强度一般在 120 ～ 160MPa，主要用于贴面、嵌体、高嵌体、前牙单冠修复。

2. 二硅酸锂增强型玻璃陶瓷　此类材料目前应用较为广泛。此种材料的抗弯强度一般在 350MPa 左右，断裂韧性较大，一般用于制作前牙和后牙的单冠及三个单位的前牙桥或前磨牙固定桥。

两种热压成形全瓷材料均配有多种颜色与透明度的瓷块，能满足多种牙色的选择，并配有多种相配套的饰瓷瓷粉，能达到良好的修复效果。

（三）制作工艺

1. 比色　医师或技师用铸瓷系列比色板按常规精确比色，技师依此选择相应瓷块制作。与金瓷修复体的制作不同，铸瓷修复体的最终色泽由基牙预备后的牙齿颜色、瓷块颜色、涂层材料颜色和粘接材料颜色这四种因素决定。

2. 制备工作模型及代型　工作模型（图 9-2）及代型的制作详见项目三。但涂布间隙剂（图 9-3）时需注意，可根据制作修复体种类的不同调整涂布间隙剂的厚度。

（1）嵌体、高嵌体：按区域不同涂布 0 ～ 3 层间隙剂。

（2）贴面、部分冠和单冠：可涂 2 层间隙剂，注意距离肩台边缘 1mm 的区域避免涂布。

（3）固定桥：基牙同样需要涂 2 层间隙剂，此外在缺失牙侧再多涂 1 层，可以避免摩擦。

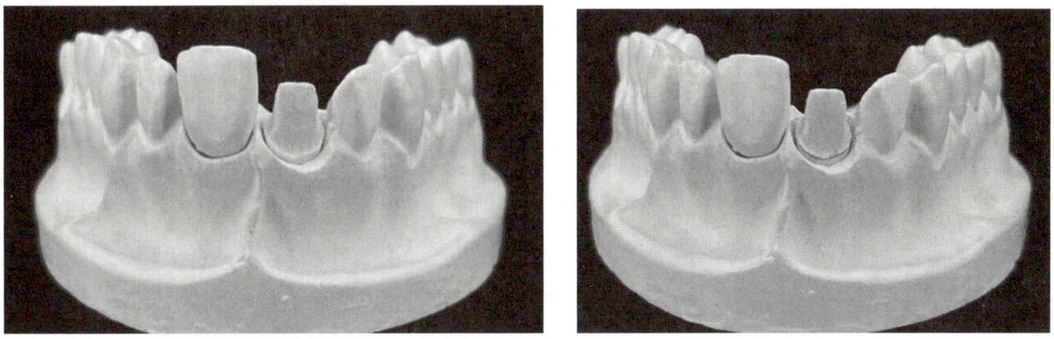

A　　　　B

图 9-2　工作模型

A. 工作模型；B. 确定工作边缘。

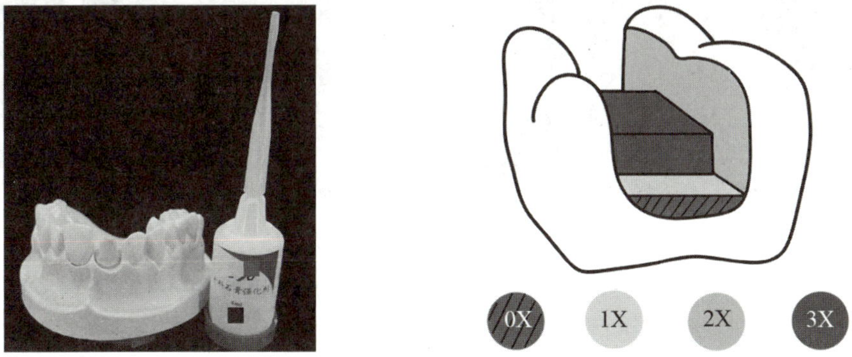

A　　　　B

图 9-3　涂布间隙剂

A. 石膏模型和间隙剂；B. 嵌体（不同面有不同厚度）；C. 瓷贴面（两层间隙剂）；D. 全冠（两层间隙剂）；E. 固定桥（两层间隙剂的基础上，在桥体侧加一层间隙剂）。

C　　D　　E

图 9-3 （续图）

视频：
制作蜡型

3. **制作蜡型**　根据全瓷冠的结构分两种制作方法。

（1）单层瓷结构或全解剖型铸瓷修复体的蜡型制作：采用高品质成形蜡，依据咬合关系并参照邻牙及对侧同名牙的形态，制作出全解剖形态的蜡型，后期进行染色。这种方法在贴面、嵌体、后牙单冠、前磨牙固定桥等的制作中应用较多。如果前牙天然牙的透明度欠佳，这种蜡型设计同样可以使用。

（2）双层瓷结构的铸瓷修复体的蜡型制作（图 9-4）：这种结构的修复体因为有饰瓷层，所以半透明度较好，适合用于对美学要求较高的牙位修复。首先要完成全解剖形态修复体的蜡型制作，接着取硅橡胶指示阴模，按照硅橡胶指示把蜡型回切，形成铸瓷基底内冠的形态，预留出饰瓷空间。注意有的修复体仅需回切留出釉质瓷的空间。

该蜡型制作要求：①饰瓷瓷层厚度要均匀一致，以确保饰瓷瓷层在烧结过程中收缩与膨胀均匀一致。②内冠厚度应不低于瓷层厚度以确保修复体的强度。③注意蜡型不要留出锐边和锐角，以防止在瓷块压铸过程中出现包埋材料折断而影响修复体质量。④制作固定桥的蜡型时，连接体的横截面积至少为 $16mm^2$（4mm×4mm）。理想情况下连接体截面高度要大于宽度。

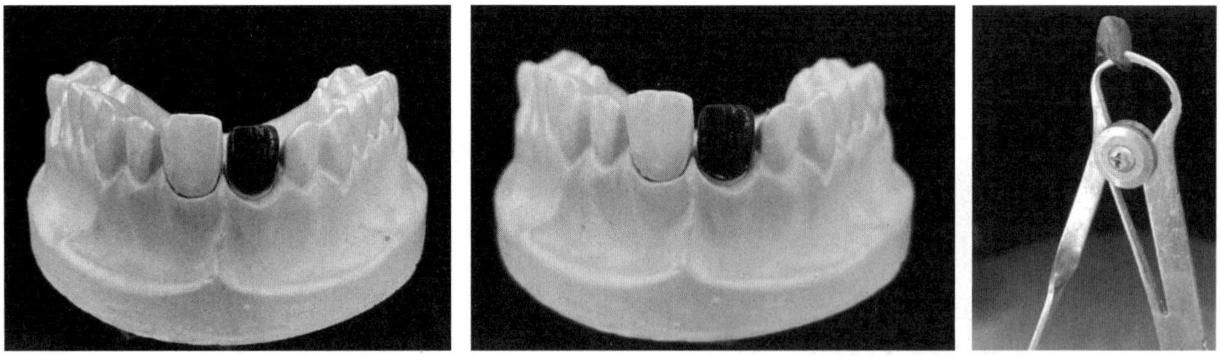

A　　B　　C

图 9-4　双层瓷结构的铸瓷修复体的蜡型制作

A. 双层瓷内冠蜡型制作；B. 封闭边缘蜡；C. 检查蜡型厚度。

视频：
安插铸道
及包埋

4. **安置铸道及安插底座（图 9-5）**

（1）铸道蜡线的直径：单牙位修复体铸道直径约为 2.5mm，多牙位修复体铸道直径约为 3mm。

（2）铸道蜡线的长度和方向：蜡线长度为 3 ～ 8mm。铸道黏附于蜡型上时方向与牙长轴方向一致，铸道和蜡型的总长不应超过 16mm，考虑铸瓷流动的方向，蜡型固定在底座上时铸道的角度与底座成 45°～ 60°。

（3）底座上蜡型的间距：蜡型之间的距离应不小于 3mm，蜡型与包埋圈内壁之间的距离不小于 10mm。

（4）本步操作还需注意，只有一个单冠蜡型铸造时，需要安插假象铸道；精细的桥体铸造时，需要在桥体上附加一条辅助铸道。所有连接点（修复体蜡型、铸道和底座三者之间）要光滑圆钝，不要出现锐角。

5. 包埋　包埋需用铸瓷专用包埋材料，依据蜡型重量选择合适大小的包埋圈与瓷块。确定蜡型重量时，可先封住底座开口称底座重量，再把蜡型放底座上固定后称重，两者之差即为蜡型重量。大包埋圈配大铸瓷块，蜡型重量不超过 1.4g；小包埋圈配小铸瓷块，蜡型重量不超过 0.6g。用于铸造的蜡型称为熔模。

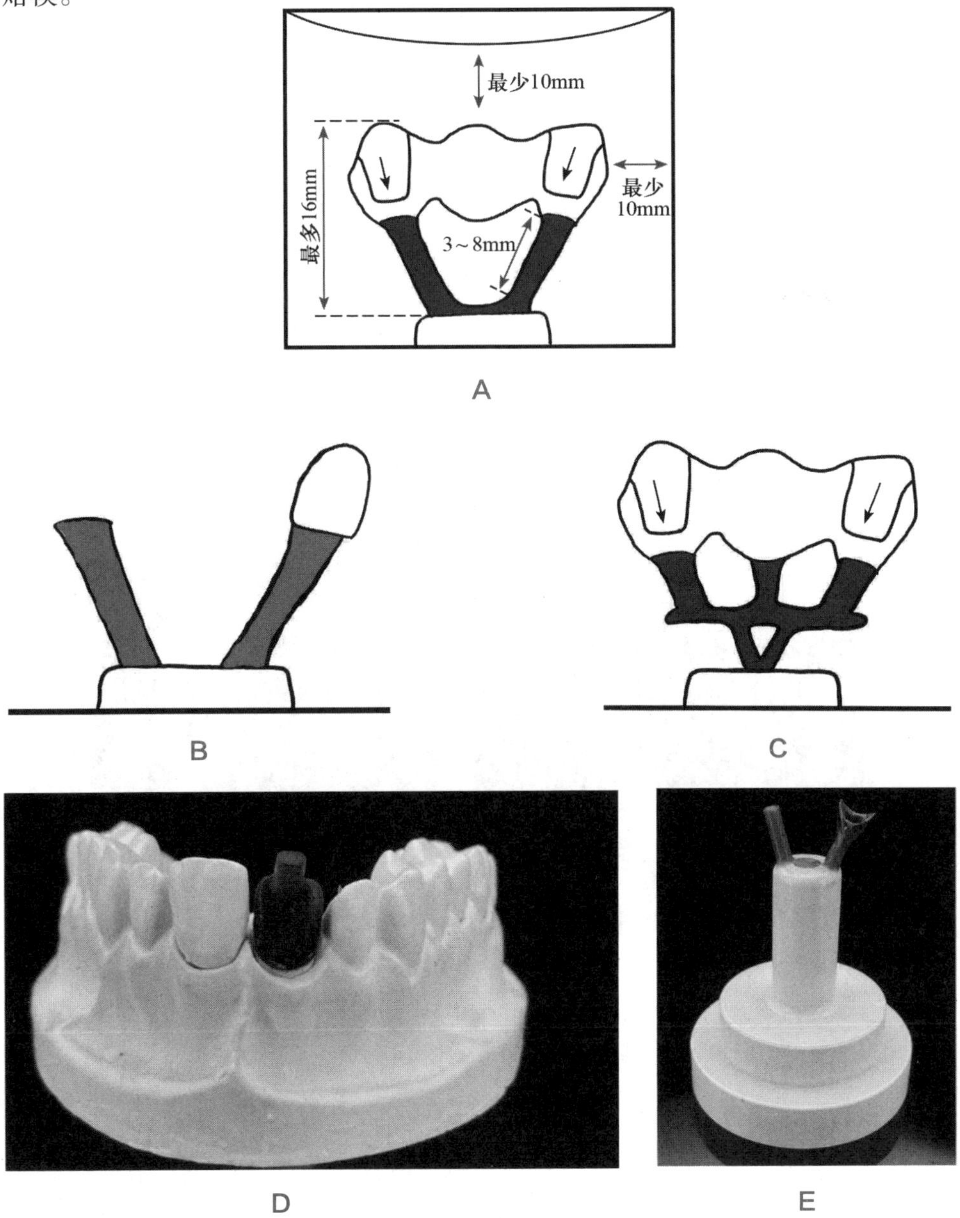

图 9-5　安置铸道及安插底座

A. 铸瓷修复体铸道系统安插要求；B. 假象铸道；C. 辅助铸道；D. 蜡型上安插铸道；E. 假象铸道的安插。

用配套包埋圈放在包埋底座上。按照包埋材料说明真空搅拌后，在振荡器上缓缓倒入包埋圈，防止气泡产生，然后小心盖底盖。

包埋材料硬固后，去掉表面软圈（包埋圈）和底座，此时由包埋材料包埋熔模的凝固体称为铸型。用雕刀除掉表面粗糙处，尤其是底部不平处，确保铸型底部与长轴垂直。注意：①包埋前的蜡型不能有任何清洗剂。②包埋材料不能进入铸道，否则需要吹出。

6. 预热 应用预热炉进行预热。根据包埋材料种类选择不同预热方式，快速包埋材料在包埋45～60分钟后直接放入预热炉，850℃维持45～60分钟（大铸型60分钟、小铸型45分钟）。常规包埋材料在室温下放入预热炉，300℃维持30分钟后再于850℃维持45分钟。为了保证铸瓷质量，还需注意以下几点。

（1）根据所选择瓷块种类的不同决定是否对瓷块和推杆（压柱）进行预热处理。

（2）注意不要与其他铸造物（如金属铸造圈等）一起预热，以免氧化物沉淀在铸瓷块上使瓷块变色。

（3）铸型应放在预热炉后部，有利于均匀受热，铸口应向下倾斜。

（4）铸型要尽快放入预热炉中，防止炉温骤降。如果一个炉内同时放入多个铸型，预热的时间要延长，每增加一个铸型延长15～30分钟。

（5）铸型不能互相接触，否则会影响加热和稳定。

7. 压铸 将选好的瓷块放入预热后的铸型，再放入涂有分离剂的推杆，迅速把铸型置于铸瓷炉中央，此过程一般在30秒左右完成，以防铸型温度下降过多。铸瓷程序完成后，立即取出铸型放在冷却格中冷却至室温，冷却格可让铸型快速均匀冷却，避免热量积累（图9-6）。

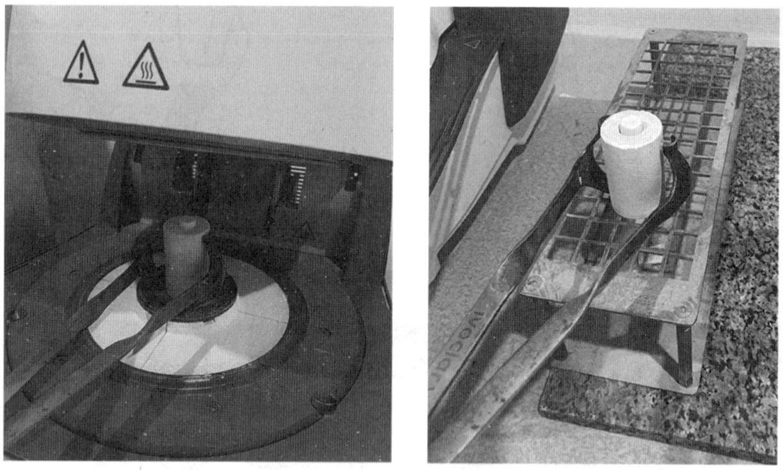

A　　　　　　B

图9-6　铸型的压铸与冷却

A. 将铸型放入铸瓷炉中压铸；B. 将压铸好的铸型放在铁架上冷却。

8. 去除包埋材料（图9-7） 在铸造完成约60分钟后，铸型冷却至室温后可见铸型有裂纹出现，此为铸瓷材料、包埋材料、推杆等不同材料的热膨胀系数不同而导致的结果。用切片分离包埋圈，使推杆或铸瓷材料完全分离。使用50～100μm的玻璃珠以4bar的压力进行喷砂（不用氧化铝，否则易磨损铸瓷修复体），当铸件暴露后，将压力降至2bar，将包埋材料去除干净。喷砂时喷嘴方向应与铸件表面保持斜角，不能垂直喷射以避免破坏薄弱的边缘，也不能长时间固定于一点喷射。

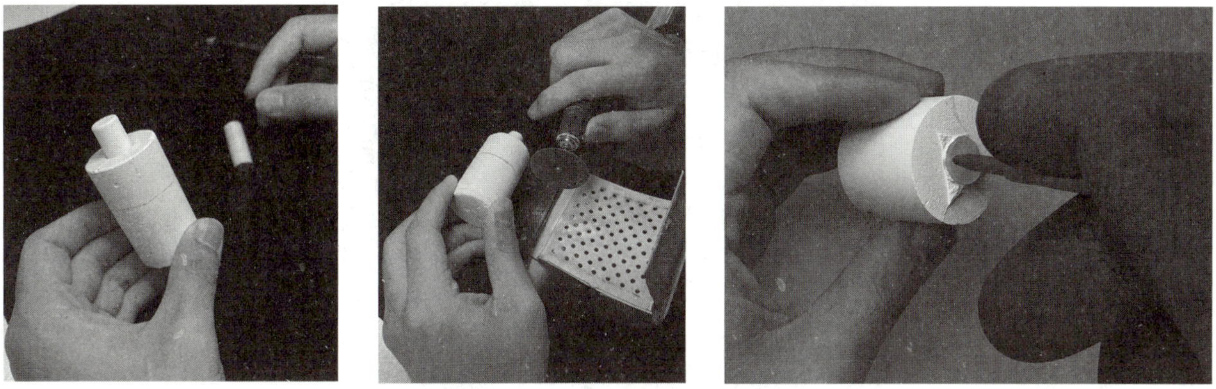

A　　　　B　　　　C

图 9-7　去除包埋材料

A. 标记压铸推杆长度；B. 用切片分离铸型；C. 铸件喷砂。

9. 去除反应层　将铸件放入盛有酸蚀液（含＜1% 的氢氟酸）的容器中，用超声振荡清洗 10～30 分钟，后用清水清洗，再用氧化铝以 1bar 的压力喷砂，直到彻底去除反应层（图 9-8）。

图 9-8　去除反应层

10. 打磨试戴（图 9-9）　在足够水冷却条件下，使用专用磨头打磨工具调磨铸件，可使用试戴指示剂调磨就位，注意打磨后铸造内冠的厚度不应小于 0.7mm。

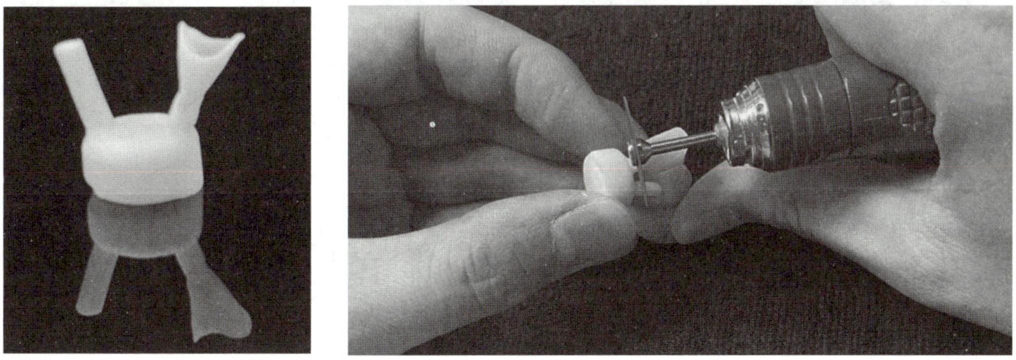

A　　　　B

图 9-9　打磨试戴

A. 去除反应层后的修复体；B. 用切片分离修复体；C. 试戴就位；D. 修复体修整后的唇面观；E. 修复体修整后的舌面观。

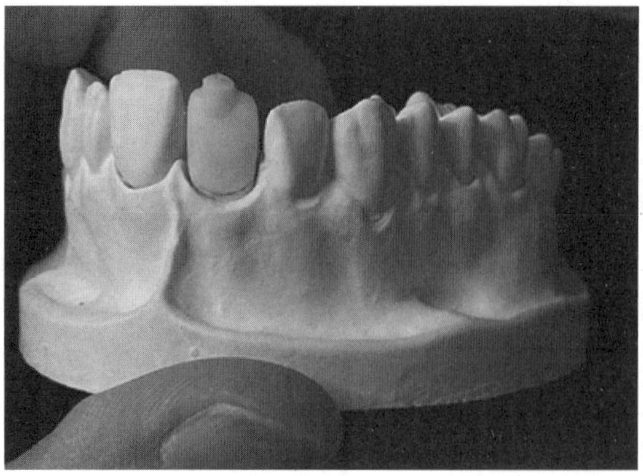

C

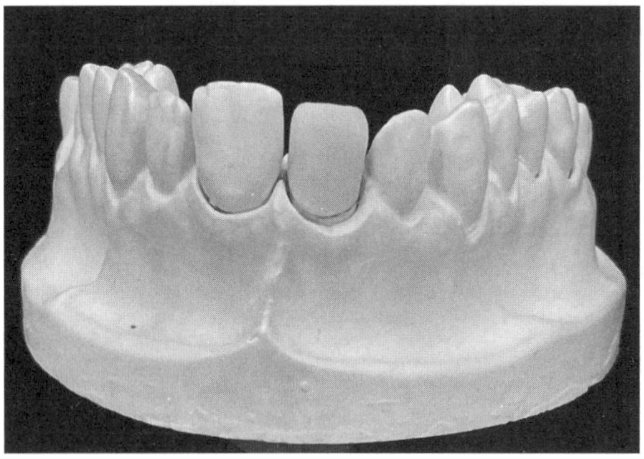

D

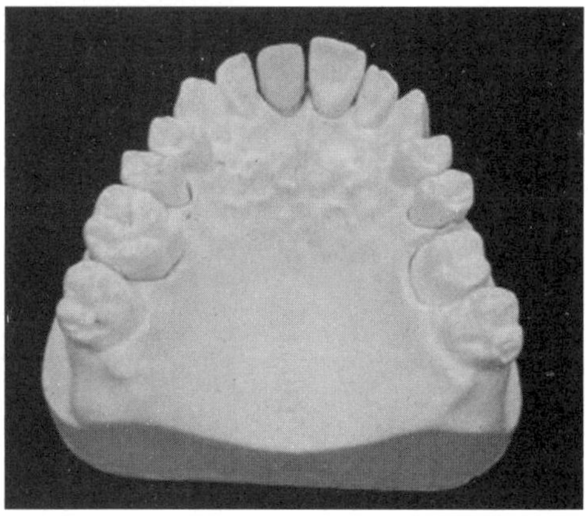

E

图 9-9 （续图）

11. 烧结结合层（图 9-10） 在回切技术中，于切 1/3 处用透明切端瓷、效果瓷或者修色剂和染色剂涂上薄薄一层来进行结合层操作。在涂层技术里，用薄体瓷或体瓷在内冠表面均匀涂上薄薄一层进行结合层操作。不管是回切技术还是涂层技术，具体操作都是先在内冠上涂一层釉液，接着在上面均匀撒上一层瓷粉，最后放进烤瓷炉烧结。

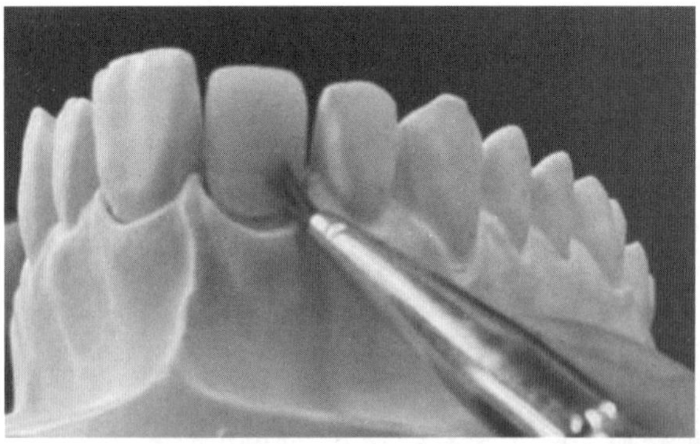

A

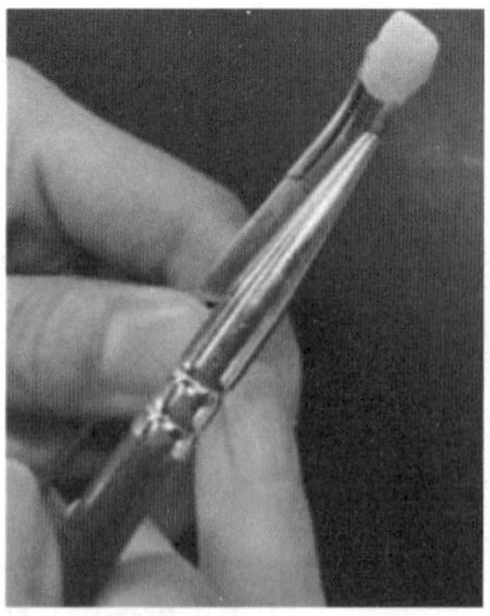

B

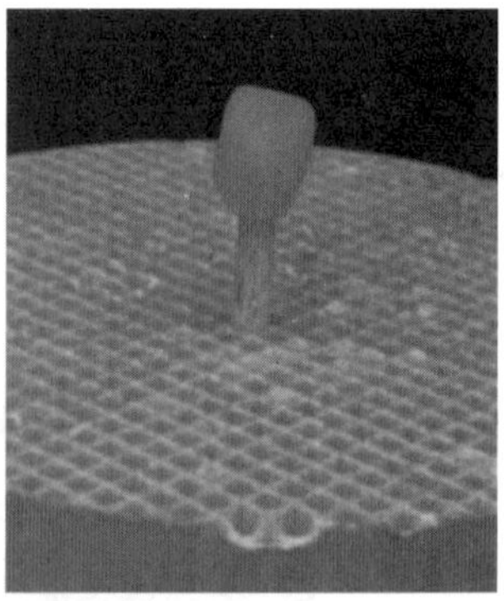

C

图 9-10 烧结结合层

A. 涂釉液；B. 撒瓷粉；C. 烤瓷炉中烧结。

12. 饰面与染色 使用饰面技术（图 9-11）或染色技术完成修复体的外部形态和颜色。通常贴面、嵌体采用染色技术，而冠、桥多采用饰面技术，其过程同烤瓷熔附金属修复体。此过程中，需注意外部所选的染料和瓷粉必须与内部热压铸瓷有协调匹配的膨胀系数和烧结温度。

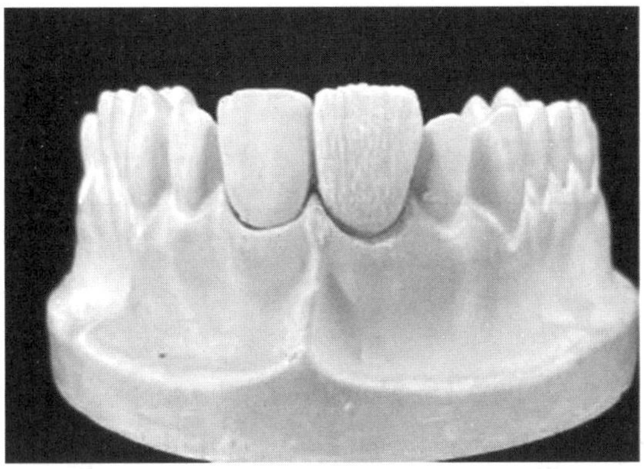

A

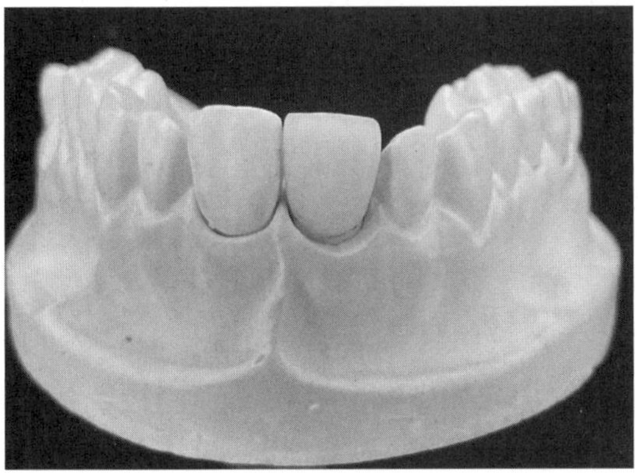

B

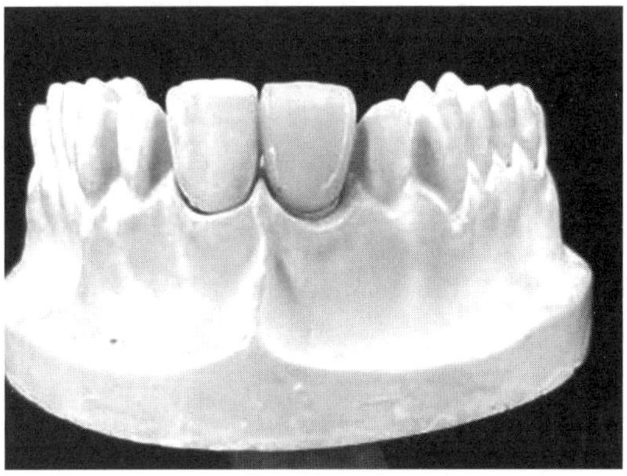

C

图 9-11 饰面技术步骤完成展示

A. 堆瓷完成；B. 精修完成；C. 上釉完成。

【任务评价】

学生完成铸瓷制作的任务后，参照评分标准进行评价（表 9-2），分析任务出现的问题，教师给予指导，学生及时改正。

表 9-2 热压铸瓷技术的评分标准

序号	评分要点	分值
1	模型与设计单一致，标记缺失牙位相符，核对比色结果正确	10
2	模型及蜡型的制作合格	20
3	铸道的安插、包埋和铸造过程符合操作规范	20

续　表

序号	评分要点	分值
4	去除包埋材料及后处理	10
5	瓷的处理操作过程规范，瓷的颜色和比色匹配	20
6	任务实施过程中体现专业素养	20

▶任务拓展

铸瓷的特点

口腔修复患者的就医诉求多样，目的多元，既有病理性和功能性需求，也有对救死扶伤的期望及美白自信的愿望。所以，口腔医师和技师的工作既像雪中送炭，又似锦上添花。要想最大程度服务患者，需了解铸瓷特性，以免在工作中出现以下问题。

1. 修复体比色时需要使用与铸瓷瓷块及瓷粉颜色相对应的比色板。铸瓷修复体的最终色泽效果需考虑牙齿本身的颜色和粘接材料的颜色。

2. 由于材料抗弯强度的限制，使用铸瓷材料制作修复体时最多可以做三个单位的前磨牙以前的固定桥。

3. 对工作代型涂布间隙剂时，需根据修复体类型涂布不同的间隙剂厚度。

4. 铸瓷修复体或铸瓷内冠打磨完成最终烧结时，建议使用蜂窝状烧结盘和相应圆形顶部边缘的烧结钉，以避免修复体粘接在烧结钉上并且利于均匀受热。

—• 考试知识点总结 •—

—• 本章小结 •—

—• 协和云课堂……　拓展练习及参考答案 •—

（王　熙　周　凤）

项目十　种植固定修复技术

教学课件

视频：种植固定修复技术

学习目标

素质目标

将“精益求精的工匠精神”融入细节与整体考量中，确保修复效果精准稳定、协调长效，以患者需求为核心，践行规范负责的职业担当。

知识目标

（1）掌握：种植固定义齿模型的制作方法。

（2）熟悉：牙列缺损种植固定修复工艺过程。

（3）了解：牙列缺失种植固定修复上部结构制作方法。

能力目标

能制作一单位牙种植义齿的模型。

任务一　牙列缺损种植固定修复及暂时冠制作技术

任务案例

【案例】

患者，男，28 岁。右上后牙种植术后，要求二期修复。既往体健，否认药物过敏史。

口腔检查：15 缺失，愈合帽与牙龈之间未见明显异常；全口其他牙未见异常，叩（–），松（–），牙龈未见明显异常。

影像学检查：15 种植体与周围组织之间未见间隙。

计划 15 行烤瓷冠修复。取下愈合帽，安装转移杆，聚醚硅橡胶取印模，比色，传递比色照片。制作 15 种植义齿。

【问题】

1. 阐述种植修复体的基本构造及分类。
2. 阐述牙列缺损种植固定义齿的模型制作过程。
3. 阐述牙列缺损种植固定义齿上部结构的制作方法及制作过程。

【任务分析】

一、种植修复的理论基础

（一）种植修复体的基本构造

种植修复体由三部分组成，即种植体、基台和上部结构。上部结构是牙冠、固定桥或覆盖义齿等修复体，其作用是修复缺失的临床牙冠，承担咀嚼功能。

（二）分类

1. 根据上部结构的固位方式分类

（1）固定式种植义齿（fixed implant supported denture）：上部结构通过粘接剂或专用螺丝固定于种植体基台上，常用于单颗牙缺失和多颗牙缺失，修复设计包括冠、联冠或固定桥，患者不能自行取戴。固定式种植义齿根据固位方式分为粘接固位式和螺丝固位式种植义齿。前者是通过粘接剂固定于种植体基台上的修复体，需要≥ 4mm 的颌间距离。后者的顶端或侧面留有固位螺孔，修复体准确就位于基台上，采用金属螺丝固位，对颌间距离要求不高。

（2）可摘式种植义齿：包括无牙颌种植体支持式覆盖义齿（implant supported complete overdenture）和局部种植可摘义齿（implant supported removable denture）。无牙颌种植体支持式覆盖义齿是通过固定于种植体上的附着体进行无牙颌义齿的支持、固位，患者可自行取戴，能够较好地恢复面部丰满度。局部种植可摘义齿极少使用，常见于种植体植入方向偏离原定位置、种体数量不够等而患者又不愿取出重做时，将该种植体作为支持结构进行可摘义齿修复，可有效防止义齿下沉而出现压痛。

2. 根据缺牙数目和修复方式分类

（1）单颗牙种植义齿：又称种植单冠，即在基台上直接制作全冠，可采用螺丝固位，亦可行粘接固位，患者不能自行取戴，美观、舒适。

（2）多颗牙种植义齿：按固位方式分为固定式种植义齿和可摘式种植义齿，后者极少用。固定式种植义齿可分为种植体支持式联冠、种植体支持式固定桥，患者不能自行取戴。

（3）无牙颌种植体支持式义齿：按固位方式分为无牙颌种植体支持式固定义齿和无牙颌种植体支持式覆盖义齿。下颌无牙颌种植固定义齿通常设计 4 颗以上种植体，上颌无牙颌种植固定义齿则设计为 6 颗种植体。无牙颌种植体支持式覆盖义齿属于可摘式种植义齿。就上部结构与基台的连接形式而言，无牙颌种植覆盖义齿主要包括球帽附着式、套筒冠附着式、杆卡附着式和磁性附着式种植义齿等。

3. 根据是否永久使用分类

（1）过渡性义齿：即暂时义齿或临时义齿，在戴入永久性修复体之前所用，具有保护塑形牙龈组织、保持修复空间、诊断及美观等作用。

（2）永久性义齿：又称最终修复体，是患者就诊结束时佩戴的可长时间使用的修复体。

本任务仅对牙列缺损种植固定修复部分进行讨论。

二、牙列缺损种植固定义齿的制作

无论哪种分类，种植义齿制作过程中，制作的种植模型都分为两大类，即传统模型和数字化模型。本项目仅讨论传统模型，其取模方式有两种类型。

（1）通过基台水平取模，得到含有基台的模型，该方法是将基台在口腔内的位置、方向转移到工作模型上。具体操作：在取下愈合基台后，安装最终基台并拧紧或敲击到位后，安装基台印模套筒，待印模取出后，将专用的基台与种植体一体的替代体插回印模中，注入人工牙龈后灌制石膏。

（2）通过种植体水平取模，得到含有种植体替代体的模型，该方法是将种植体在口腔内的位置、方向转移到工作模型上。具体操作：在种植体上安装转移杆，制取印模，印模完成后将转移杆与种植体替代体连接，注入人工牙龈后灌制石膏。

具体制作步骤如下。

（一）翻制与修整模型

临床将制取好的印模送至技工车间后，技师首先要检查印模是否清晰，种植体替代体与转移杆连接是否牢固、在印模中是否稳定，然后清除印模中残余的唾液和血迹，准备翻制模型。

1. 灌注人工牙龈　人工牙龈（artificial gingiva）是一种硅橡胶材质，可准确反映种植体颈部周围牙龈组织的形态与位置，且能从模型上反复取戴。在翻制模型前先放置人工牙龈，其有调拌型和抢混型，按说明书将其注入替代体周围（图 10-1）。注意操作前检查种植体替代体与转移体连接是否牢固，确保连接过程中及连接后转移体位置不发生变化；注入时行环形注射，范围以近远中向不影响邻牙形态、垂直向不影响替代体在石膏材料内的固位为标准。待人工牙龈材料完全固化后修整其边缘及底面，以利于摘戴。

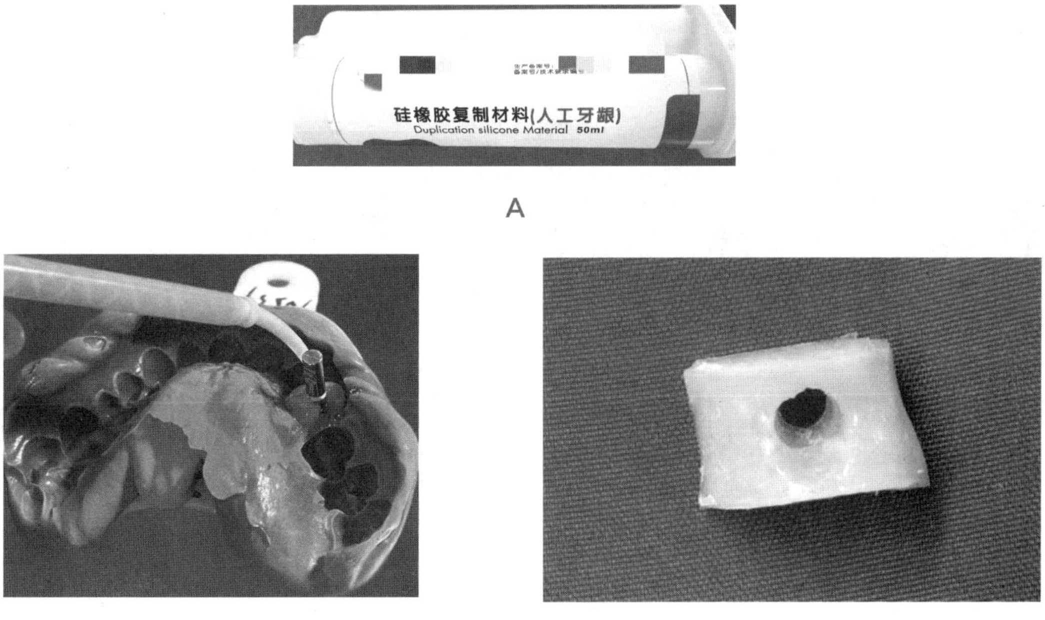

图 10-1　人工牙龈

A. 人工牙龈材料；B. 注入人工牙龈；C. 人工牙龈形态。

2. 灌注石膏模型（图 10-2） 石膏的调拌过程最好在真空下完成，以确保模型的清晰度、准确性。在灌注模型前应再次确认转移杆与种植体替代体之间无松动，以避免在灌注振动时上部构件松脱变位。灌注时还应注意石膏的水粉比例、调拌速度、水的温度和石膏凝固环境的温度等易产生影响的因素。

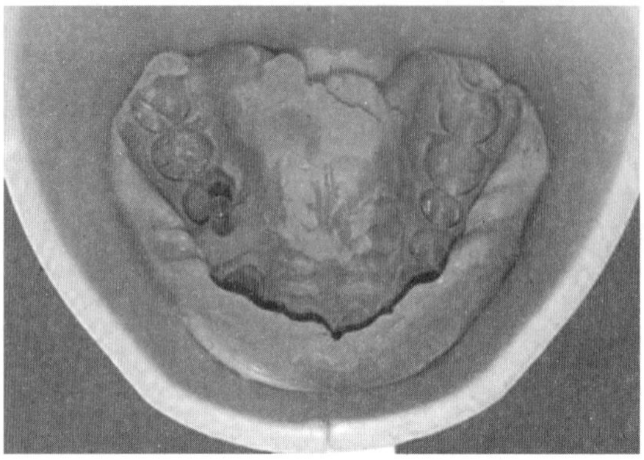

A

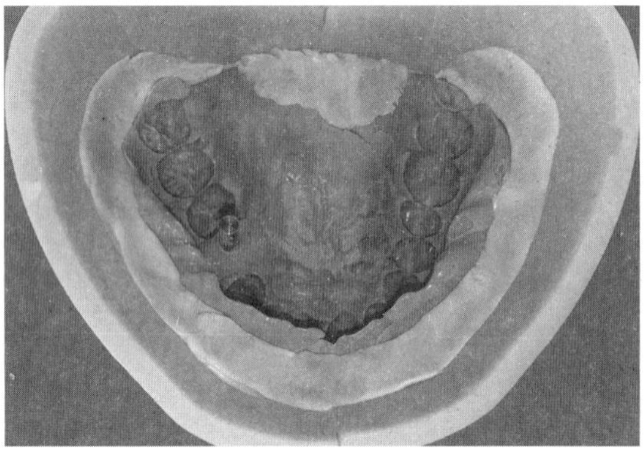

B

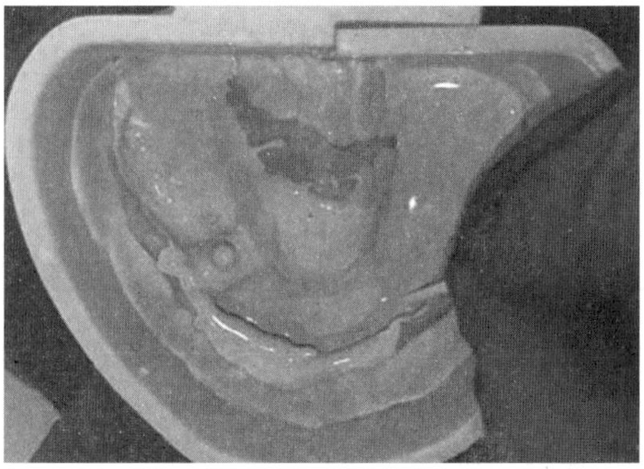

C

D

E

图 10-2 灌注石膏

A. 围模；B. 灌制前准备；C. 𬌗面灌注；D. 灌注时的整体形态；E. 灌注完成。

3. 脱模及修整模型 脱模即按石膏材料凝固的要求分离印模与石膏。脱模前应先标记印模编号，避免模型混淆。去除托盘边缘的石膏，解除转移体与种植体替代体间的螺栓连接，以柔和力量脱出模型。脱模后修去咬合障碍点和黏膜反折外侧多余的石膏，修平模型底部。

4. 消毒模型　选择合适的方法消毒模型。

5. 上𬌗架　上𬌗架前检查𬌗架的状况，确认各项数值均在原始位置，各调节螺丝功能正常。根据模型固有的咬合关系和咬合记录，将上下颌模型固定在𬌗架上（图 10-3）。

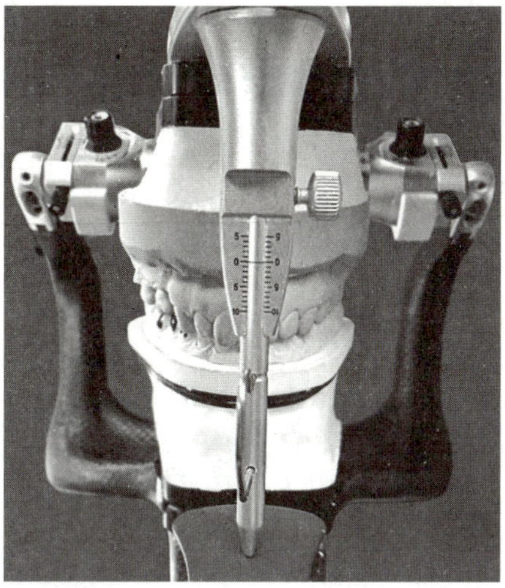

图 10-3　上𬌗架

（二）上部结构制作前的准备

1. 通过种植体水平取模的模型上部结构制作前准备

（1）一单位牙种植义齿：又称种植单冠。其种植体水平模型制作上部结构前需要选择基台并对其进行调改。

技师在选择基台（图 10-4）时应当考虑种植体的直径、种植体上端牙龈的高度、种植体长轴方向、种植体唇舌向的位置等相关因素。基台直径由种植体颈部的直径所决定。不同直径的种植体颈部及其上部相匹配的转移杆和基台会以相同的颜色加以标记，直径不同标记的颜色不同。基台穿龈高度根据患者牙龈的实际厚度选择，厂家提供最为匹配的基台，再进行调改。基台通常与种植体轴向角度一致，若种植体轴向角度无法满足修复效果，可选用有角基台。当所选基台不完全匹配时，可进行调改（图 10-5）以满足要求。

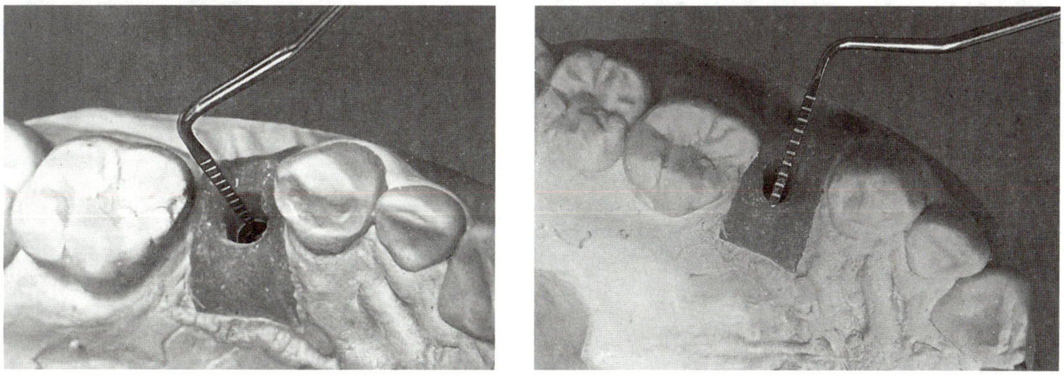

A　　　　　　B

图 10-4　选择基台

A. 穿龈深度；B. 穿龈直径；C. 预选基台形态；D. 预选基台数据。

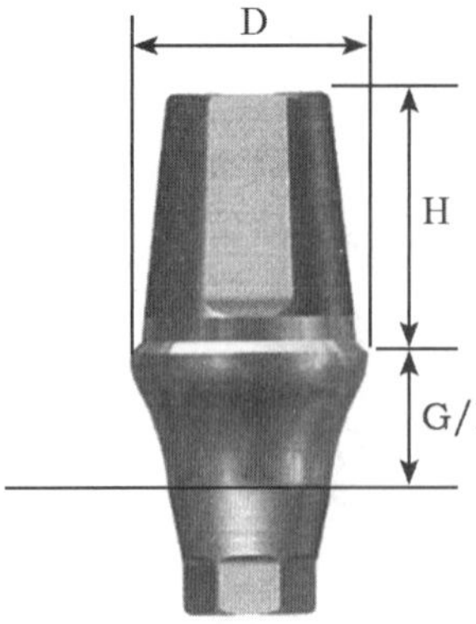

C

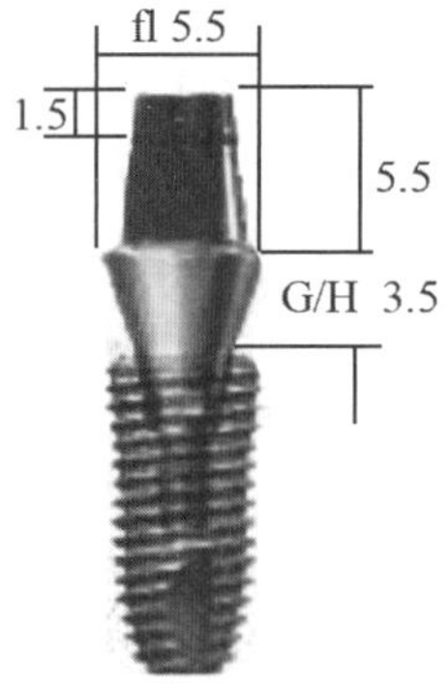

D

图 10-4 （续图）

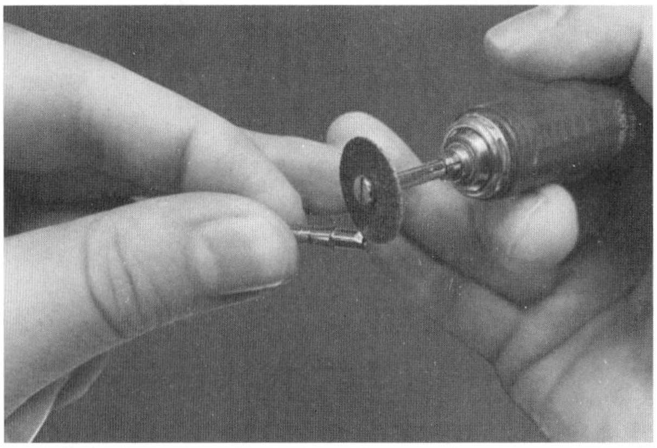

A

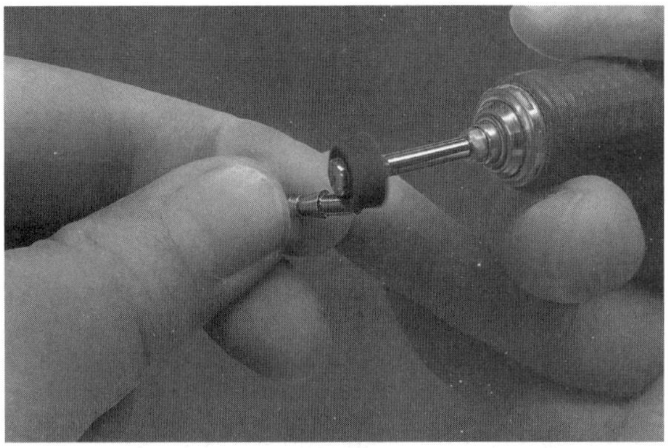

B

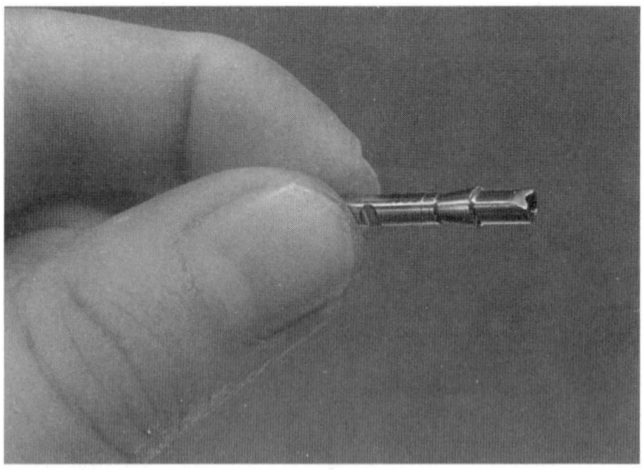

C

图 10-5 调改基台

A. 调改过程；B. 抛光调整结果；C. 调改后的基台。

调改时应注意：①基台牙冠部的高度应根据上下牙的咬合关系，为修复体底冠与瓷层的𬌗间间隙预留足够空间。②唇腭侧突度预留出足够的空间，使其适合牙弓形态，有利于美观且不影响咬合功能。③在前牙区对美观的要求较高，参考患者牙龈形态，一般将修复体边缘放置在龈下 1 ～ 2mm 处。

调改后的基台要完全去除倒凹，进行高度抛光，以确保修复体的顺利就位，冠边缘的高度密合，以减少菌斑的堆积，预防炎症的发生，保证种植体周围组织健康。

（2）多单位牙种植义齿：可以做联冠或固定桥。其制作上部结构前除要遵循种植单冠对基台的要求外，还需特别注意研磨基台确定共同就位道。

共同就位道需在平行研磨仪上确定（图 10-6）。研磨仪上研钻针固定，调整模型在云台上的位置，采用均凹法调整基台倾斜角度，少量磨改各基台倒凹，避免对某一基台大量磨改而丧失大量轴壁影响固位。可选用聚合角度为 2°的研磨车针，操作方便且固位力较大。研磨时车针转速不宜过快，一般 10 000 ～ 15 000 转 / 分或按车针要求设定，加研磨油或蜡降低产热保护车针和基台。基台倒凹去除后，共同就位道沿车针方向形成，根据咬合关系、牙龈形态修整基台，修整后高度抛光，不破坏就位道且不再调改基台轴面，随后准备制作蜡型。

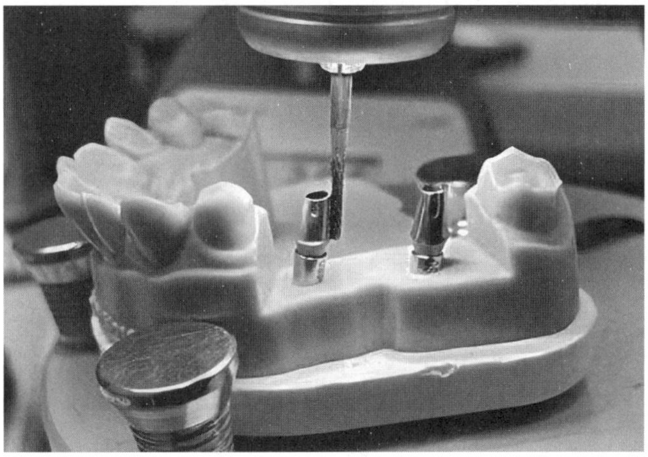

图 10-6　平行研磨仪上确定修复体的共同就位道

2. 通过基台水平取模的模型上部结构制作前准备　通过基台水平取模的模型，基台是临床医师选择的，不需要技师选择基台。例如，Ankylos 种植系统中，Standard 基台无须技师选择，只根据基台代型的高度和直径选择相应的预成塑料帽即可。

以上传统工艺中的成品基台有一定的局限性，临床工作中可以选择个性化基台解决基台与患者高度适配性的问题。目前，个性化基台多由计算机辅助设计 / 计算机辅助制造（CAD/CAM）技术制作而成。

（三）上部结构制作

1. 传统工艺上部结构的制作　上部结构可根据材料的不同可分为铸造金属全冠、烤瓷熔附金属全冠和全瓷冠三种类型。

（1）以烤瓷熔附金属全冠为例种植单冠的制作流程如下：灌注模型→选择基台→研磨基台→制作成形塑料基底→制作蜡型→包埋→铸造→喷砂去包埋→基底冠就位→基底冠烤瓷前处理→堆瓷→烤瓷冠修整形态→上釉完成。

（2）以烤瓷熔附金属全冠为例，联冠、固定桥的制作流程如下：灌注模型→选择基台→研磨基台确定共同就位道→制作二次取模定位装置→二次灌注模型→制作成形塑料基底→制作蜡型→包埋→铸造→喷砂去包埋→基底冠就位→基底冠烤瓷前处理→堆瓷→烤瓷冠修整形态→上釉完成。

制作金属基底冠蜡型前，先用成形塑料形成蜡型基层，确保蜡型在基台上反复摘戴不变形且冠边缘密合良好。在抛光后的基台上堆加成形塑料，可适当加大以便取下，取下后均匀至 0.3 ～ 0.5mm，此时与蜡膨胀收缩接近，铸造后与基台密合性好。若厚度过大，膨胀时会致包埋材料破裂折断影响铸造效果。

制作蜡型、包埋和铸造等具体过程参考铸造金属全冠、烤瓷熔附金属全冠和全瓷冠项目。

如果是螺丝固位，制作过程中预留固位螺丝孔，考虑美观、功能及种植体轴向受力，前牙螺丝孔位置宜在牙冠舌侧隆凸处，其长轴延长线也在舌侧，若从切端或唇侧穿出则需粘接固位。后牙螺丝孔位置在𬌗面中央（图 10-7）。横向固位螺丝设计方式目前较少应用。

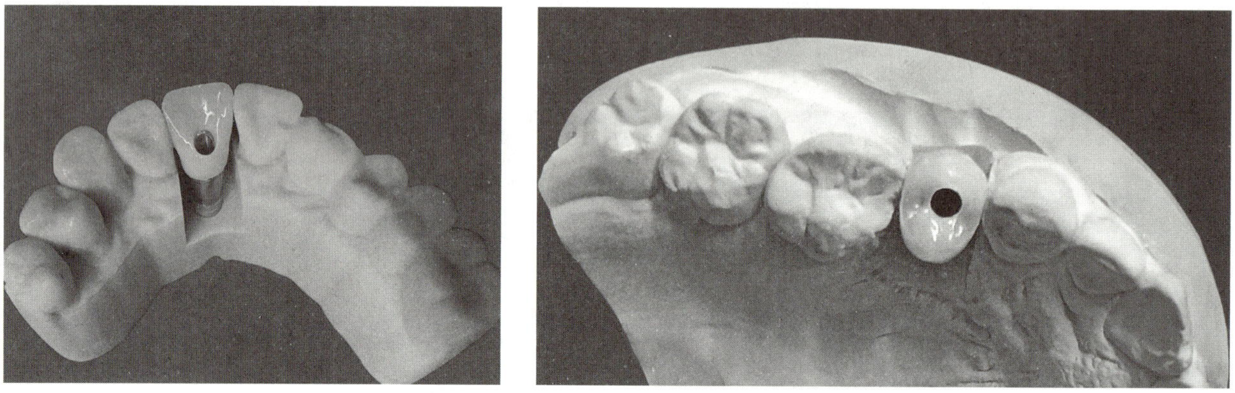

A　　B

图 10-7　螺丝固位螺丝孔的位置

A. 前牙（牙冠舌侧隆凸处）；B 后牙（𬌗面中央）。

2. CAD/CAM 工艺上部结构的制作　以种植单冠为例，制作流程如下：注入人工牙龈→灌注模型→选择基台→研磨基台→计算机扫描（图 10-8）→计算机设计（图 10-9）→计算机切削基底冠→基底冠就位（图 10-10）→基底冠烤瓷前处理（图 10-11）→堆瓷→烤瓷冠修整形态→上釉完成（图 10-12）。

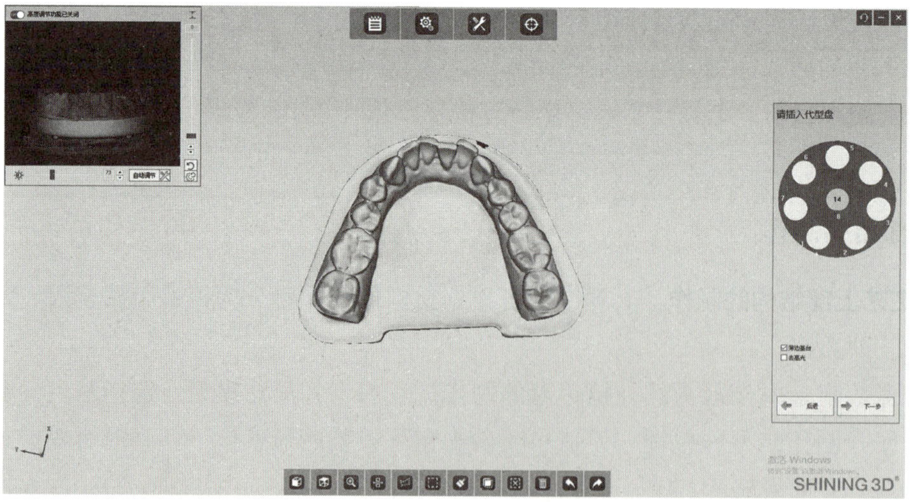

A

图 10-8　计算机扫描

A. 计算机扫描牙列；B. 计算机扫描基台；C. 计算机显示咬合。

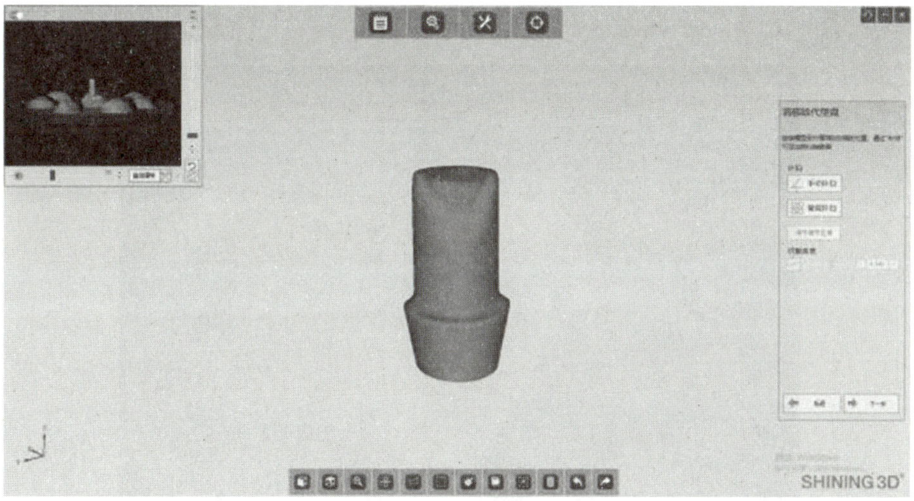

B

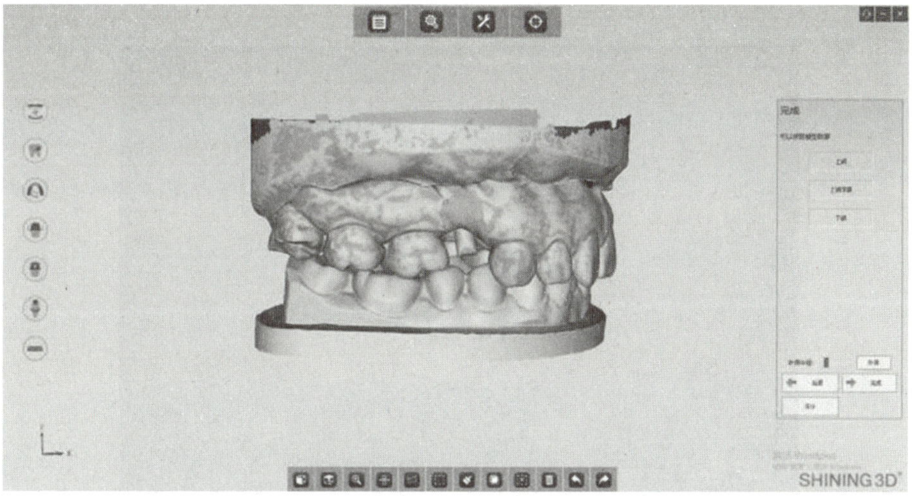

C

图 10-8 （续图）

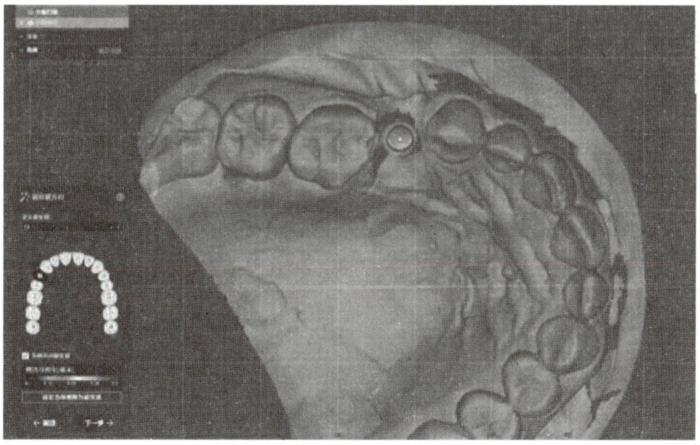

A

图 10-9 计算机设计

A. 就位道设计；B. 义齿设计；C. 咬合设计。

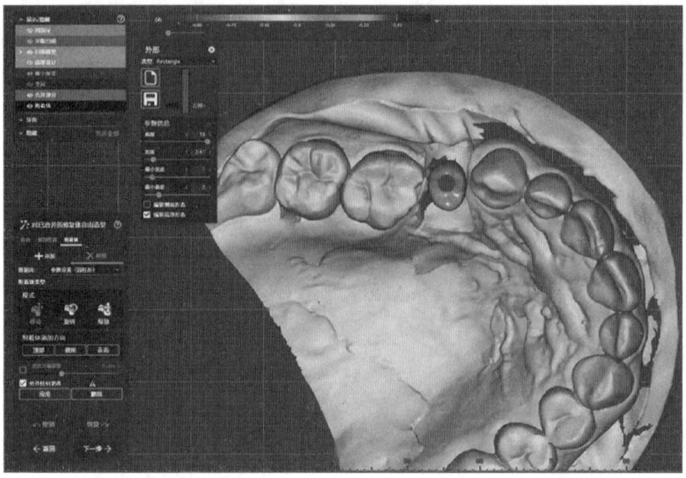

B

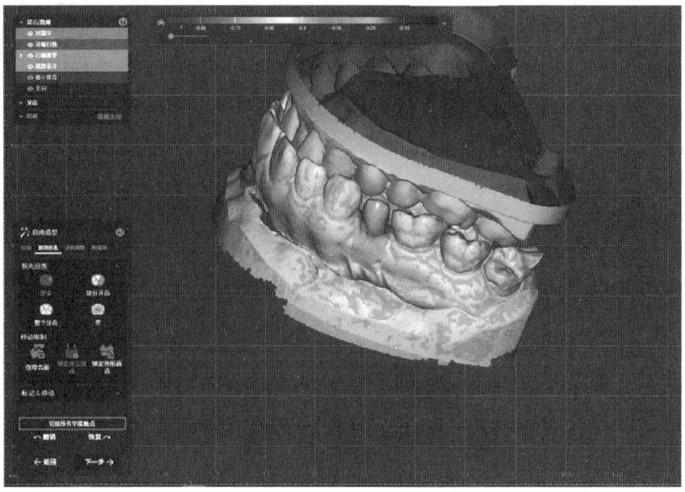

C

图 10-9 （续图）

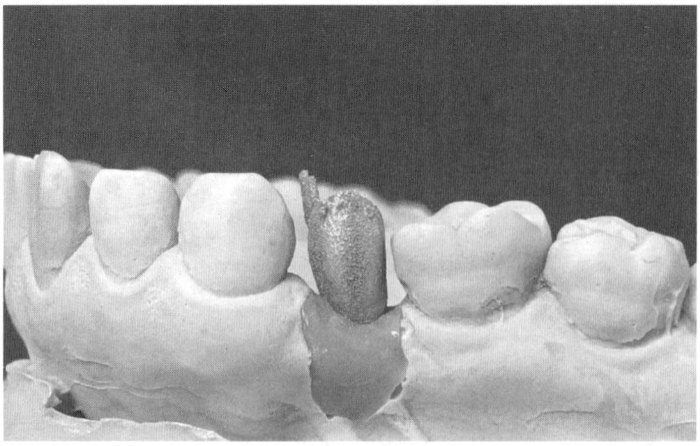

图 10-10　基底冠就位

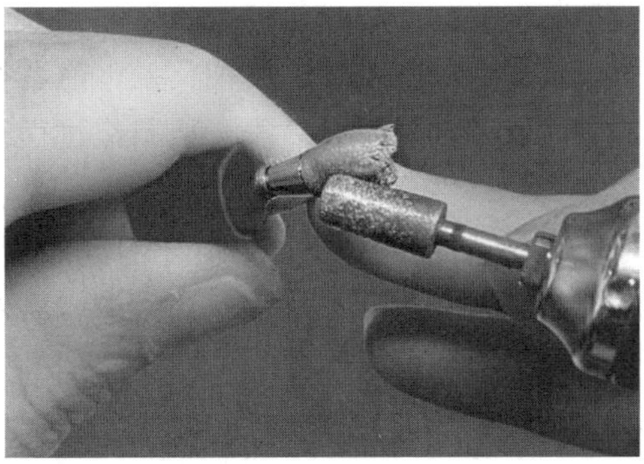

A

B

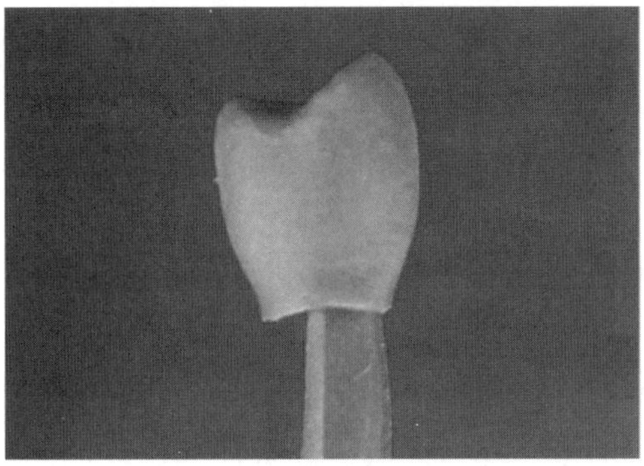

C

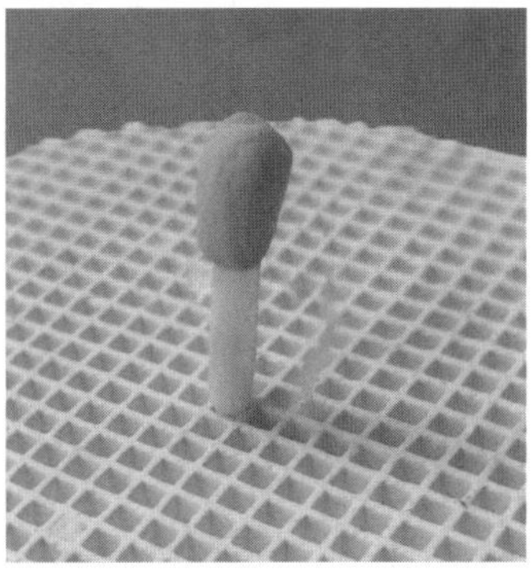

D

图 10-11　基底冠烤瓷前处理

A. 打磨；B. 打磨后；C. 喷砂后；D. 涂布遮色瓷后。

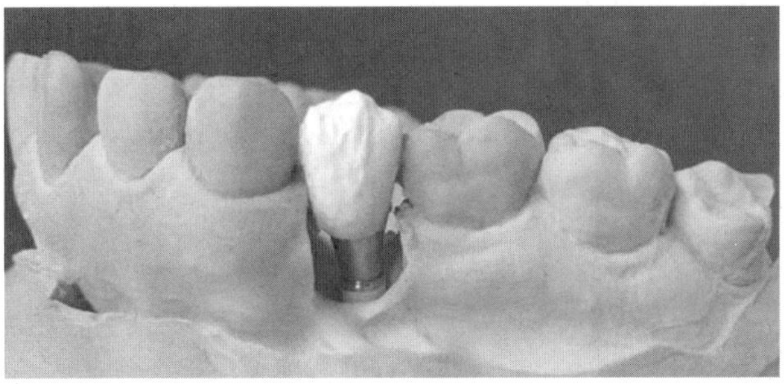

A

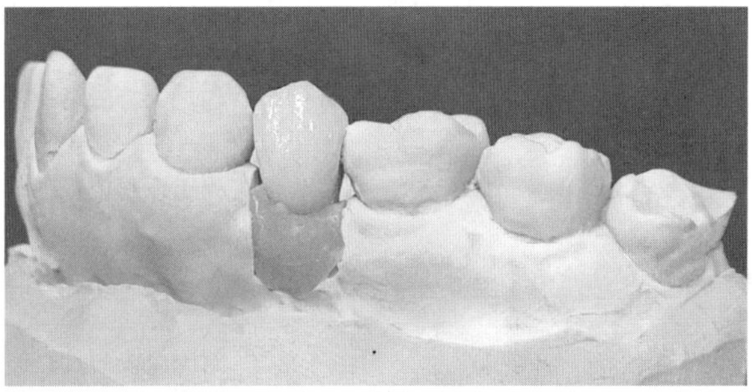

B

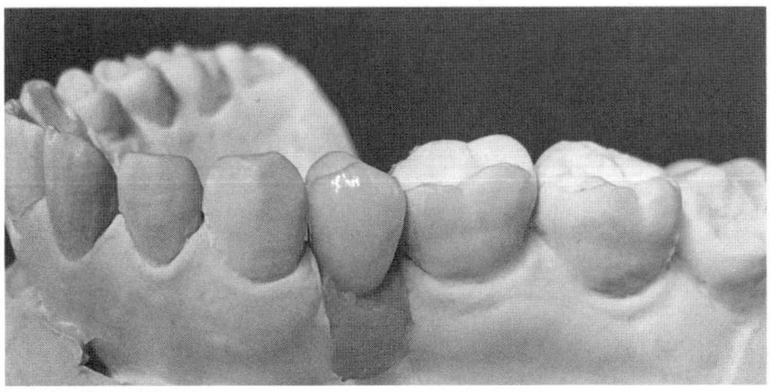

C

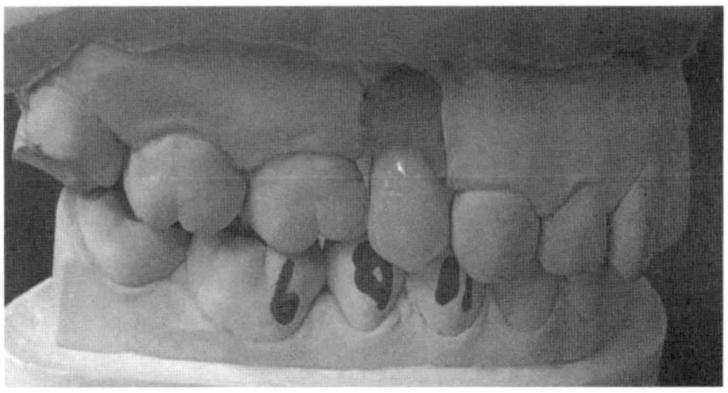

D

图 10-12　堆瓷、修整形态、上釉完成

A. 堆瓷；B. 修整形态；C. 上釉完成颊面观；D. 上釉完成上下牙咬合情况。

3. 过渡性义齿的制作 固定性种植过渡义齿为在基台上的修复体，包括单冠、联冠和桥。其制作方法分为传统和数字化两种方式，传统方法包括直接法和间接法两种类型，前者在口腔内直接制作，后者则在口外模型上制作。数字化方法为数字化切削树脂成形法，从制作过程来看数字化切削树脂成形法属于更为先进的间接法制作。

（1）直接法：即直接在患者口腔中制作临时冠，适用于单个或少数牙的制作。其优点为方便、快捷、减少就诊次数，即刻恢复牙齿形态。缺点是多颗牙制作时，共同就位道容易发生无法取出或变形等问题。

（2）间接法：即在口外模型上制作的临时冠，操作方便、不受时间限制、制作质量高，多个牙制作时易塑造良好形态且不受就位道限制。但较为费时，不利于预备基台后马上戴入行使功能。

（3）数字化切削树脂成形法：其应用口腔数字化扫描技术将口腔内的数据进行传输，通过软件设计后，直接切削树脂形成临时冠，完成过渡义齿的制作。这种方法既提升了固定性种植过渡义齿制作的精度与效率，又避免传统修复材料对软组织的不良影响。随着数字化技术不断发展创新，该方法有望在固定性种植过渡义齿制作领域发挥更大作用，为患者带来更精准、舒适、美观的修复体验。

【任务评价】

学生在种植修复中仅需要完成一单位牙种植义齿模型的翻制与修整。以种植体水平模型的翻制与修整为例，任务完成后，参照评分标准进行评价（表10-1），分析任务出现的问题，教师给予指导，学生改正。

表10-1 种植体水平模型的翻制与修整的评分标准

序号	评分要点	分值
1	模型与设计单一致，标记缺失牙位相符	10
2	人工牙龈位置正确	20
3	模型完整，无气泡、无损伤且有一定的硬度和厚度	10
4	对比口内照片，连接体位置、方向正确	10
5	上下颌模型相符，咬合关系良好	20
6	模型的消毒选择正确	10
7	任务实施过程中体现专业素养	20

▶任务拓展

精艺铸种植修复品质

在种植修复体制作过程中，务必遵循精益求精的原则。这一原则对于确保修复体的加工精度至关重要。修复体戴入时的被动就位是保证种植修复长期成功的关键因素。对于技师而言，在进行种植修复工作时，需秉持精益求精的态度和严谨求实的工作作风。其应在每一个环节都力求完美，不放过任何一个细微之处，以确保修复体的质量。

在学习种植修复的过程中，要注重每个步骤的细致与精细。从对材料的选择到加工工艺的掌握，都要以高标准严格要求自己。通过不断地实践和反思，培养精益求精的工匠精神，为未来从事种植修复工作奠定坚实的基础，为患者提供更加优质的修复服务。

任务二　牙列缺失种植固定修复技术

任务案例

【案例】

患者，男，55岁。上下颌多数牙缺失已十余年。曾在外院进行活动义齿修复，但戴用不便利，近期又有牙齿缺失，旧义齿无法戴用，不能咀嚼，咨询种植固定修复方案。既往史无特殊。

口腔检查：18–28、37–48缺失，剩余牙槽骨呈中度吸收，黏膜无明显红肿。38近中倾斜且龋坏，叩诊阴性，松动Ⅰ度，牙龈未红肿。上下颌牙槽嵴覆盖关系基本正常，颌间距离也基本正常。

影像学检查：38牙槽骨吸收至根中1/3，根尖周无明显透射影；上颌前磨牙区与前牙区牙槽骨高度尚可，双侧上颌窦气化明显，上颌磨牙区牙槽骨高度不足；下颌剩余牙槽骨高度尚可。

诊断为上颌牙列缺失、下颌牙列缺损以及38牙体缺损。治疗计划为拔除38，上下颌实施All-on-6种植，进行即刻过渡修复，3个月后进行无牙颌种植义齿永久修复。

【问题】

1. 阐述无牙颌种植体支持式固定义齿分类。
2. 阐述牙列缺失种植固定义齿模型制作过程。
3. 阐述牙列缺失种植固定义齿最终修复制作过程。

【任务分析】

任务一已经介绍了种植义齿的分类，本部分仅对无牙颌种植体支持式固定义齿进行讨论。

一、无牙颌种植体支持式固定义齿分类

（一）按固位方式分类

1. 粘接固位　粘接固位的修复体表面无螺丝孔，靠粘接剂固位，美学性能佳，更易实现修复体

被动就位。然而，若修复体边缘处于龈下，龈沟内的粘接剂难以彻底清除，易刺激牙龈引发种植体周围炎，且后期拆卸和维修较为复杂。

2. 螺丝固位　通过螺丝连接种植体或基台，无须粘接剂密封，修复体拆卸方便，利于后期维护修复。但牙冠螺丝孔以树脂封闭，会破坏修复体𬌗面的完整性，且螺丝孔边缘易出现崩瓷现象。

螺丝固位与粘接固位各自存在优势和不足，这两种固位方式都能够给予修复体充足的固位力。当颌间距离＜4mm时，由于粘接面积不够，会致使固位力欠缺，这时只能选取螺丝固位。上述两种固位方式均可用于固定冠桥式种植义齿，此类义齿通常在上颌特定位置植入8颗种植体，下颌对应位置植入6颗种植体。采用这种义齿修复无牙颌，需上下颌弓位置关系协调、颌间距离合适、颌骨唇颊侧丰满度足够，种植体位置高度准确，颌骨高度与宽度能容纳较多种植体，且患者要有一定经济承受能力支付较多种植体费用。

3. 混合式固位　混合式固位的无牙颌种植体支持式固定义齿又称固定复合桥式种植义齿，利用螺丝固位和粘接固位的优点，通过螺丝固位修复体支架、单冠或成品牙粘接于支架上的混合固位方式，满足了临床上对美观和功能的需求（图10-13）。这种修复体通常应用于All-on-4/6的修复设计，即4～6个种植体可支持上颌或下颌全口义齿，受颌骨条件限制，种植体多分布于上、下颌骨前半部，即上颌窦近中和下颌颏孔近中。因其能提供良好固位和稳定且无基托，患者咀嚼效率和舒适感明显改善。

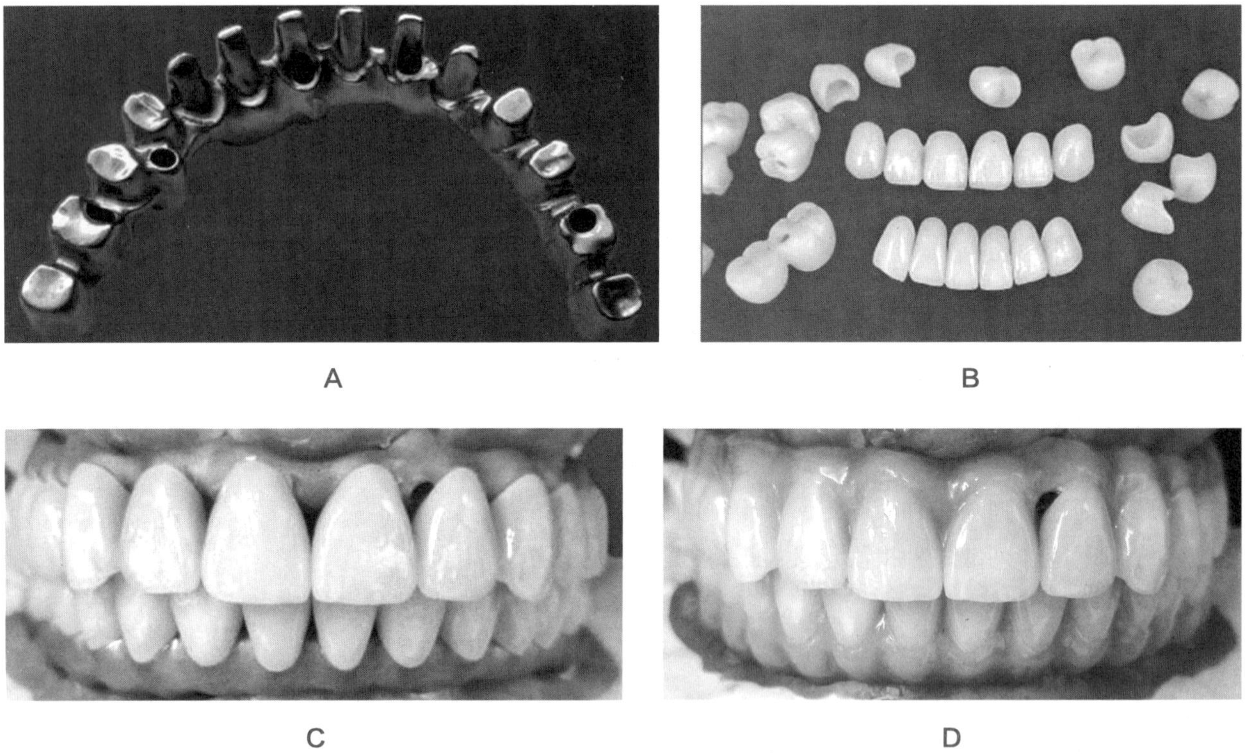

图10-13　固定复合桥式种植义齿

A. 氮化钛处理后的桥架；B. 上部牙冠；C. 支架与牙冠匹配；D. 成品固定复合桥式种植义齿。

（二）按是否有悬臂分类

种植义齿的悬臂（图10-14）是指种植体支持的固定义齿中，从最远端种植体向远中伸出的无种植体支持的部分。按是否有悬臂分为带悬臂和不带悬臂两种，其取决于最后一颗种植体与修复体之间的相互位置关系。

早期修复学理论认为，种植悬臂设计会影响种植体的应力分布，易致不良后果。但随着种植技术的发展和循证医学的进步，种植悬臂在一定条件下被接受。理想的悬臂长度要能传导殆力且不过度负载种植体－骨界面。2008 年，国际口腔种植学会第四届共识研讨会指出，全口修复悬臂＞15mm 与修复体折断概率增加有关。2009 年，欧洲骨整合协会年会总结：有悬臂和无悬臂种植修复体的 5 年成功率分别为 91.9% 和 95.8%，有悬臂修复体失败的主因是近悬臂端种植体折断，上部结构并发症有修复螺丝松动、修复体折裂等，悬臂小于一个牙位的种植修复是行之有效的。

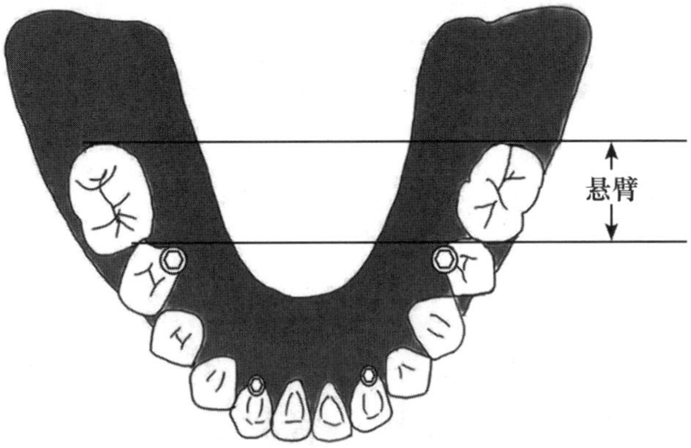

图 10-14　悬臂

（三）按修复体是否分段分类

1. 一段式　一段式修复体即修复体为一个整体。此种修复对种植体直径、长度、悬臂要求不高，但对种植体相对位置、取模精度及技工室加工工艺要求极高。

2. 分段式　相对于一段式，分段式修复体将完整牙列分为若干区域，类似牙列缺损用种植固定桥分段修复，降低对种植体平行度的要求，易获得共同就位道，方便制作支架及实现被动就位，术后维护更便捷。然而，若颌间距离过大，使用牙龈瓷，牙龈会分段，有明显缝隙，美学效果欠佳。

二、牙列缺失种植固定义齿的制作

不论使用何种工艺及修复材料，精确的印模制取、模型准确性的验证、正确的颌位关系记录都是获得理想治疗效果的关键。

（一）二次印模法制取最终修复模型

在种植修复过程中，应按照种植体系统、直径、长轴走向及袖口高度来挑选适宜的转移体。推荐运用开窗式印模技术，并采用形变量较小的印模材料（如聚醚印模材料、硅橡胶印模材料）来获取初印模。完成石膏模型的灌制后，制作个性化的印模托盘及个性化转移体。在口内将个性化转移体锁紧，并拍摄全口曲面断层片以确定其完全就位。使用模型树脂在转移体之间进行固定，降低转移体之间的微小移动度。使个性化印模托盘准确就位，进行二次印模（图 10-15）的制取，同时记录颌位关系。在最终印模内注入人工牙龈（图 10-16），然后灌制石膏模型（图 10-17）。根据模型固有的咬合关系和咬合记录，将上下颌模型固定在殆架上（图 10-18）。

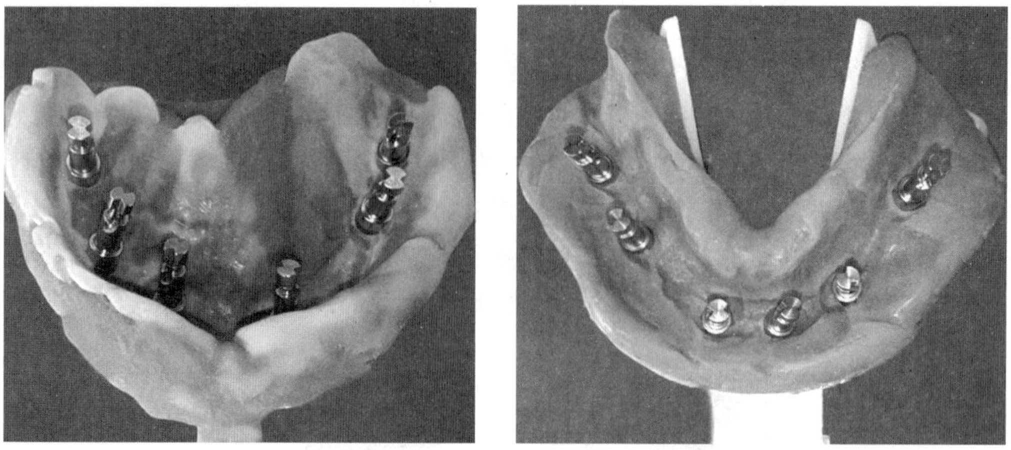

A　　　　B

图 10-15　二次印模

A. 上颌二次印模；B. 下颌二次印模。

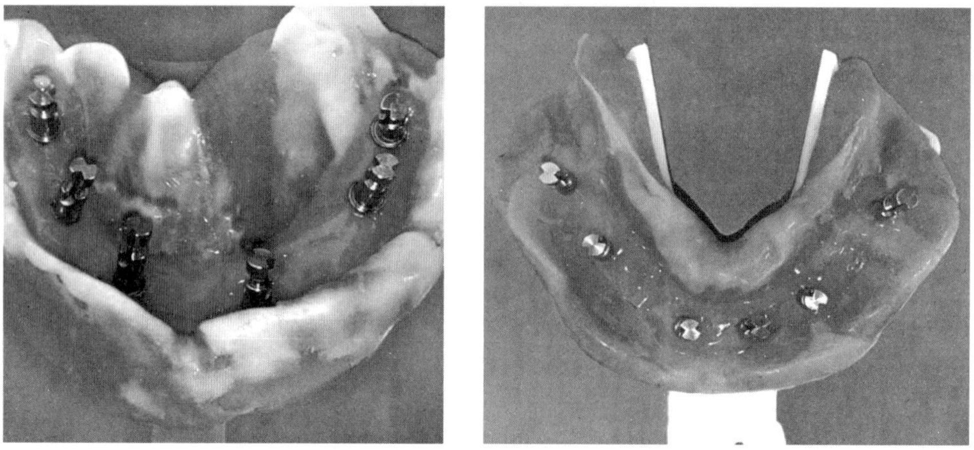

A　　　　B

图 10-16　人工牙龈注入后

A. 上颌人工牙龈注入后；B. 下颌人工牙龈注入后。

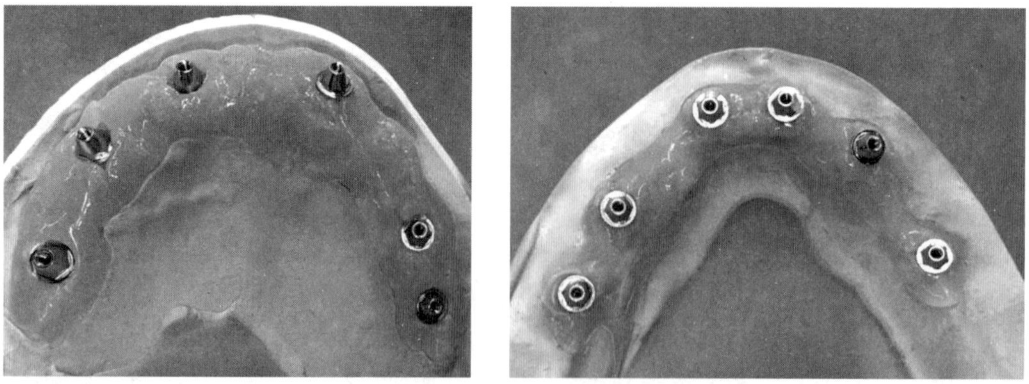

A　　　　B

图 10-17　石膏模型灌制完成

A. 上颌石膏模型灌制完成；B. 下颌石膏模型灌制完成。

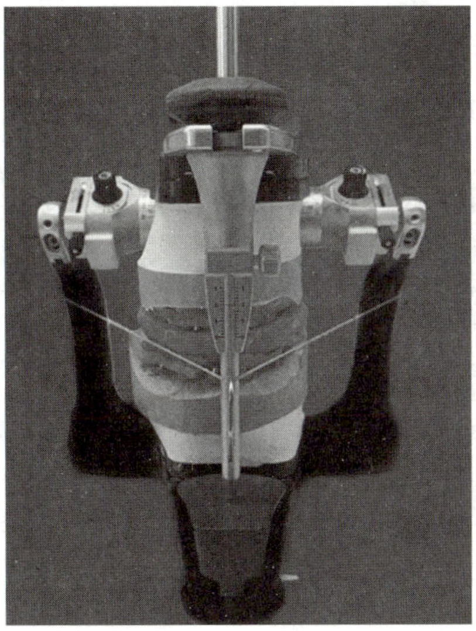

图 10-18　上𬌗架

（二）最终修复制作

1. 固定冠桥式种植义齿上部结构的制作　与多单位种植义齿冠桥上部结构一致。首先，用成形塑料制作内冠来保证修复体边缘的精密程度。其次，把各个基台上的成形塑料冠连接起来，增强修复体蜡型的强度，降低变形概率。由于成形塑料凝固时会收缩，数量越多变形越大，所以等其完全凝固后，用薄切盘切开连接体释放应力，再用少量塑料连接，凝固后在外侧加蜡制作金属烤瓷冠桥蜡型。这种蜡型制作方法与常规固定桥蜡型类似，要根据咬合关系预留足够瓷空间，且基台周围可以达到自洁要求，即保证间隙刷或牙线顺利通过。随后按常规步骤安插铸道、包埋、铸造、喷砂、分离铸道。铸造完成的金属桥架先在各个基台上逐一就位，方法与单个冠相同，要有固位力，基台在冠内不能旋转和松动，边缘密合性要高。最后，将整个金属桥架按共同就位道在模型上就位。

金属桥架在包埋、铸造时，金属理化因素改变会影响精密度。若就位时与基台有缝隙、翘动不能完全就位，可用薄切盘断开释放应力；若因印模转移误差在口内不能完全就位，也应分离后用成形塑料重新连接，重新取印模灌制模型，将分离的桥架焊接。烤瓷修复宜用高熔合金焊接，最好是采用激光焊接法，其瞬间熔化金属断端后凝固成整体，强度高于普通熔焊。焊接后的金属桥架要被动就位，检查一端施力时另一端有无翘动，修复体边缘与基台应完全密合且稳定无翘动。之后按常规在金属桥架上完成烤瓷。

整个操作需要注意被动就位，合理分散𬌗力，而修复体形态要利于清洁，符合美观、咀嚼等功能要求。

2. 固定复合桥式种植义齿上部结构的制作　固定复合桥式种植义齿上部结构分支架和牙冠两部分。

（1）支架制作：支架材料涵盖铸造钴－铬合金支架、CAD/CAM 制作的钛支架与氧化锆支架等。传统铸造金属支架的制作方法同固定冠桥式，即制作支架蜡型→包埋→铸造→喷砂去包埋→打磨→抛光。其存在以下问题。①铸造时可能出现收缩变形的风险。②种植体上部结构的加工精度不如 CAD/CAM 制作支架。③被动就位困难。④重度患者舒适度欠佳。因此目前应用较少。

下面以 CAD/CAM 制作的钛支架为例介绍具体制作固定复合桥式种植义齿支架的步骤：依据颌位记录将模型上𬌗架，运用树脂材料在石膏模型上制作由种植体支撑的螺丝固位支架模型。在树脂支架模型上开展牙体预备，留出 12 ～ 14 个单位单冠所需的修复空间。模型完成后，对树脂支架模型进行扫描，由软件读取数据。把相应数据传输至研磨机器（图 10-19），进行纯钛支架的数字化制作。对钛支架进行打磨、抛光。进行口内支架试戴，检查支架并消除缺陷。

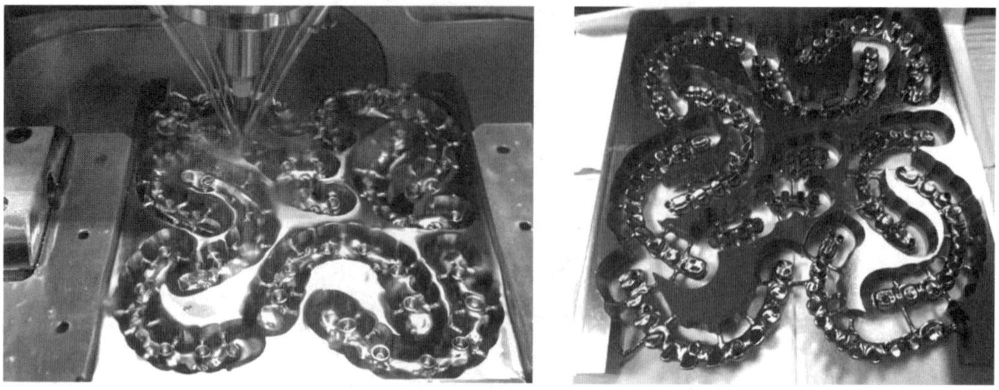

A　　　　B

图 10-19　纯钛支架的切削

A. 在研磨机器上切削纯钛支架；B. 纯钛支架切削完成。

（2）牙冠制作：牙冠材料包括钴铬合金烤瓷冠或二氧化锆全瓷冠或树脂冠（含烤塑），纯钛支架饰义龈。牙冠可以使用成品树脂牙也可以进行制作；制作的方式可以通过传统工艺也可以使用 CAD/CAM。但设计时应充分考虑：①龈缘组织面的自洁，美观舒适与发音。②对于远中悬臂，尽量减少接触点与接触力度，减少𬌗力产生的杠杆作用。③水平向或垂直向骨吸收明显的患者，可以选择使用龈瓷或龈色树脂恢复缺损的形态及红色美学，特别是笑线高的患者。

为方便临床医师给患者带来更加舒适的就医体验，可在义齿出厂时完成支架及牙冠的粘接（图 10-20）。

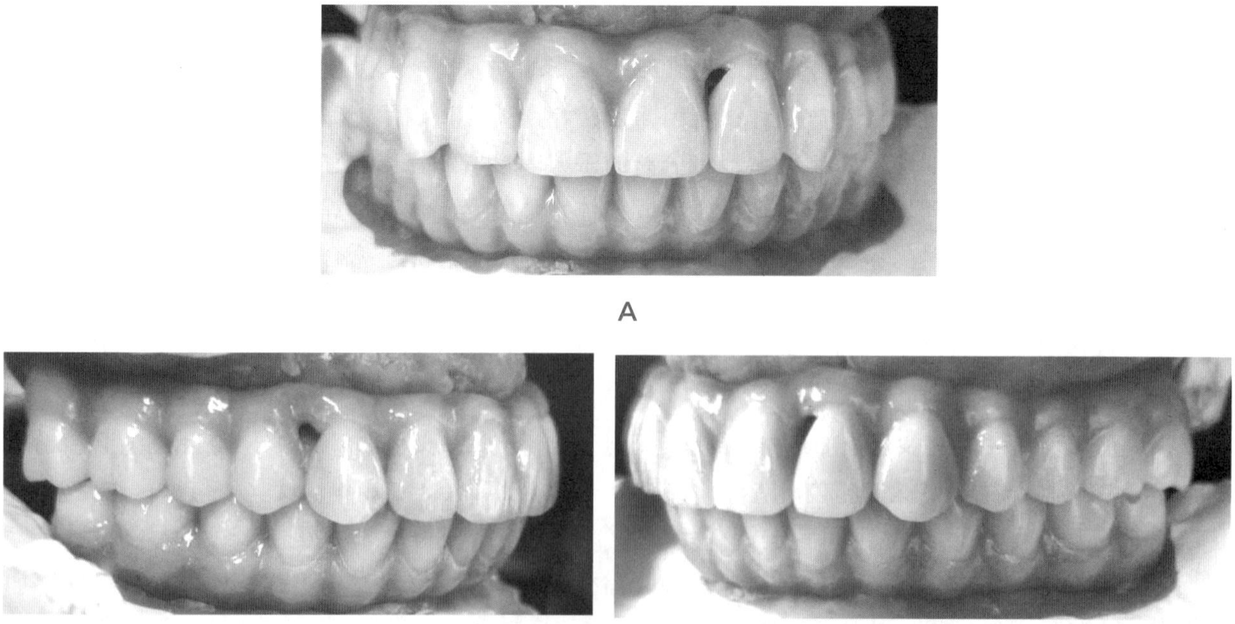

A

B　　　　C

图 10-20　成品固定复合桥式种植义齿

A. 固定复合桥式种植义齿正面观；B. 右侧𬌗关系；C. 左侧𬌗关系。

【任务评价】

学生 3 个人一组画出或制作出不同类型的无牙颌种植体支持式固定义齿模具，并录制讲解过程，任务完成后，参照评分标准进行评价（表 10-2），分析任务出现的问题，教师给予指导，学生及时改正。

表 10-2　无牙颌种植体支持式固定义齿制作的评分标准

序号	评分要点	分值
1	无牙颌种植体支持式固定义齿类型讲解得全面	20
2	冠桥式种植义齿画图或模具正确	20
3	在画图或模具上区分粘接固位和螺丝固位	10
4	混合式种植义齿画图或模具正确，有支架和冠的结构	20
5	说出支架制作过程	10
6	任务实施过程中体现专业素养	20

▶任务拓展

医技协作，共筑口腔健康

全口种植固定修复的圆满实现，关键在于医师与口腔技师之间保持畅通且明晰的沟通交流。在医疗过程中，医师肩负着重大责任，应向口腔技师递交一份完整、明确的加工单，为后续工作提供准确指引。同时，口腔技师也必须严格按照医师的要求精心制作修复体。

除了加工单，医师还需提供精准无误的印模、颌位关系记录以及面弓转移等重要资料。而口腔技师则要用心制作准确的诊断蜡型和工作模型，在每一个操作环节都秉持精益求精的态度，努力减少临床医师的椅旁工作时间。完善的分工协作关系体现了团结协作的精神，良好的团队意识彰显了为患者服务的担当，二者共同助力准确高效地完成治疗，为患者带来健康与希望。

考试知识点总结　　**本章小结**

协和云课堂……　拓展练习及参考答案

（王　熙　周　凤）

教学课件

项目十一　数字化义齿修复技术

视频：数字化义齿修复技术

学习目标

素质目标

通过学习数字化义齿修复技术，掌握口腔数字化技能与口腔医学知识融合应用的能力，培养精准操作、细节把控的职业素养，树立以患者为中心的责任意识和终身学习意识。

知识目标

（1）掌握：模型、印模扫描及各种修复体的计算机辅助设计与计算机辅助制造的概念及修复过程。

（2）熟悉：计算机辅助设计和计算机辅助制造的系统组成。

（3）了解：计算机辅助设计和计算机辅助制造的基本原理。

能力目标

能够熟练操作口腔数字化系统。

任务一　计算机辅助设计

任务案例

【案例】

患者，男，35 岁。因左下第一磨牙早年龋坏严重拔除，缺牙间隙长期未修复，导致两侧的第二前磨牙和第二磨牙出现轻微倾斜，邻牙间隙变窄，咀嚼时经常塞牙，还影响咬合效率。医师检查后，决定以健康的第二前磨牙和第二磨牙为基牙，设计一颗固定桥来修复缺失的第一磨牙。CAD/CAM 组接到印模组人员送来的患者订单、消毒好的印模及相关货品。

【问题】

1. 印模检查合格后，如何进行印模数字化扫描？
2. 如何利用计算机设计口腔修复体？

【任务分析】

印模扫描前，应先检查印模是否符合制作要求，核对订单标注的货品是否齐全。如发现问题，则及时与上个部门进行沟通处理（若不符合要求则联系医师重新取模）。

模型的制作不仅能再现还原预备体、邻牙、对颌牙及相应的软硬组织等口腔组织形态结构，同时为技师印模扫描及修复体制作提供准确、可靠的参考数据。

一、概述

计算机辅助设计（CAD）由数字化取模设备和口腔修复体设计软件两部分组成。首先取数字印模，利用三维扫描仪对患者口内情况或已制取的印模或模型进行扫描，获取相应的数据进行三维建模，随后进行计算机辅助设计，再由技师通过专业的设计软件在数据模型上设计相应的修复体形态，采用人机交互式的操作模式，实现精确、量化的义齿数字模型设计。

二、计算机辅助设计的基本原理

计算机辅助设计是在“视频模型”上完成修复体的“计算机蜡型”，所有操作皆是通过人机对话，在计算机上完成的。在设计之前，需要在计算机内安装牙冠数据库，口腔固定修复中冠、桥的“理想牙”可在牙冠数据库中选择，类似于传统修复方法中的选牙。预成牙冠数据库的形成是通过机械探针触探标准牙齿模型而获得的。

三、印模扫描操作步骤

（一）印模预处理

扫描前必须对印模进行合理剪裁，去除遮挡扫描光路的部分印模材料（图 11-1）。

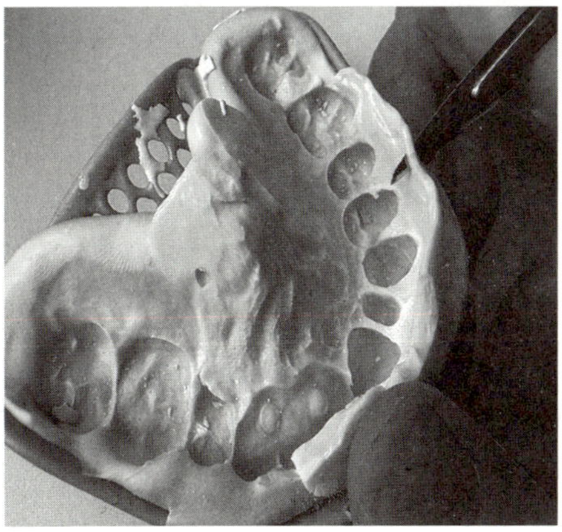

A

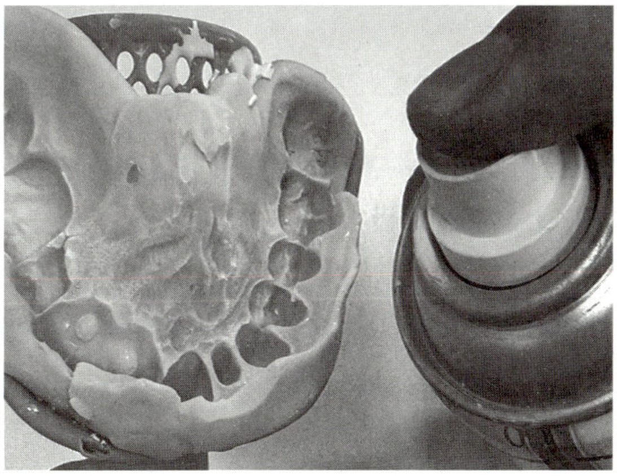

B

图 11-1　印模预处理

A. 修整印模；B. 喷涂显影剂。

（二）扫描仪校准

打开计算机中的 3shape 扫描软件，确认与扫描仪保持连接状态后进入软件主界面。扫描仪应定期校准，3shape 扫描仪一般每 8 天校准一次，分为三维校准和颜色较准。若长时间未使用或移动扫描仪后，使用前需先校准：执行扫描软件中的校准功能，根据软件提示放入校准块，扫描仪自动进行校准操作，几分钟后会提示校准完成。

（三）创建订单

1. 订单内容 包括操作人员信息、客户信息、患者基本信息（图 11-2）。

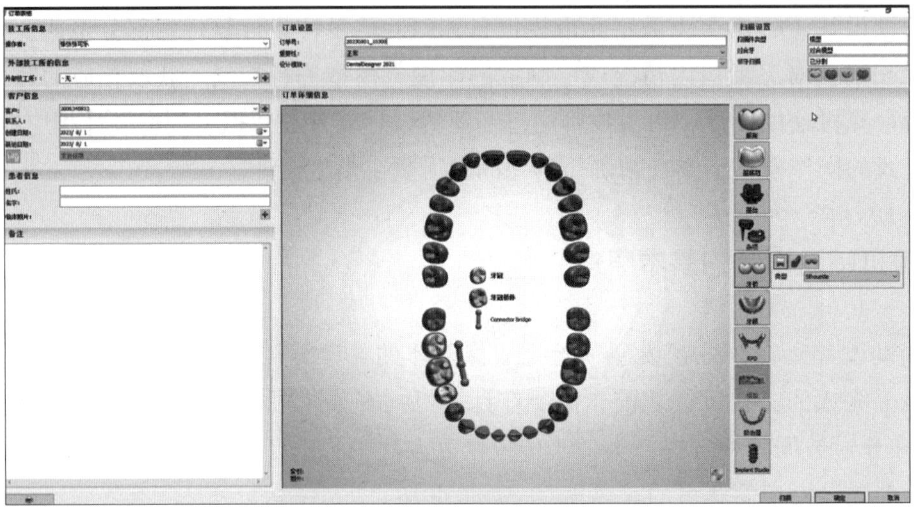

图 11-2 3shape 软件订单界面

2. 订单设置 包括订单号（可用于后期订单检索）、重要性（订单级别可设置为低、正常、高）及设计模块（一般为系统默认的软件版本）。

3. 扫描设置 包括扫描件类型（订单界面显示选择项目，此处选择模型扫描）、有无邻牙和对颌模型、已分割模型或未分割模型、参考模型或旧义齿（默认为无，根据实际情况进行选择）。

（四）扫描

1. 固定印模 在放入扫描仓之前，印模都需要固定在一个简单的接口板上，接口板底部的固定连接器都对应扫描仓内的一个凹槽，这样接口板将印模和扫描仓固定在一起（图 11-3）。

2. 扫描上、下颌印模 单击“扫描”，进入扫描界面，按照左上角提示，将上颌托盘放在右侧旋转盘上，下颌托盘放在左侧旋转盘上，关闭仓门后点击下一步，印模的粗略全牙弓扫描将在几秒后完成。

在初扫图形上标记基牙牙位并圈划精扫区域，基牙、邻牙、对颌牙齿的范围是必须选择的区域，为了便于后续义齿设计时参照对侧同名牙齿的形态，此处也可选择全牙列精细扫描。执行精细扫描 1 ～ 2 分钟后生成高精度的三维上颌数字模型，此时软件会自动将阴模转换为阳模显示。同样的步骤可获得三维下颌模型。

图 11-3　印模的固定

3. 扫描咬合关系　先修剪临床取好的咬合记录，将包绕牙体的部分充分暴露以方便扫描。扫描后获得的是粗略的图像，之后，软件会根据提示，合并扫描图像。技师可以选择自动，也可以通过手动在上颌模型的正面找出对应位置的一点或者三点进行标记。

4. 扫描完成　保存数据，进入下一步设计。

四、解剖固定桥设计步骤

（一）扫描或导入数据

如图 11-4、11-5 所示。

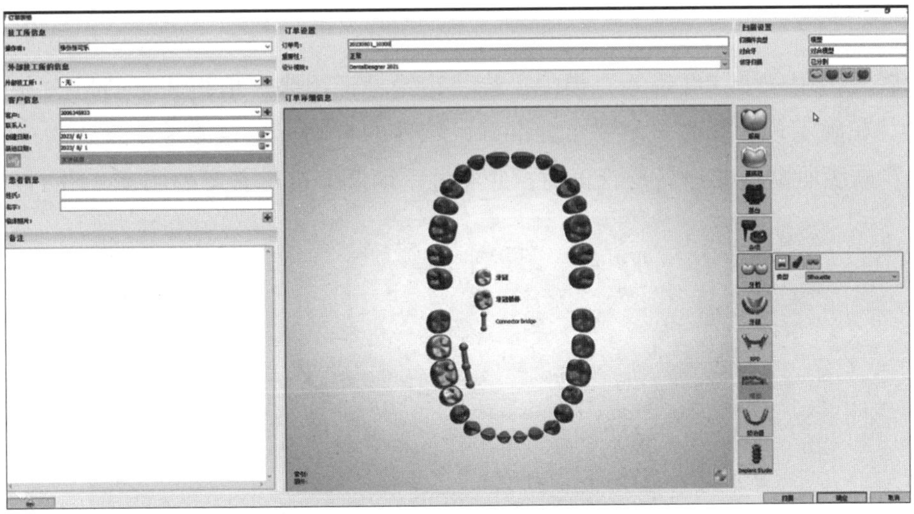

图 11-4　解剖桥设计订单界面

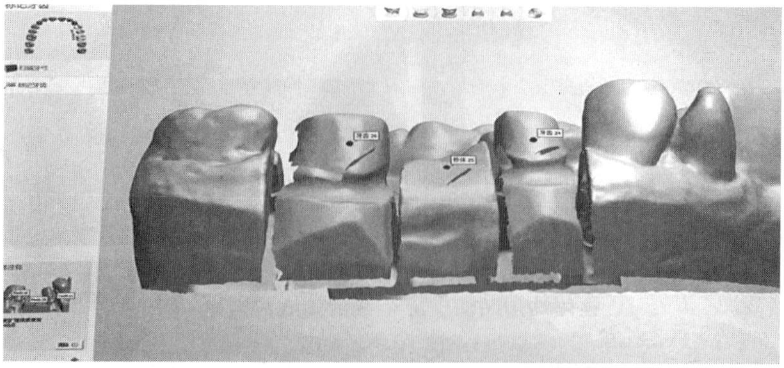

图 11-5　固定桥牙位标记

（二）确定共同就位道方向

在设计软件中，依次定义基牙的边缘范围，软件会自动生成基牙的共同就位道（图 11-6）；也可手动调整，从颌面观察，可以看到基牙边缘所有绿点。

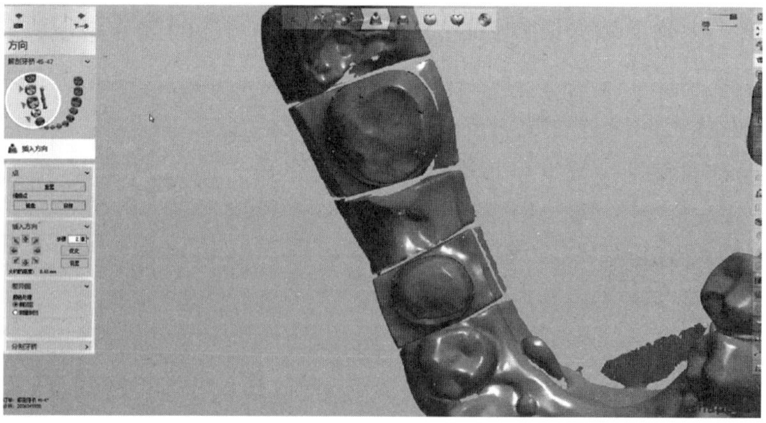

图 11-6　确定共同就位道

（三）确定颈缘线

确定颈缘线时，用一个“红铅笔”模拟手绘将边缘标记出来。值得注意的是，为了使修复体与边缘精确密合，在确定颈缘线时一定要十分准确，软件的自动标记只能看作默认值，应该仔细检查每个“红铅笔”画线所默认的边界是否正确，并通过手动调节进行必要的调整（图 11-7）。

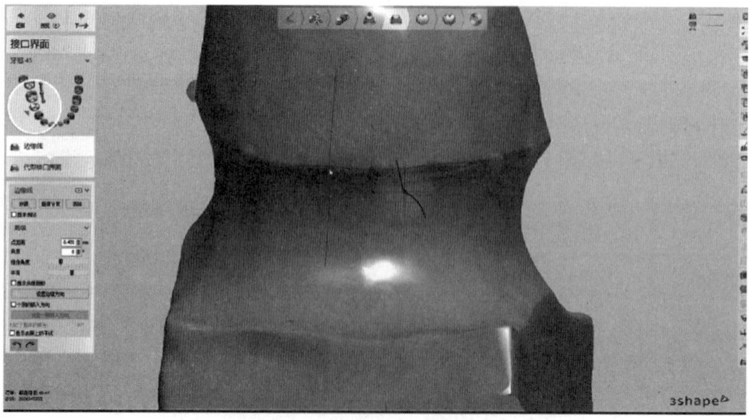

图 11-7　确定颈缘线

（四）设置间隙剂参数

间隙剂厚度决定牙冠的松紧度，一般根据所需的加工材料、加工方式和基牙的条件选择相应的间隙剂参数（图 11-8）。

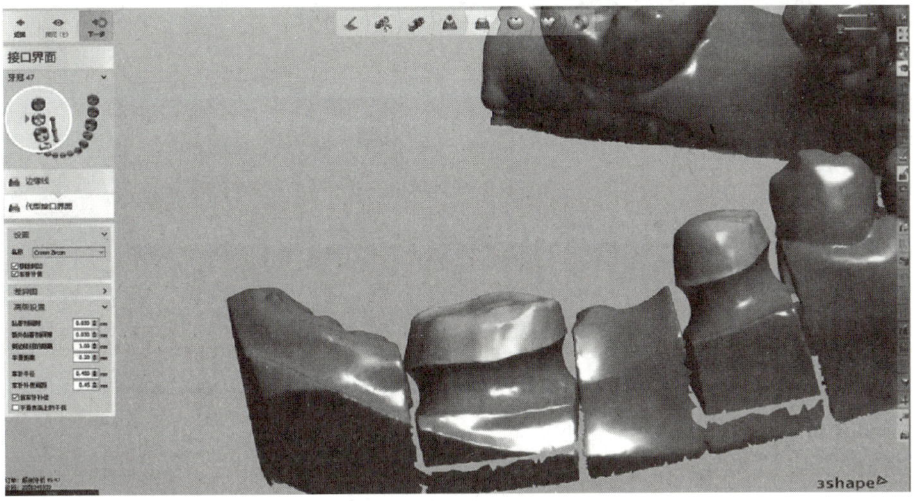

图 11-8　设置间隙剂参数

（五）设计修复体形态

1. 设计牙冠形态　间隙剂参数设置完成后，根据患者信息及邻牙状况，软件会自动生成与牙列相匹配的牙冠（也可从牙冠数据库中自主选择）。①使用边缘线连接工具将修复体边缘与代型颈缘线密贴连接。②使用“雕刻工具包”对牙冠形态进行仔细调整。③使用“个别转换工具”进行牙冠的尺寸缩放、角度旋转、位置调整（图 11-12），使其与邻牙、对颌牙协调。④使用“旋转工具”调整牙冠的空间姿态，使之符合天然牙横𬌗曲线、纵𬌗曲线及建立正常的覆𬌗、覆盖关系。⑤还可借助“整体转换工具”将固定桥的多个牙冠视为一个整体进行上述形态和姿态调整，使解剖桥获得满意的外形（图 11-9、11-10）。

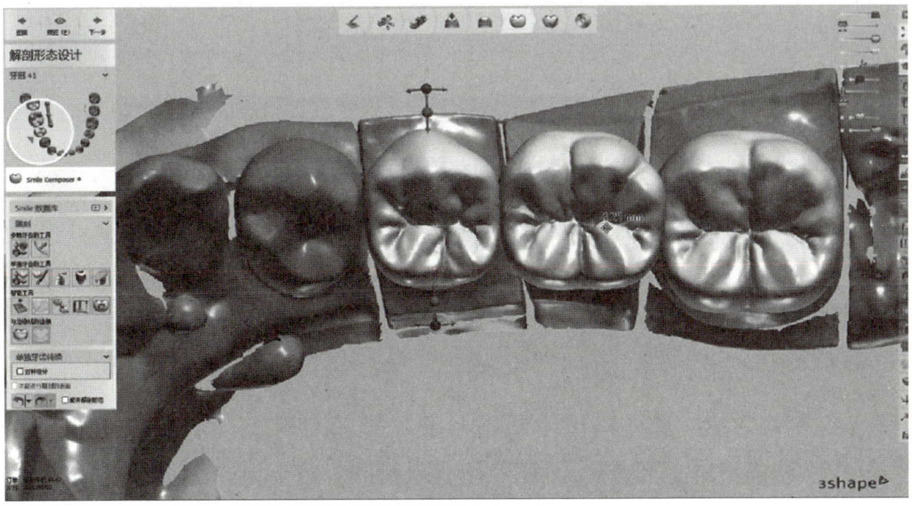

图 11-9　牙冠形态调整

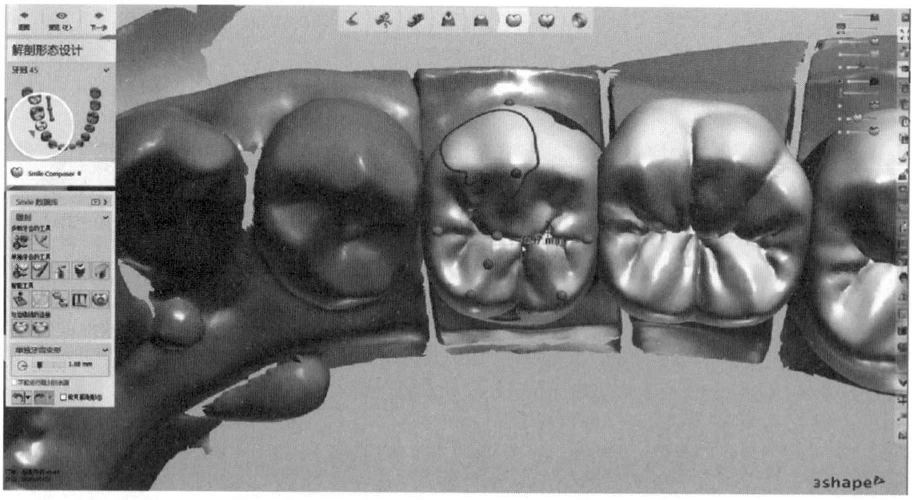

图 11-10　牙冠空间姿态调整

2. 设计桥体形态　使用虚拟蜡刀或牵拉工具使桥体与牙槽嵴密贴，再使用智能参数“到牙槽嵴顶的距离”这一功能，使桥体组织面与牙槽嵴轻微接触（如图 11-11）。此外，设计桥体时要注意减径，一个桥体减为制作修复体大小的 90%，两个桥体时减为制作修复体大小的 75%，三个桥体时减为制作修复体大小的一半。

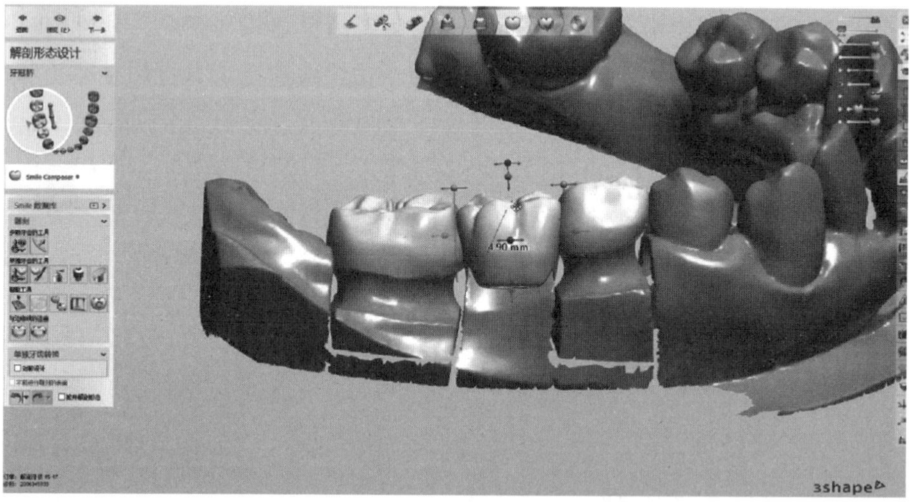

图 11-11　桥体组织面调整为与牙槽嵴轻微接触

3. 修整修复体整体细节　使用蜡刀工具对修复体的窝沟、外形高点、边缘嵴、外展隙等细节结构进行精细修整，并用光滑工具进行整体光顺。

（六）设计连接体

点击“编辑连接体”功能，选择连接体面积大小。通过调整牙冠邻面上六个辅助点（蓝色）和中心点（白色），可调整连接体的位置、面积及形态（图 11-12）。应根据实际情况适当增加默认连接体的截面积，以保证固定桥的结构强度。

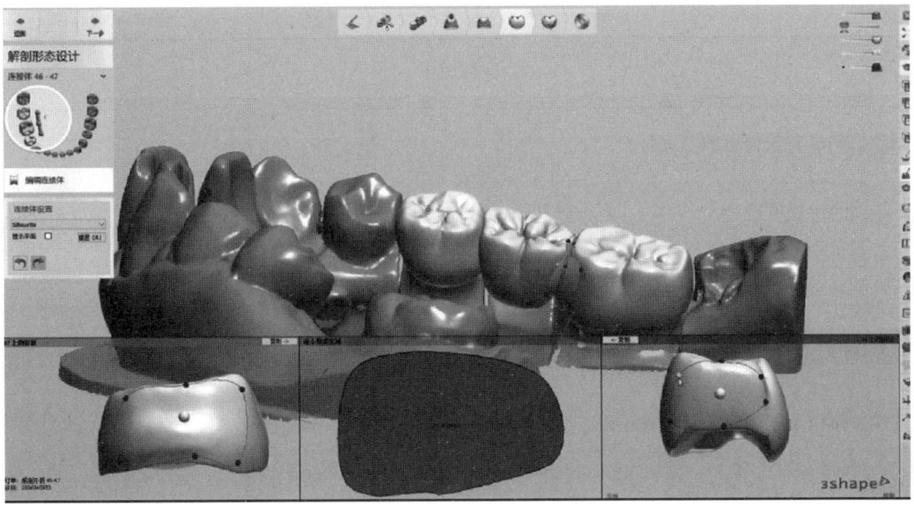

图 11-12　连接体设计

（七）融合组件

连接体设计完成后，软件最后一步是将前序步骤的所有组件融为一体，完成解剖固定桥设计（图 11-13）。

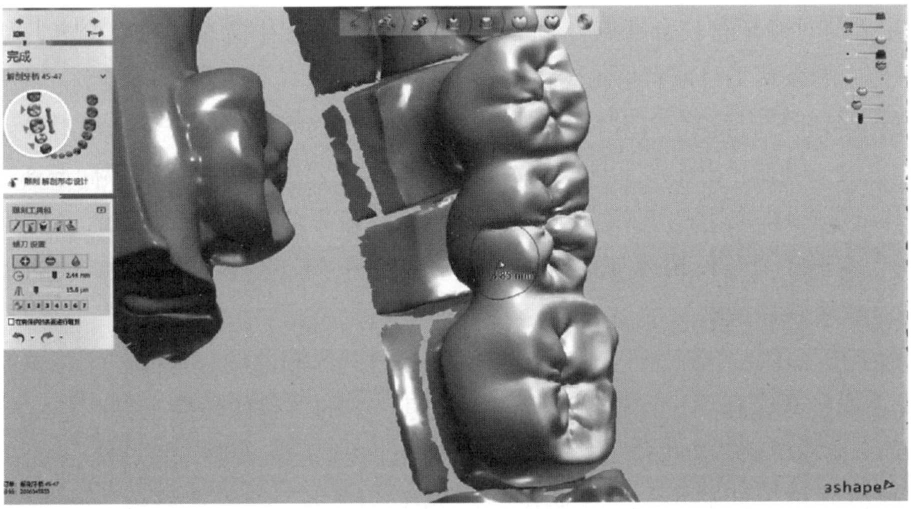

图 11-13　设计完成

【任务评价】

学生完成计算机辅助设计的任务后，参照评分标准进行评价（表 11-1），分析任务出现的问题，教师给予指导，学生及时改正。

表 11-1　计算机辅助设计的评分标准

序号	评分要点	分值
1	印模扫描完整、清晰	10

续 表

序号	评分要点	分值
2	创建订单，有关信息填写完整	10
3	颈缘线的位置准确	10
4	间隙剂参数设置合适	10
5	修复体形态，咬合与邻牙、对颌牙协调	30
6	连接体面积大小、形态及位置正确	20
7	任务实施过程中体现专业素养	10

▶任务拓展

计算机辅助设计过程中常见的问题及处理方法

1. 印模扫描所获得的数据不完整　未进行印模预处理，对印模进行修整后重新扫描。

2. 固定桥与对颌牙有咬合高点　在设计修复体形态过程中忽略了咬合检查，利用设计软件雕刻工具包中的减蜡工具或者单独牙齿变形工具进行修复体外表形态的调整。

3. 修复体与邻牙有台阶　在口腔修复体外形设计时忽略了邻接关系，利用设计软件“雕刻工具包”中的“单独牙齿变形工具”或者“牵拉变形工具”进行修复体邻面形态的调整。

4. 桥体与牙槽嵴不密贴　在口腔修复体外形设计时忽略了桥体形态设计，使用“虚拟蜡刀”或“牵拉变形工具”使桥体与牙槽嵴密贴，再使用智能工具“到牙槽嵴顶的距离”使桥体组织面与牙槽嵴轻微接触。

5. 将数字模型的工作测进行矢状面观察，无合适的纵䏘曲线　在口腔修复体外形设计时未进行纵䏘曲线检查，利用设计软件“雕刻工具包”中的“整体转换工具”与“个别转换工具”，对多颗牙齿或单颗牙齿进行尺寸的缩放、角度旋转和位置调整。

6. 连接体面积设计略小　连接体设计不熟练，点击“编辑连接体”功能，选择连接体面积大小。通过调整牙冠邻面上六个辅助点（蓝色）和中心点（白色），可调整连接体的位置、面积及形态。应根据实际情况适当增加默认连接体的截面积，以保证固定桥的结构强度。

任务二　计算机辅助制作

任务案例

【案例】

患者的固定桥设计方案里，基牙是左下第二前磨牙（轻微颊倾）和第二磨牙（近中倾斜），桥体要修复缺失的第一磨牙。设计软件已精确确定了基牙预备形态、桥体的咬合关系和龈端形态，数据被打包成标准的 STL 格式，直接传输到 CAM 系统。

【问题】

1. 如何利用数控铣削技术制造口腔修复体?
2. 如何利用金属 3D 打印工艺制造口腔修复体?

【任务分析】

先检查 CAD 软件设计完成的修复体数字模型是否符合要求。如发现问题，则及时与上个部门进行沟通处理（若不符合要求则联系技师重新设计）。

计算机辅助制造（CAM）是将计算机修复体数据转化成修复体，替代了包埋、铸造等工序，修复体的实现则依靠数控机床和快速成型设备完成。本文重点介绍数控铣削技术和选择性激光烧结成型技术。

一、数控铣削技术

数控铣削技术是一种用数字信息控制坯料或刀具移动的机械加工方法，可加工的材料包括金属（贵金属、非贵金属、纯钛）、陶瓷和复合树脂材料。

（一）编程步骤

1. 导入模型数据　CAD 软件设计修复体的数据格式有很多种，此软件支持文件类型为“STL”格式文件，它是修复体数据的通用格式。

2. 设计毛坯布局

（1）选择合适的加工毛坯：根据被加工修复体的形状特征，从列表中选择合适的毛坯材料的种类。

（2）调整修复体摆放：使用软件的 3D 调整功能对修复体的位置进行排列和摆放，将导入后出现倾斜的修复体摆放平整。调入多个修复体时，可手动排列调整其在坯料上的摆放位置。修复体位置、姿态的摆放应考虑到修复体是否有足够强的支撑，保证加工质量，并能节约毛坯材料。

（3）识别修复体边缘线：使用软件的“识别边缘线”功能，可自动识别修复体边缘线。对于自动识别有偏差的情况（边缘线不连续），可对自动识别的结果进行手动修改和连接。

（4）设置和调整连接柱：连接柱的作用是将修复体与坯料连接固定，保证修复体在切削过程中不会发生脱落和变形。添加连接柱时应注意其位置和直径的设置。

软件会基于经验，自动给修复体添加连接柱，其功能最为常见，且便捷，但其位置、布局往往需要进一步手工调整。

（5）设置支撑杆：加工氧化锆修复体时，因后期还需进行二次烧结，切削的修复体会在烧结炉内会发生线性体积收缩。因此在加工氧化锆修复体时，一般需要添加支撑柱支撑修复体，防止烧结时修复体因体积收缩在重力作用下引起变形。

3. 规划加工工艺 完成毛坯设计后，还需确定修复体的加工方法、加工路线及切削用量等工艺参数，即规划加工工艺。修复体数控机床生产厂家一般为了简便操作，对不同类型与材质的修复体预先设定出适用的工艺模块以供选择（如氧化锆基底冠、纯钛全冠、瓷嵌体、基牙模型等）。

确定加工工艺后，可运行“模拟刀具路径”功能，在计算机中进行虚拟完整的刀具切削过程，可全面检查加工设置并避免碰撞，做到结果的可视化控制。

4. 最终检查 再次检查所排列的修复体位置和设置是否正确，有无牙冠重叠或超出边界。如果出现排列和设置上的错误，可能会导致毛坯材料上全部修复体的加工失败。

5. 计算机床程序代码 将所需加工的修复体转换成机床所能识别的程序代码。最后将程序代码输入到机床的数控系统。

（二）切削加工

1. 切削

（1）数控机床：是执行切削程序的载体，目前市场上机床的种类和规格繁多，各类机床的使用都应按照厂家的要求进行安全操作。

（2）夹具与刀具：夹具是机床为专用坯料配套的夹持工具，在机床加工过程中用来固定加工对象，使之保持稳定不动，以便接受加工或检测。坯料一般需要通过螺丝装夹固定于机床夹具上，夹具则与机床的某一运动轴连接，完成坯料的装载。根据所需夹持的坯料形状不同，需要不同形状的夹具与之配套。

机床设置有刀具，刀库中存放着不同数量的各种刀具；坯料一次装夹后，数控系统能控制机床按不同的工序自动选择和更换刀具、检具；机床具有自动改变主轴转速、进给量和刀具相对工件的运动轨迹的功能及其他辅助功能，可连续对工件各表面进行多道工序的加工。整个加工过程中，最大限度地降低了人手工操作的干预，大大提高了口腔假体的制造精度和生产效率。

2. 加工 坯料夹持到位、刀具装载完成、程序代码导入机床后，即可开始正式对修复体进行切削加工，切削加工就是将饼形坯料上除修复体形态以外多余材料切除的过程。

（三）后处理

1. 去支撑 严格按修复体材料厂家的要求，采用专用技工车针规范去除连接柱等支撑结构，尽可能减少这一步骤对修复体形态完整的影响。

2. 烧结或再结晶　数控切削软质氧化锆材料时，其切削时为密度疏松的石膏状材料，切削成形后需按不同厂家的材料要求进行二次烧结。

3. 研磨抛光　金属修复体切削加工完成后，常规研磨抛光。切削加工并烧结完成的氧化锆修复体（一般针对解剖形氧化锆全冠），需使用白胶轮进行初步抛光，然后使用鬃刷配合抛光膏进行高度抛光。

二、选择性激光烧结成型技术

选择性激光烧结成形技术，其原理是在工作台上逐层铺粉，激光束在计算机的控制下，根据数字化模型的截面数据，对需要成型的区域进行扫描，使粉末材料受热熔化并烧结在一起，一层烧结完成后，工作台下降一定高度，再次铺粉，激光继续扫描烧结，如此层层叠加，最终形成完整的口腔修复体。选择性激光烧结成型技术主要针对金属及其合金材料，装备有惰性气体保护仓的设备还可熔融烧结纯钛粉末，成型出致密度较高的纯钛工件，很好地解决了纯钛铸造缺陷的问题。现有选择性激光烧结成型技术设备的成型精度比初期产品已有很大提高，成型精度可达到 20pm 左右，完全可以满足口腔临床对制造精度的要求。

（一）编程步骤

1. 打开软件，导入数据。
2. 排版，设计支撑柱。它的直径、数量和位置直接影响桥架的质量及其是否变形。
3. 编程传输到机床，进行激光烧结。

（二）激光烧结

1. 准备工作　清理工作室内粉末，确保工作室内的清洁；检查机器，确保机器各部件运行正常，无故障；调整工作平台，确保激光在加工第一层时与工作平台完全接触。

2. 加工　机床正常运行到程序结束。

3. 应力释放　目的是去除冠桥中的内应力。在激光烧结成型时，金属粉末在激光束的能量作用下发生熔合，由于存在冷却收缩现象，冠桥内会产生比较大的内应力，成型后的冠桥通过加热可使金属内在的原子结构重新排布，以消除冠桥中的内应力，从而防止发生变形现象。

【任务评价】

学生完成计算机辅助制造的任务后，参照评分标准进行评价（表 11-2），分析任务出现的问题，教师给予指导，学生及时改正。

表 11-2　计算机辅助制造的评分标准

序号	评分要点	分值
1	根据被加工修复体的形状特征选择合适的加工毛坯	10
2	修复体摆放平整	20
3	连接柱的设置保证修复体在切削过程中不会发生掉落和变形	20
4	连接柱最小直径不应小于 1mm	10
5	后处理步骤完整且正确	20
6	任务实施过程中体现专业素养	20

▶任务拓展

义齿制作行业产业结构转型升级

如图 11-14 所示，由传统型到数字化型的发展过程体现了义齿制作行业产业结构的调整：由劳动密集向科技密集、由高耗能向低耗能、由低质量向高质量的转型升级。

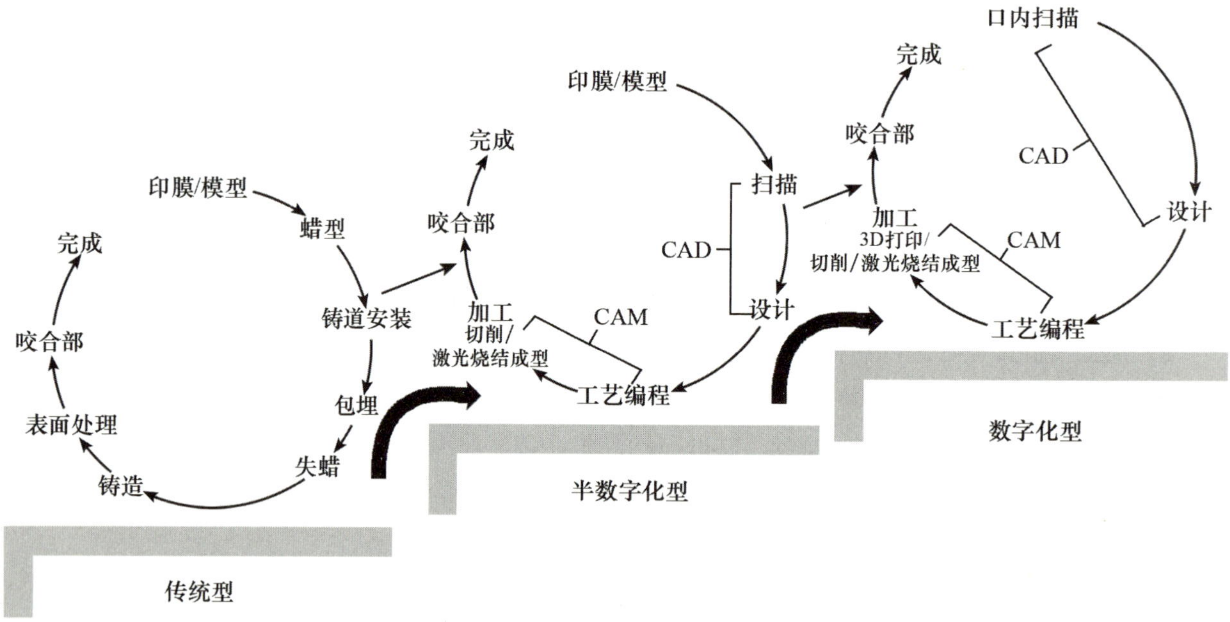

图 11-14　义齿制作行业产业结构转型升级示意

考试知识点总结

本章小结

协和云课堂……　拓展练习及参考答案

（刘　爽　周　凤　田梦妮）

参考文献

[1] 白天玺，丁丙，张本良御．现代口腔烤瓷铸造支架修复学［M］．3版．郑州：河南科学技术出版社，2021．
[2] 杜英慧．口腔固定修复工艺技术［M］．北京：中国医药科技出版社，2019．
[3] 蒋菁，孙曜．口腔固定修复工艺技术［M］．2版．北京：北京科学技术出版社，2020．
[4] 李长义，李水根．口腔固定修复工艺技术［M］．3版．北京：人民卫生出版社，2019．
[5] 吕广辉，岳莉．口腔工艺管理［M］．北京：人民卫生出版社，2015．
[6] 皮昕，王美青．口腔解剖生理学［M］．7版．北京：人民卫生出版社，2016．
[7] 秦永生．固定修复体工艺技术［M］．北京：人民卫生出版社，2019．
[8] 万乾炳．全瓷修复技术［M］．北京：人民卫生出版社，2019．
[9] 王美青．𬌗学［M］．4版．北京：人民卫生出版社，2020．
[10] 王勇．口腔数字化技术［M］．北京：人民卫生出版社，2018．
[11] 杨雪超，江千舟．数字化椅旁 CAD/CAM 快速修复技术图解［M］．北京：人民卫生出版社，2017．
[12] 于海洋．口腔修复工（国家卫生行业职业资格考试指导）［M］．北京：人民卫生出版社，2019．
[13] 于海洋，胡荣党．口腔医学美学［M］．3版．北京：人民卫生出版社，2020．
[14] 赵信义．口腔材料学［M］．6版．北京：人民卫生出版社，2020．
[15] 赵铱民．口腔修复学［M］．8版．北京：人民卫生出版社，2020．